MAGNÉTISME PERSONNEL OU PSYCHIQUE

Education de la pensée,
Développement de la volonté
Pour être heureux, fort,
bien portant et réussir en tout

HECTOR DURVILLE

1921

Table des Matières

PREFACE

Le succès obtenu par le magnétisme personnel a dépassé toutes mes espérances. Cinq éditions à grand tirage ont été épuisées en douze ans ; il est traduit en espagnol, en portugais et en russe.

La présente édition, revue avec le plus grand soin, est augmentée de documents inédits qui seront très appréciés par tous les nouveaux lecteurs qui veulent acquérir l'influence personnelle et se guérir eux-mêmes sans aucune drogue.

Ce livre, que j'ai vécu, m'a assuré une santé physique aussi parfaite que possible ; et, en développant mes facultés intellectuelles et morales, il a contribué et contribue encore à mon bonheur dans une très large mesure. J'affirme que tous ceux qui mettront sérieusement son enseignement en pratique retireront les mêmes avantages. C'est avec cette certitude que je publie la sixième édition.

Hector DURVILLE.
Montmorency, 15 janvier 1921.

3

INTRODUCTION

Cet ouvrage est un traité d'éducation psychique.

C'est un livre de chevet qui a sa place marquée dans le palais du riche à qui la fortune ne donne pas le bonheur, comme dans la chaumière ou la mansarde de l'honnête ouvrier qui aspire à une condition meilleure.

Quelques-uns à qui l'effort paraît impossible, à qui la volonté fait plus ou moins défaut, vont le feuilleter fiévreusement dans l'espoir d'y découvrir un secret, une formule cabalistique ayant la puissance de faire jaillir à l'instant, comme le fait la baguette magique d'une fée d'opéra-comique, la considération et l'amour qui leur manquent, la fortune et le bonheur qui les fuient.

Que ceux-là ferment le livre et n'y cherchent pas de secret, car il n'y en a pas pour eux, du moins dans leur condition psychique actuelle. Mais qu'ils tâchent de comprendre que la cause de leur malheur est en eux et non pas hors d'eux ; qu'elle tient à leur caractère, à la mauvaise orientation de leurs pensées, à leur incapacité, à leur indécision, à leur manque de volonté. Qu'ils cherchent aussi à se persuader que, sauf de très rares exceptions, nous occupons à peu près tous la situation sociale que nous méritons ; que nous pouvons nous perfectionner, devenir meilleurs ; et qu'avec de la persévérance, il est toujours possible, d'apprendre, de se rendre utile, d'augmenter son énergie, et d'acquérir les qualités qui font défaut pour mériter une situation meilleure.

S'ils parviennent à comprendre ces vérités incontestables, et surtout s'ils sont capables de faire des efforts pour chercher à sortir du bourbier dans lequel ils s'enfoncent, qu'ils rouvrent le livre, le relisent, l'étudient et en apprennent le contenu avec la plus grande attention ; ils y trouveront, comme tous ceux qui veulent augmenter leurs aptitudes et en acquérir de nouvelles par une éducation bien comprise, les moyens de développer en eux les Puissances, les Forces qui donnent l'intuition, le courage, l'énergie, la confiance, la volonté ; — Qui font naître la sympathie, l'intérêt, la considération ; — Qui assurent l'amour, le pouvoir, la domination ; — Qui donnent et entretiennent la santé physique et morale ; — Qui font tourner la roue de la fortune comme on le désire ; — Qui permettent de prévoir les événements futurs et même de les diriger dans une large mesure ; — Qui donnent la possibilité d'accomplir des travaux qui tiennent du prodige ; — Etc., etc.

Ils y trouveront, enfin, le secret de la Bonté, de la Vertu, de la Sagesse, le Secret de tous les Secrets, la Clef de la magie antique.

Mais, soyons modestes ; n'exigeons pas la possession de tous les pouvoirs, de tous les dons de la nature, car il nous faudrait trop de temps pour les acquérir et l'existence actuelle serait certainement beaucoup trop courte.

Que ceux qui n'occupent, encore, que les degrés inférieurs de l'échelle sociale se contentent de vouloir améliorer leur situation, de gagner la sympathie, la confiance, la considération de ceux qui les entourent ; d'acquérir, non pas la fortune qui donne rarement te bonheur, mais une honnête aisance ; ils peuvent avoir la certitude la plus absolue qu'en suivant la voie qui leur est tracée plus loin, ils obtiendront des résultats appréciables en quelques semaines, en quelques mois tout au plus, et qu'alors ils seront assez encouragés pour marcher hardiment vers le but qu'ils veulent atteindre.

Ils se transformeront peu à peu ; et, transformant le milieu dans lequel ils se trouvent, ils ne tarderont pas à recevoir la récompense qu'ils méritent. Ils verront, avec satisfaction, que les bonnes choses qu'ils avaient longtemps désirées en vain viennent d'elles-mêmes à eux quoiqu'ils ne fassent rien de spécial pour les obtenir.

Ce sera le commencement de la réussite, l'arrivée de la chance, ce sera peut-être le début de la fortune. Dans tous les cas, c'est le bonheur qui s'annonce. D'insignifiant, de nul, d'antipathique même et de répulsif que l'on était, on commence à devenir quelqu'un, à être intéressant, sympathique et attractif.

En avançant résolument dans cette voie que l'on s'est tracée, malgré les embûches que l'on ne manque pas de rencontrer, on a, bientôt, conscience que cet état de sympathie attractive constitue un véritable pouvoir adducteur, qu'il s'affermit, se développe, grandit, qu'il peut grandir encore et même grandir toujours ; que l'on peut faire de mieux en mieux, obtenir de plus en plus ; et qu'à un moment donné, dans un temps plus ou moins éloigné, il n'y aura plus de but que l'on ne puisse atteindre, plus de limites que l'on ne puisse franchir.

Quels sont les moyens à employer pour développer cette sympathie attractive qui doit nous diriger vers le but que nous voulons atteindre ? — Ces moyens sont assez nombreux. Ils tiennent, d'abord, à certaines dispositions physiques et, morales naturelles ou acquises, puis à son caractère que l'on peut modifier, à l'orientation que l'on peut donner au courant de ses pensées habituelles, et, surtout, à la persistance et à l'énergie de la volonté que l'on peut toujours développer.

Quelques systèmes de philosophie enseignent que notre caractère est immuable, que nous naissons avec une destinée que nous devons subir sans grand espoir de la modifier. Il n'en est pas ainsi. Nous pouvons non seulement modifier notre caractère, mais le changer à peu près complètement ; nous sommes les maîtres presque absolus de notre destinée.

L'homme possède, donc, son libre-arbitre, quoique certains philosophes affirment que sa Destinée est fixée d'avance.

La fatalité gouverne évidemment les règnes minéral, végétal, animal, ainsi que l'homme inférieur, chez qui la volonté n'est pas encore développée. Poussé par l'implacable destin, l'individu de cette catégorie est fatalement entraîné dans la direction tracée par ses activités antérieures ; il est le jouet de tous les événements. Mais, dès que l'homme sait vouloir, il peut vaincre le Destin et acquérir son libre-arbitre. Il exerce, alors, une action directe sur les événements ordinaires de la vie : et ceux-ci, au lieu de l'accabler comme par le passé, répondent à ses désirs. C'est ce qui a fait dire à Edgar Poe : *« Dieu enchaînant étroitement la nature par le Destin, donna la Liberté à la volonté humaine. »*

En effet, pour me servir d'un terme couramment employé dans le langage philosophique, on observe souvent la pluralité des types chez le même individu. L'âge, les maladies, les circonstances même, font disparaître des tendances naturelles et en font naître de nouvelles. Par l'exemple, par le raisonnement, — on peut, certainement, parvenir à faire comprendre à l'égoïste qu'en renonçant à un petit avantage, il peut en réaliser un plus grand. D'une façon analogue, on peut également faire admettre au méchant que pour causer une souffrance à autrui, il s'en impose une plus grande, et que pour ne pas souffrir lui-même, il doit renoncer, ne serait-ce qu'à titre d'essai et pendant un temps plus ou moins limité, à faire souffrir les autres.

S'il en est ainsi, le caractère n'est pas immuable. Avec l'attention, la réflexion, la volonté qui oriente le courant des pensées, et avec le temps qui modifie tout, on peut parvenir à le changer à peu près complètement et à faire mentir ce proverbe : « *Chassez le naturel, il revient au galop.* »

Le changement obtenu, ne serait-ce que pendant un instant, se poursuit et s'affirme ; et on sait suffisamment qu'une tâche difficile s'accomplit, d'abord, péniblement, qu'elle devient, peu à peu, plus facile, que l'on finit par s'y habituer, et qu'on l'accomplit, ensuite, avec facilité.

Dans tous les cas, que l'on se persuade bien que dans le domaine psychique les changements et les transformations se font comme les compositions et décompositions chimiques, c'est-à-dire que, selon la formule de Lavoisier, « *rien ne se fait de rien, que rien ne se perd et que tout se transforme.* »

Le plus petit effort, l'acte le plus insignifiant laisse comme on le verra plus loin, une trace durable sous une forme réelle ; et à une échéance plus ou moins éloignée, parfois au bout de quelques jours seulement, nous recevons, comme par un choc en retour, l'effet malfaisant de nos mauvaises pensées, de nos mauvaises actions, comme nous recevons, aussi sûrement, la juste récompense de nos bonnes pensées et de nos bonnes actions.

La Providence est en nous et non pas hors de nous.

La nature ne nous domine pas, mais elle obéit, au contraire, à notre impulsion, à notre mouvement intérieur ; elle n'est que le champ mis à notre disposition pour cultiver notre évolution, et nous ne pouvons y récolter que ce que nous y avons semé ; en un mot, nous faisons nous-mêmes notre propre destinée.

Il n'y a pas d'effet sans cause. Le hasard n'existe pas et le plus grand nombre des événements ordinaires de la vie peuvent être prévus, car ceux qui se réalisent en ce moment sont la conséquence de ceux qui se sont accomplis dans le passé, comme ceux qui surviendront dans l'avenir tiennent intimement à ceux qui se déroulent actuellement.

Lorsqu'ils sont longtemps répétés, les plus petits effets peuvent engendrer de grandes causes ; et nous savons tous que la goutte d'eau qui tombe, toujours, à la même place finit par creuser son trou dans le roc le plus dur.

En principe, pour se faire une heureuse destinée, il faut, d'abord, que chacun cherche la voie qui lui convient le mieux, car nous avons tous des aptitudes spéciales ; qu'il acquière toutes les connaissances voulues pour être, toujours, à la hauteur de sa tâche, et qu'il oriente le courant de ses pensées vers le but qu'il veut atteindre. Mais il ne suffit pas de dire du bout des lèvres : je veux ; il faut que la volonté parte naturellement des replis les plus profonds de la conscience et qu'elle prenne naissance dans un vif désir du succès ; qu'elle soit calme, constante, uniforme ; que, sans orgueil, mais avec une noble fierté, l'on ait, alors, la plus grande confiance en sa valeur personnelle, en l'efficacité des moyens que l'on emploie, et dans la certitude absolue de la réussite.

Tous les individus ne sont pas aptes à vouloir avec

énergie et persévérance. Le calme et le sang-froid au moment du danger sont l'indice d'une volonté puissante. En général, les gens nerveux et impressionnables, ceux qui s'irritent à la moindre provocation, ont une volonté faible, surtout lorsqu'ils sont entêtés et qu'ils ne reviennent pas sur la détermination qu'ils ont prise dans leur emportement. Mais la volonté des uns et des autres est toujours susceptible d'éducation et de développement ; et, cela, avec d'autant plus de facilité qu'ils sont moins entêtés.

Ainsi, pour être heureux, fort, bien portant, réussir en tout et assurer sa Destinée, il faut exercer autour de soi une puissante influence personnelle, être sympathique et attractif. Cette influence est possédée à un degré plus ou moins élevé, naturellement et même, souvent, sans en avoir conscience, par les meneurs des foules, par les réformateurs religieux et autres, par les grands orateurs et par tous ceux qui, du bas de l'échelle sociale, parviennent aux meilleures situations. Si ceux-là connaissaient la nature et la cause de l'influence qu'ils exercent instinctivement sur ceux qui les entourent, ils pourraient très facilement la fortifier, la développer encore et la diriger pour obtenir des résultats plus importants.

Cette même influence existe aussi chez un très grand nombre d'individus qui ne savent, pas du tout s'en servir, car leurs qualités plus ou moins grandes sont contre-balancées par certains travers, souvent insignifiants, qui peuvent même passer pour des qualités aux yeux du plus grand nombre ; enfin, elle est à l'état latent chez tous les autres. Les premiers comme les derniers s'ils jouissent de la plénitude de leurs facultés intellectuelles et morales, peuvent apprendre à s'en servir, la développer et même la faire grandir toujours.

Cette influence, ce magnétisme personnel, naturel ou

acquis, ne tient pas, toujours, aux apparences extérieures: Une belle stature, un port majestueux, une figure agréable, des manières distinguées peuvent y contribuer et y contribuent dans une certaine mesure. Mais, qu'on le sache bien, il n'y a pas de corps trop contrefait, pas de figure trop laide, pas d'apparence trop chétive qui ne puisse lui donner asile.

Si de belles pensées sont exposées dans un beau langage, leur tendance à s'imposer n'en est que plus grande ; mais, la pureté et la noblesse des pensées jouent, ici, le rôle principal, et celui qui parle avec peu d'éloquence parvient, toujours, à se faire écouter en raison directe de l'élévation de ses pensées et de la conviction avec laquelle il les exprime.

Nous rencontrons des individus fort laids, contrefaits, qui nous sont très sympathiques et qui exercent évidemment sur nous une influence susceptible de nous disposer en leur faveur, tandis que nous restons froids, impassibles devant certains individus beaux et bien faits au point de vue plastique, mais qui n'ont pas d'expression, qui n'impressionnent pas notre être intérieur. Ces derniers sont comme de belles statues qui, manquant de chaleur et de magnétisme, ne sont que des images de la vie.

Napoléon était petit, sans grande instruction, dépourvu du prestige que donnent la naissance et la fortune, mais il possédait naturellement, à un degré que nul ne saurait dépasser ni même atteindre par la pratique et par l'entraînement, le magnétisme personnel, cette influence, cette force, sœur aînée du génie, qui permet de surmonter tous les obstacles, qui assure le pouvoir, donne le moyen de bouleverser le monde, de disposer des empires et d'accomplir des œuvres gigantesques.

Lorsqu'on le possède consciemment et qu'il est développé, le magnétisme personnel constitue le plus précieux et le plus durable de tous les biens. Il vaut mieux que la science, car il est la Science des Sciences ; il est cent fois préférable à la fortune la mieux établie, car celle-ci peut sombrer du jour au lendemain dans des spéculations maladroites.

Avec lui, le plus modeste peut, toujours, avoir la certitude de devenir meilleur, de préparer avantageusement son avenir et l'avenir des siens, de vivre, toujours, dans une honnête aisance entouré de la considération de tous, de jouir d'une bonne santé physique et morale qu'il transmettra à sa descendance ; en somme, de posséder le bonheur sous ses formes les plus variées. Celui qui a des ambitions, quelque grandes qu'elles puissent être, qui convoite l'amour, qui veut la fortune ou tout autre avantage peut avoir la même certitude de l'obtenir, surtout si cela ne nuit en rien à la propriété d'autrui.

Avec le Magnétisme personnel tout est complet, tout est certain, tout est durable ; sans lui, au contraire, rien n'est stable, rien n'est parfait. Il est en tout et partout la cause directe du succès, l'exposant et l'expression de la puissance.

Il est à la portée de tous. Cet ouvrage permet à chacun de le développer davantage s'il le possède déjà, de l'acquérir et le développer, ensuite s'il n'est chez lui qu'à l'état latent. Mais les résultats ne seront pas identiques pour tous, car il faut compter avec les dispositions naturelles de chacun.

Il est un certain nombre de privilégiés qui comprendront tous les détails de l'enseignement, même avant d'avoir complètement lu l'ouvrage. Ils se mettront à la pratique et en retireront immédiatement les plus grands avantages. D'autres, et ce sera le plus grand nombre, le reliront et comprendront certaines affirmations qu'ils m'avaient pas saisies tout d'abord ; puis, en s'exerçant ils obtiendront des résultats très satisfaisants, en l'espace de un à deux mois. Enfin, un très petit nombre, ceux qui vivent dans l'indolence et qui redoutent l'effort, le trouveront, d'abord, au-dessus de leurs forces et de leurs moyens d'action. Ils le reliront trois ou quatre fois pour bien s'en pénétrer, et à un moment donné, une lueur d'espérance leur apparaîtra. Ils comprendront, alors, qu'en voulant, ils s'ont capables de quelques efforts. Ils essaieront timidement ; avec l'espérance, le courage viendra peu à peu, et ils parviendront à obtenir, au bout d'un temps plus ou moins long, trois mois, six mois peut-être, des résultats satisfaisants, et la partie sera gagnée.

Après un premier succès, la tâche deviendra de plus en plus facile, et il ne restera plus, aux uns comme aux autres, qu'à persévérer pour augmenter considérablement les premiers résultats.

Pour terminer celte introduction déjà longue mais certainement nécessaire, j'ajoute que l'ouvrage est divisé en deux parties :

1° Une étude théorique qui expose les lois psychiques ainsi que les manifestations de la pensée et de la volonté ;

2° Une étude pratique, démonstrative, expérimentale, qui enseigne les moyens de se rendre maître de ses pensées, de développer et de fortifier sa volonté, d'employer tous ses moyens d'action pour arriver au but de ses désirs.

Prentice MULFORD

ETUDE THÉORIQUE

I. CONSIDERATIONS GENERALES

Les sources du Magnétisme personnel. — Les Lois psychiques. — Pour développer l'Influence personnelle.

Le magnétisme personnel permet à l'homme comme à la femme d'attirer la Considération, la Confiance, la Sympathie et l'Amour de ses semblables ; d'obtenir les meilleures situations et d'arriver facilement au Bonheur et à la Fortune, ou, tout au moins, au Bien-être que nous désirons tous.

Il nous met immédiatement en contact avec les énergies qui nous entourent, avec les sympathies qui flottent dans l'atmosphère, et nous permet de les fixer pour développer et perfectionner notre individualité. C'est lui qui donne au magnétiseur le pouvoir d'opérer, même à distance, des guérisons extraordinaires ; à l'artiste, à l'inventeur, à l'industriel, au commerçant, la faculté de réaliser complètement leur idéal. Ainsi défini, le magnétisme personnel est synonyme de pouvoir, puissance ou influence personnelle.

Le Magnétisme physique, rénové par Mesmer à la fin du XVIIIe siècle, et le magnétisme personnel peuvent être comparés à l'aimant, car leurs propriétés présentent certaines analogies. Soumis l'un et l'autre aux lois de la polarité, ils rayonnent autour de nous et agissent sur ceux qui nous entourent. Le premier dépend du corps matériel ; le second est une propriété des éléments psychiques qui nous animent : c'est une manifestation des facultés de l'âme. Considérablement plus subtil et plus puissant, le magnétisme personnel fait mieux et plus vite tout ce que l'autre peut faire ; sa caractéristique principale est d'attirer vers celui qui le possède à un certain degré les bonnes choses de la vie et de repousser les mauvaises, sans faire quoi que ce soit pour cela.

Les sources du magnétisme personnel. — les divers auteurs qui, depuis trente à trente-cinq ans, ont traité des moyens de développer le pouvoir personnel lorsqu'on en est dépourvu ou de l'augmenter lorsqu'on le possède à un certain degré, ne sont pas absolument d'accord. Quelques-uns affirment qu'il est partout dans la nature, et que, par la respiration pratiquée d'après certaines règles, chacun peut le prendre dans l'air ambiant. D'autres cherchent à démontrer qu'il est dû à un certain échange se faisant d'un cerveau à l'autre et qu'on peut le prendre dans la force musculaire. Pour certains, il tient, surtout, au végétarisme, à la chasteté, à l'ascétisme, à la volonté.

Dans toutes ces théories, il y a une large part de vérité, mais aucune d'elles ne la renferme complètement. La manière de respirer, l'hygiène alimentaire et le fait de gaspiller maladroitement ses forces dans les plaisirs sexuels trop souvent répétés, jouent, certainement, un rôle considérable au point de vue de la santé physique, intellectuelle et morale. La Volonté est indispensable, mais ce qui vaut mieux encore, c'est la Pensée convenablement exprimée, l'accomplissement de bonnes actions et la pratique des vertus.

La puissance personnelle est en nous et non pas hors de nous. C'est la manifestation pure et simple de notre Force psychique parvenue à un degré relativement élevé. Elle est en rapport direct avec nos facultés intellectuelles et morales, qui tiennent elles-mêmes à notre évolution. Donc, en cultivant convenablement nos facultés, nous nous perfectionnons et nous évoluons. Elle existe, naturellement, chez un certain nombre d'individus qui s'imposent à l'attention générale, qui sont heureux et bien portants, qui parviennent facilement au but de leurs désirs et réussissent en tout; tous les autres peuvent la développer, car elle est à l'état latent chez chacun de nous.

Je tiens à rendre hommage à trois auteurs qui m'ont inspiré et que je cite fréquemment dans le cours de cet ouvrage. C'est d'abord Prentice Mulford, le précurseur de la doctrine qui s'est rapidement répandue aux Etats-Unis sous le nom de Pensée nouvelle, Culture mentale ou Culture psychique ; puis William Walker Atkinson, qui l'a suivi de près, et Victor Turnbull, qui attribue le pouvoir personnel à une force particulière agissant par attraction et répulsion comme l'aimant et l'électricité. Cette force se manifeste sous forme de Courants mentaux analogues aux courants électriques, qui vont presque constamment d'un cerveau à l'autre (fig. 1) ; et les plus influents sont ceux qui savent emmagasiner en eux, dans une sorte de batterie de réserve, la plus grande somme de force qui leur appartient en propre ou qu'ils puisent chez les autres. Quoique cette théorie ne me semble résoudre que certains côtés de la question, la théorie des « *courants mentaux* » mérite d'être prise en considération.

Fig. 1. Les courants mentaux de Turnbull

Les Lois psychiques. — Dans le monde physique, l'harmonie résulte de la loi des contraires. Les effets de l'aimant et de l'électricité constituent le type le plus apparent de l'application de cette loi ; les pôles ou fluides de même nom se repoussent ; les pôles ou fluides de noms contraires s'attirent. Il en est de même pour le magnétisme humain, qui n'est qu'une propriété, qu'un mouvement de la matière, comme je l'explique dans ma Physique magnétique.

Les lois psychiques sont inverses ; ce sont les semblables qui s'attirent et les contraires qui se repoussent. On peut les formuler ainsi ; les Pensées et les Actions de même nature s'attirent et font naître ou augmentent la considération, la sympathie, la confiance et l'amour que les individus sont susceptibles d'avoir les uns pour les autres ; les Pensées et les Actions de nature opposée se repoussent et donnent lieu à l'antipathie, à la méfiance et à la haine.

Nos pensées peuvent être considérées comme des corps matériels ; et, à ce titre, en dehors de ces lois physico-psychiques, elles sont, encore, soumises à des lois chimiques analogues à celles qui président à la composition et à la décomposition des corps qui tombent sous nos sens. Ainsi, elles se communiquent et s'échangent, allant continuellement d'un individu à un autre sans que nous en ayons conscience ; et lorsqu'elles sont de même nature sans être identiquement semblables, elles ont, une sorte d'affinité les unes pour les autres qui leur permet de se combiner pour former des pensées, des idées et des dispositions nouvelles. C'est ce qui explique notre changement d'opinion après avoir écouté passivement un conférencier ou un ami sympathique traitant un sujet quelconque qui ne nous est pas entièrement familier. C'est ce qui explique, aussi, la modification de nos besoins, de nos désirs, de nos penchants, lorsque nous fréquentons constamment un individu ou un groupe d'individus qui pensent et agissent d'une façon différente de la nôtre. Cette vérité admise depuis longtemps a donné naissance à ce proverbe : Les mauvaises fréquentations corrompent les bonnes mœurs.

Pour développer l'influence personnelle, tous les moyens physiques prescrits par l'hygiène pour augmenter et régulariser les forces physiques sont bons, surtout si on les emploie aussi pour augmenter l'énergie de la Volonté et conquérir la maîtrise de soi. Il faut faire des efforts pour se dégager de tout sentiment d'égoïsme, faire le bien et éviter le mal ; et, surtout, apprendre à penser.

Sachez que rien ne se perd, que rien n'est indifférent dans la vie et que nos Pensées les plus simples en apparence influent sur nous comme sur ceux qui nous entourent, et qu'elles sont la cause directe de notre bonheur ou de notre malheur.

Les Pensées que nous émettons avec persistance s'attachent à nous, en attirent d'autres de même nature et forment autour de nous une sorte d'atmosphère, d'aura (mot latin qui signifie souffle, vapeur subtile), plus ou moins dense, plus ou moins étendue, qui constitue un quelque chose de notre personnalité (Nous avons développé cet aspect du problème dans notre Cours supérieur d'influence personnelle (télépsychie, les actions psychiques à distance) (Henri Durville). De cette atmosphère rayonnent autour de nous des prolongements que l'on peut comparer à des courants électriques, ou mieux encore aux lignes de forces que l'on observe autour des aimants, comme le montre le fantôme magnétique (Fig. 2 et 3). Ainsi, si nous émettons des pensées de bonté et de bienveillance, nous attirons du dehors des pensées analogues et gagnons, en même temps, la confiance et la sympathie de ceux qui sont bons et bienveillants ; tandis que si nous ne pensons qu'à la persécution, à la haine, à la vengeance, à la jalousie, nous attirons des pensées de cette nature qui viennent entretenir et même grossir notre aura ; et, tout en éloignant de nous ceux qui peuvent nous être utiles, nous attirons les maniaques, les obsédés, les jaloux, les méchants, les rageurs, ce qui justifie amplement ce proverbe : *Qui se ressemble s'assemble*.

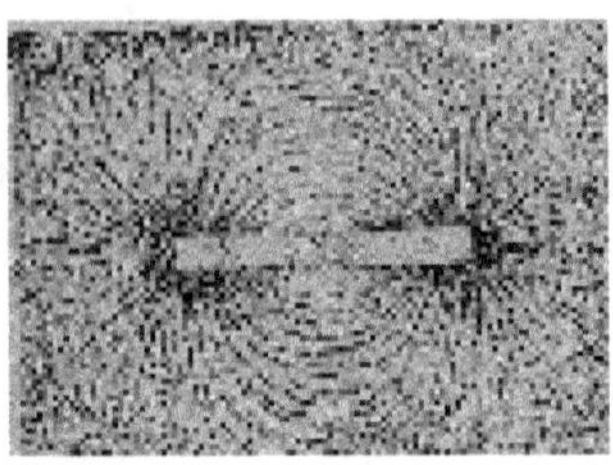

Fig. 2 et 3. Fantôme magnétique

C'est, ainsi, que nous sommes sympathiques ou antipathiques, que nous nous rendons heureux ou malheureux, que nous faisons tourner la roue de la fortune pour ou contre nous ; en un mot, que nous faisons notre propre destinée.

Demandez et vous recevrez, frappez et l'on vous ouvrira, nous dit l'Evangile. Ces affirmations sont absolument exactes en ce sens : Mettez-vous dans les conditions exigées pour cela, c'est-à-dire croyez à la possibilité d'obtenir ce que vous demandez et veuillez l'obtenir comme une chose qui vous est due, vous pouvez avoir la certitude absolue que, si cela ne nuit en rien à la considération et à l'intérêt de vos semblables, vous obtiendrez, sinon tout ce que vous aurez demandé, du moins une quantité proportionnelle à la sincérité de votre demande et à la somme de Volonté que vous aurez dépensée en vue de l'obtenir. Il n'y a pas d'autre difficulté que celle de penser et vouloir avec énergie, persistance et persévérance.

La volonté, surtout lorsqu'elle est aidée par la foi, est la première des puissances ; c'est la force la plus considérable que nous ayons à notre disposition, et c'est en elle que repose l'unique fondement des miracles et de la magie antique (Voir notre ouvrage : Les Guérisons miraculeuses).

Ce n'est pas une Volonté supérieure qui nous accorde la chose demandée ; mais on pourrait dire que cette chose était là, à une certaine distance, à la disposition de celui qui saurait la prendre. C'est ce qui explique l'efficacité réelle de la prière. Lorsque celle-ci est véritablement sincère, elle possède des propriétés suffisantes pour attirer sur le croyant une somme plus ou moins grande de consolations, de satisfactions et, même, d'avantages matériels. En effet, il paraît évident que lorsqu'un catholique prie avec ferveur Saint Antoine de Padoue, par exemple, pour retrouver un objet perdu, très souvent il retrouve immédiatement cet objet, quand, selon toute probabilité, il ne l'aurait retrouvé qu'au bout d'un temps plus ou moins long. La théorie de ce phénomène est bien simple : ce n'est pas le personnage invoqué qui a exaucé la prière ; mais, par sa foi, le croyant s'est mis dans les dispositions psychiques convenables pour attirer à lui les influences qui étaient susceptibles de guider utilement ses recherches.

Les guérisons dites miraculeuses de Lourdes et d'ailleurs s'expliquent de la même manière. Par le désir de guérir, par les émotions du voyage et, surtout, par la foi, les pèlerins se mettent dans les conditions voulues pour attirer à eux les influences, les forces, — les spirites disent les fluides, les catholiques, les grâces — et autres agents qui sont susceptibles de déterminer la guérison ; puis, sous l'empire de l'action physique exercée par l'immersion dans la piscine, une réaction assez violente se produit pour vaincre un mal qui restait invincible sous l'action des divers moyens que le médecin avait pu employer.

Il en est de même pour le plus grand nombre des effets spirites : le médium dédoublé, aidé de la force, des fluides des assistants, attire à lui, du milieu ambiant, tous les éléments qui sont nécessaires à la production des phénomènes (Voir notre ouvrage : Le Fantôme des vivants. Recherches expérimentales sur le dédoublement des corps de l'homme (Henri Durville).

Les sentiments, les qualités, les défauts, les passions, je dirai même toutes les propriétés physiques et morales que possèdent ou peuvent posséder les êtres vivants sont, dans la nature, sous une forme réelle, matérielle, presque palpable, et chacun y prend ou peut y prendre ce qu'il est susceptible d'assimiler. Connaissant les lois qui président aux manifestations de ces phénomènes de la vie psychique, on peut attirer à soi les bonnes choses et éloigner les mauvaises. Ce pouvoir est universel ; il n'est pas limité à l'homme, car on l'observe dans l'instinct et dans la manière d'être des animaux. En descendant les degrés de l'échelle ontologique, on le trouve à un degré très élevé chez les plantes, qui possèdent toutes des propriétés particulières à leur espèce. C'est par lui que la belladone puise l'atropine dans le milieu ambiant ; que le pavot somnifère y puise l'opium qui nous donne la morphine, chère à certains déséquilibrés ; ou, mieux encore, que certaines algues marines absorbent beaucoup de brome et d'iode, quoique ces corps ne se trouvent qu'en quantité infinitésimale dans l'eau de la mer. Si chaque plante, considérée individuellement, peut, ainsi, puiser dans le milieu où elle se trouve les principes qu'elle contient, c'est évidemment parce que ces principes y sont déjà et que son organisation lui permet, de les prendre à l'exclusion des autres.

Apprenons, donc, à faire au moins ce que font les végétaux, c'est-à-dire à puiser dans la nature les principes, les agents, les forces qui nous sont nécessaires pour assurer notre bonheur. Par des connaissances techniques relativement peu étendues, mais, surtout, par la culture, le développement et l'accroissement de nos facultés mentales, nous pouvons tous y parvenir à un degré plus ou moins élevé. C'est ce que je vais tâcher de vous démontrer. Pour y parvenir, je prendrai pour base cette affirmation de Prentice Mulford :

> *« Les pensées sont des choses. Je ne ferai que peu de théorie, car j'attache plus d'importance aux faits ; et, dans tous les cas, je prendrai les meilleurs procédés d'éducation partout où je les trouverai. »*

On dit, toujours, à ceux qui sont affligés : Ne pensez pas à vos maux ; si vous êtes tristes, pensez à la gaieté ; mais on ne leur précise pas ce qu'ils doivent faire pour cela. Je vous le dirai. J'expliquerai comment on peut remplacer les pensées sombres, désespérantes et nuisibles qui dépriment, par des pensées riantes et gaies qui apportent l'espérance vivifiante, le courage et la force permettant de vaincre les obstacles qui s'opposent à la réussite et au bonheur de chacun.

Ayez la certitude absolue que cette étude vous servira à améliorer votre situation dans une large mesure ; mais sachez aussi que pour que la puissance personnelle atteigne un degré très élevé, il faut une bonne intelligence naturelle guidée par un raisonnement logique et sain, beaucoup de discernement, de tact et de bon sens ; de la bonté, de la discrétion, et, par-dessus tout, une volonté inébranlable.

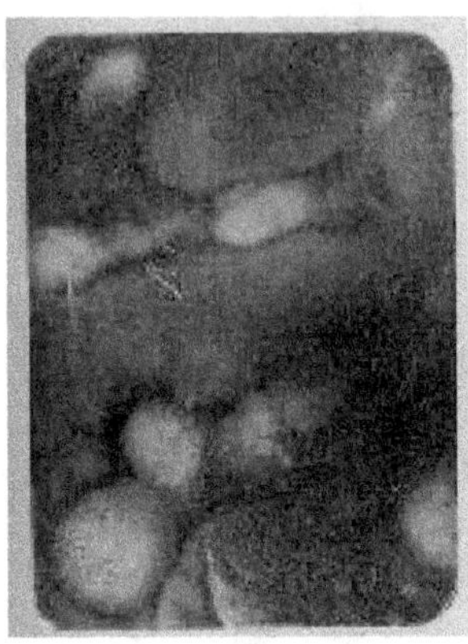

Fig. 4. Tête d'oiseau

Obtenue par la main gauche de M. Dargel et la main droite de Mme Agulana, les doigts de chacun d'eux étant placés sur un grillage à un centimètre du bain révélateur ; 12 minutes de pose. — La tête de l'oiseau se trouva en bas et vers le milieu du cliché, le bec dirigé en haut.

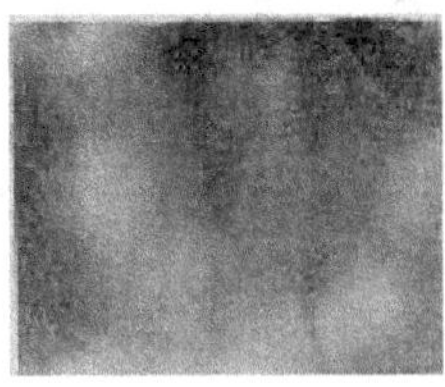

Fig. 5. Une bouteille

Obtenue par M. Darget, en pensant à une bouteille. Elle est debout, vers le milieu du cliché, un peu à droite, au-dessus de l'une des taches blanches du bord inférieur.

Quelques mots encore pour terminer ces considérations. Soyez bien persuadés que la pensée, même sans le secours de la volonté, modifie tout ce qui vous entoure, qu'elle donne aux choses des qualités nouvelles qui s'ajoutent à celles qu'elles possèdent en propre ; qu'avec le secours de la volonté, elle grée réellement, non pas seulement des images, mais des agents, des forces, des corps même possédant les propriétés physiques et chimiques des corps matériels, corps qui agissent, se meuvent et sont susceptibles de communiquer le ton de leurs mouvements, ainsi que leurs qualités propres, aux êtres et aux choses placées dans la sphère de leur action.

Fig. 6. Une canne

Obtenue par Cdt Darget, en regardant une plaque dans le bain révélateur et en posant ses doigts du côté verre, en voulant fortement reproduire l'image de sa canne qu'il avait préalablement regardée avec fixité.

Si les pensées et les différents états de l'âme existent

réellement au point de vue matériel, on doit pouvoir les photographier. En effet, cet enregistrement sur la plaque photographique est non seulement, possible, mais il est certain. Le docteur Baraduc (V. L'âme humaine, ses mouvements, ses lumières et l'iconographie de l'invisible fluidique, 1896 ; Les Vibrations de la vitalité humaine, 1904) et le commandant Darget en ont obtenu de remarquables spécimens. Les clichés des figures 4, 5, 6, 7 et 8 ont été obtenus par ce dernier, lorsqu'il était chef d'escadron au 2e régiment de cuirassiers en garnison à Tours.

II. CONSTITUTION DE LA MATIERE

Comment la matière est constituée. — Les plans de la Nature. — Les corps de l'homme. — Les corps dans les règles du plan physique. — Notre immortalité.

Pour bien faire comprendre comment les pensées peuvent être considérées comme, des choses, c'est-à-dire comme des objets matériels, je suis obligé d'entrer dans certaines considérations relatives à la constitution de la matière, aux plans de la nature et; aux différents corps de l'homme.

Comment la matière est constituée. — la matière est formée de particules infiniment petites, insécables, indivisibles, indestructibles, que l'on nomme des atomes (de deux mots grecs, a, privatif, et temnô, couper, voulant dire que l'on ne peut couper ou diviser davantage).

Les atomes s'orientent et se groupent en nombre plus ou moins grand pour former des molécules qui, jointes les unes aux autres, sont maintenues par la force de cohésion.

Les atomes et les molécules ne s'ajustent pas les uns sur les autres comme des cubes de même volume ; mais, ils sont, au contraire, séparés les uns des autres par des espaces relativement énormes, dans lesquels circule librement un fluide, l'éther, qui, lui aussi, n'est que de la matière à un état plus subtil. Libres dans les espaces qu'ils occupent, les atomes sont animés d'un mouvement qui leur est propre, mouvement vibratoire extrêmement rapide, qui est constamment, modifié par les mouvements différents qui leur arrivent du dehors.

Si l'atome, que nous pouvons appeler l'atome chimique, représente la matière à son dernier degré de divisibilité par les moyens dont nous disposons, tout indique qu'il n'est pas un atome dans le sens étymologique du mot, et qu'il est réellement divisible par des moyens plus puissants. Quelques chimistes hardis, parmi lesquels je citerai M. Jollivet Castelot, l'auteur de La Vie et l'Ame de la matière, affirment qu'il est formé par l'agglomération de particules d'éther qui, par leur nombre, leur groupement, leur orientation et leur mode de mouvement, constituent les atomes des différents corps avec les propriétés physiques et chimiques que nous connaissons à chacun d'eux. L'éther serait, ainsi, considéré comme le véritable atome, l'atome principe, le protoplasma de la matière solide, liquide ou gazeuse qui tombe sous nos sens.

On cherche maintenant à tout unifier. Si les physiciens ont, déjà, établi et démontré l'unité des forces physiques, les chimistes, qui raisonnent comme Jollivet Gastelot, cherchent à faire admettre l'unité de la matière. Gustave Lebon va plus loin. Dans son remarquable ouvrage : L'Evolution de la matière, il démontre qu'elle n'est que l'éther condensé ; qu'elle naît, grandit, vieillit, meurt et disparaît, c'est-à-dire qu'elle retourne à l'éther. Non seulement, elle vit, mais elle est douée de sensibilité et réagit aux excitations.

Les occultistes et les théosophes considèrent depuis longtemps l'éther comme un quatrième état de la matière venant s'ajouter aux trois états solide, liquide et gazeux que nous connaissons. Ces derniers admettent, même qu'il y a dans la nature quatre états éthériques qui diffèrent autant l'un de l'autre que le solide diffère du liquide et le liquide, du gazeux. Ils pensent aussi que la matière telle que nous pouvons la connaître sous ces sept états, est divisible à l'infini. Dans son remarquable ouvrage sur l'Homme visible et invisible, Leadbeater s'exprime ainsi à ce sujet :

> *...Ce que nous appelons, dit-il, un atome d'oxygène ou d'hydrogène, n'est point le degré ultime et de fait, point un atome du tout, mais une molécule qui, sous certaines conditions, peut être brisée en atomes. En répétant ce processus de séparation on arrive éventuellement à un nombre infini d'atomes physiques indéfinis qui sont tous semblables ; il y a, donc, une substance à la base de toutes les substances, et des combinaisons diverses de ces atomes ultimes nous donnent ce que la chimie appelle des atomes d'oxygène ou d'hydrogène, d'or ou d'argent, de lithium ou de platine, etc...*

Ces atomes, cependant, ne sont atomes ultimes qu'au seul point de vue de notre plan physique ; c'est-à-dire qu'il y a des méthodes par lesquelles ils peuvent être subdivisés : mais lorsqu'ils sont brisés ainsi, ils nous donnent une matière appartenant à une région différente de la nature... matière qui n'est plus expansive où contractile à quelque degré de chaleur ou de froid que nous la soumettions. Cette matière subtile n'est point simple non plus, mais complexe : et, nous trouvons qu'elle existe aussi dans une série d'états à elle propres, correspondant à peu près aux états de la matière physique que nous appelons solides, liquides, gaz ou éthers. En continuant, plus avant, notre processus de subdivision, nous arrivons à un autre atome... l'atome de cette région de la mature que les occultistes ont appelé le Monde astral.

Le processus peut être répété encore : car, en subdivisant cet atome astral nous nous trouvons en présence d'un autre monde plus élevé et plus subtil, quoique toujours matériel. Une fois de plus, nous trouvons de la matière existant dans des conditions bien définies et à des états différents correspondant a ce niveau très élevé : le résultat final, c'est que nos investigations nous conduisent, une fois de plus, à un atome, l'atome de cette troisième grande région de la nature que la théosophie appelle le Monde mental. Autant que nous pouvons le savoir, il n'y a de limite réelle que pour nos capacités d'observation. Nous en avons assez, cependant, pour être certains de l'existence d'un nombre considérable de régions différentes chacune étant, dans un certain sens, un monde en lui-même, et, dans un sens autre et plus large, mous voyons que toutes ces régions forment les parties d'un tout prodigieux.

Les plans de la nature. — Les mêmes théosophes désignent ces régions sous le nom de mondes ou de plans. Dans le langage courant, on a tendance à les placer les uns au-dessus des autres, suivant la densité de la matière qui les compose. Dans la réalité, il n'en est pas ainsi.

> *...Il ne faut pas s'imaginer, continue Leadbeater, qu'ils sont superposés comme les tablettes d'une bibliothèque, mais, plutôt qu'ils remplissent tous le même espace, s'interpénétrant les uns les autres.*

Il est un fait bien reconnu dans la science, que, même dans les substances les plus denses, jamais deux atomes ne se touchent, chaque atome a toujours son champ d'action et de vibration, chaque molécule, à son tour, possède un champ encore plus grand ; de sorte qu'il y a toujours de l'espace entre ces atomes ou ces molécules, et, cela, dans toute circonstance possible. Chaque atome physique est baigné dans une mer de matière astrale qui l'environne et remplit tous les interstices dé cette matière physique. Il est. universellement reconnu que l'éther interpénètre toutes les substances connues, le solide le plus dense comme le gaz le plus raréfié ; et comme il se meut, en toute liberté entre les particules de la matière la plus dense, de même la matière astrale l'interpénétré à son tour et se meut, en toute liberté, parmi ses particules. La matière mentale, à son tour, interpénètre l'astrale dans les mêmes conditions. Ces différentes régions de la nature ne sont donc, en aucun cas, séparées dans l'espace, elles existent tout autour et auprès de nous, de sorte que, pour les voir ou les étudier, il n'est point nécessaire de nous mouvoir dans l'espace ; il suffit d'éveiller en nous-mêmes les sens au moyen desquels elles peuvent être perçues.

Pour expliquer comment plusieurs formes de la matière ainsi considérée selon son degré de division ou de ténuité, peuvent occuper le même espace, je vais faire une comparaison qui fera très bien comprendre ce phénomène.

Supposons une cavité quelconque remplie de pierres. Ces pierres vont nous représenter la matière à ses divers états ; mais elles n'occupent pas toute la place qui leur est réservée ; il reste entre elles des interstices qui peuvent être comblés par du sable. Ce sable nous représente ici la matière astrale pénétrant la matière physique. Les grains de sable laissent entre eux des interstices qui peuvent être comblés par de l'eau, et l'eau nous représente, ici, la matière mentale pénétrant la matière astrale. L'eau laisse encore, entre ses molécules, des espaces qui peuvent être comblés par des gaz, ce qui fait comprendre que la matière mentale peut, à son tour, être pénétrée par de la matière à un état plus subtil encore.

Il n'y a pas de vide dans la nature. Les solides touchent aux liquides ; les gaz à ceux-ci, d'une part, et à l'éther, de l'autre. L'éther joint la matière physique à la matière astrale et celle-ci est en contact avec la matière mentale. Le monde physique n'est que la forme visible des mondes invisibles. Les théosophes vont encore plus loin. Ils affirment qu'il n'y a, dans l'univers, qu'une seule et unique sorte de matière à des degrés différents de ténuité ; que la force et la matière sont une seule et même chose. La matière d'un plan est animée par la matière plus subtile du plan supérieur qui la pénètre. Ainsi, la matière mentale constitue la force qui anime la matière astrale, et celle-ci est la force qui anime la matière physique.

Les corps de l'homme. — Il est évident que l'homme n'est pas uniquement constitué par le corps que nous voyons. La religion chrétienne, d'ailleurs comme toutes les grandes religions qui se partagent la croyance des humains, affirme que nous sommes un composé de deux corps ; l'un matériel que nous voyons, l'autre immatériel ou spirituel que nous ne voyons pas. Les philosophes spiritualistes nous en enseignent à peu près autant, et la philosophie classique, qui ne veut rien admettre que ce qui tombe directement sous les sens, est obligée, pour expliquer les phénomènes de la vie psychique, d'accorder à la matière des propriétés qui ne lui appartiennent certainement pas, comme celle de penser, de juger et de vouloir.

Les théosophes de l'Inde ont atteint, depuis des milliers d'années, dans le domaine des pouvoirs psychiques, des hauteurs que nous sommes fort loin d'atteindre. Ils affirment que l'homme peut arriver à ce que nous pouvons appeler la perfection ; et que lorsqu'il y est parvenu, il possède ou a possédé sept corps correspondant aux différents plans de la nature sur lesquels il s'est successivement élevé. Pour ne pas effrayer notre imagination à la pensée d'une pareille étude que nous serions certainement incapables de faire, restons avec les occultistes et les théosophes occidentaux. Ceux-ci admettent l'existence de trois corps, qui, chez l'homme arrivé au développement moyen de l'intelligence telle que nous le comprenons, constituent ses véhicules, c'est-à-dire ses moyens de locomotion sur chacun des plans correspondant à la matière dont ils sont formés.

Au corps physique, évidemment formé de la matière que nous connaissons, appartiennent des fonctions comme la digestion, l'assimilation, la locomotion et les divers phénomènes que les moins intelligents d'entre nous peuvent constater, car ils tombent directement sous nos sens : ce sont les phénomènes physiologiques.

Les deux autres corps, plus subtils, vont se partager les fonctions que les philosophes considèrent comme des facultés de l'âme.

Le corps astral est le périsprit des spirites, l'âme sensitive des anciens philosophes. Composé avec la matière du plan astral, il sert, en quelque sorte, de moyen d'union entre le corps physique et le corps mental. C'est en lui que se produisent l'imagination, la sensibilité, la douleur, les émotions, les désirs, les passions et les jouissances d'un ordre peu élevé. Chez les animaux, il est le siège de l'instinct. C'est par son intermédiaire que se produisent les phénomènes si longtemps contestés de la télépsychie, des apparitions et des visions que nous avons en songe. Lorsque nous dormons, nous ne vivons que par le corps astral qui se meut, en toute liberté, sur ce plan.

Le corps mental, formé de la matière de ce plan, est le siège de l'intelligence, de la pensée et de la volonté. C'est le moi pensant, l'âme des philosophes (anima des latins, psukke des grecs), dans lequel se produisent tous les phénomènes de la conscience. Le jugement, le raisonnement, les résolutions, les délibérations, font partie de son domaine. A l'état de développement que nous pouvons apprécier, c'est le principe supérieur qui gouverne toutes nos fonctions, qui préside à toutes nos actions conscientes.

Les corps astral et mental possèdent des sens correspondant à ceux qui nous mettent en communication directe avec les agents physiques, avec cette différence qu'ils sont considérablement plus puissants.

Ces corps représentent, trois organismes distincts qui sont réglés l'un sur l'autre, de telle façon qu'une impression perçue par l'un est immédiatement transmise aux autres. On pourrait comparer cette transmission à la suivante : si l'on tire vigoureusement un son de harpe, les instruments semblables placés dans le voisinage rendent chacun la note que l'on a tirée de la harpe, s'ils sont accordés au même ton que celle-ci. Le physique, l'astral et le mental représentent, ici, des octaves de plus en plus élevées, de telle manière que l'ensemble des notes pouvant être données par le physique forment une octave quelconque. Le même ensemble de notes constitue, dans l'astral, une octave supérieure, et le même ensemble constitue dans le mental une octave plus élevée encore.

L'être physique est dirigé par l'astral et par le mental.

En principe, il est soumis à l'astral pendant le sommeil et au mental pendant la veille. Mais comme le gouvernement de cette dernière partie de notre existence est plus compliqué, plus difficile que la première, le mental a besoin de s'adjoindre l'astral pour l'aider dans une certaine mesure.

Nous nous rendons souvent fort bien compte qu'il y a en nous deux individus qui commandent, deux chefs qui n'ont pas la même autorité, qui ne pensent pas de la même manière, qui ne sont pas toujours, d'accord, qui discutent, luttent même, parfois, l'un contre l'autre ; et, finalement, que c'est le plus fort qui décide. Ces deux chefs sont là comme le directeur et le sous-directeur d'un grand établissement ; ce sont précisément l'être mental et l'être astral, dont les aptitudes sont loin d'être les mêmes.

Lorsque nous accomplissons un acte que notre raison réprouve, comme de satisfaire une passion quelconque, nous nous rendons bien compte de cette dualité intérieure. Le besoin de cette satisfaction prend naissance dans l'astral qui le désire : et le mental, malgré le raisonnement qu'il y oppose, est, souvent, impuissant à en empêcher l'exécution. Les fous, les obsédés et tous ceux qui obéissent à des impulsions plus ou moins irrésistibles, sont presque exclusivement gouvernés par l'astral, car, chez ceux-là, le mental a perdu son autorité plus ou moins complètement.

Ces deux individus sont maintenant bien connus en psychologie, du moins, par leurs fonctions. L'être mental constitue l'être actif dans lequel réside, la conscience, le moi pensant ; l'astral est l'être passif, le subjectif, qui est le siège de la conscience inférieure, de la subconscience, du moi inférieure. C'est sur ce dernier que la suggestion, chère aux hypnotiseurs, exerce son empire.

Dans son Traité méthodique de Science, occulte, Papus emploie un symbolisme fort simple pour faire comprendre le rôle de chacun des trois éléments qui composent l'être humain. Il représente celui-ci par une voiture attelée. La voiture, inerte par elle-même, représente le corps physique ; le cheval qui traîne la voiture est, l'image de l'astral, et le cocher qui conduit le cheval représente l'âme, c'est-à-dire le mental.

Fig. 9. La voiture attelée

Le cheval (l'astral) marchant à une bonne allure, sous la direction du cocher (le mental), traîne la voiture (le corps physique). La régularité de la marche (fig. 9) représente les manifestations ordinaires de notre vie raisonnable.

L'astral est le siège des passions, et lorsque celles-ci s'éveillent, le mental est, souvent, impuissant à les maîtriser. Cet état est représenté par le cheval qui s'emporte, entraînant dans sa course la voiture et le cocher qui ne peut s'y opposer (fig. 10).

Fig. 10. Le cheval s'emporte

Fig. 11. Le sommeil

Pendant le sommeil, la voilure est presque abandonnée, car le cheval, qui est dételé, n'est presque plus sous la domination du cocher (fig. 11).

Dans cet état de liberté apparente, une autre volonté que celle du cocher peut s'emparer du cheval et le diriger. C'est ce qui se passe dans la suggestion.

L'homme est sur le point de mourir. Le cocher sommeille sur son siège, le cheval dételé n'est plus en rapport, avec la voiture que par les guides qui s'allongent et menacent de se rompre (fig. 12).

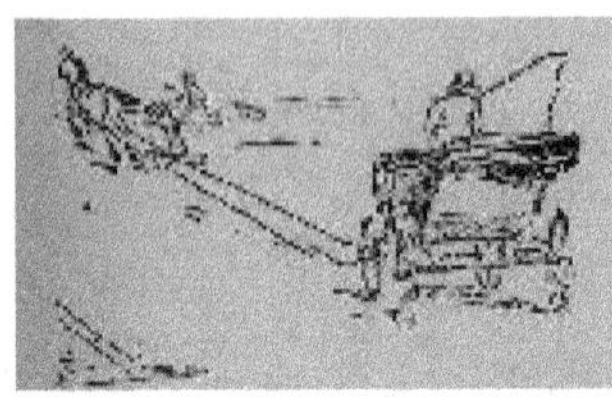

Fig. 12. Les approches de la mort

Le cheval devient, libre ; puis le cocher le rattrape, monte en croupe et le conduit sur un autre plan, abandonnant la voiture qui est brisée (fig. 13) : c'est la mort.

L'astral est généralement invisible pour nous dans l'état ordinaire : néanmoins, dans l'obscurité, certaines personnes impressionnables, dans les expériences d'extériorisation poussées jusqu'au dédoublement, peuvent distinguer une forme plus ou moins nette, flottante, vaporeuse, qui se déplace autour du sujet et qui peut s'en aller au loin, tout en étant reliée à celui-ci par un cordon de matière astrale également vaporeuse, partant de la région ombilicale. (Voir, à ce sujet, mon ouvrage : Le Fantôme des vivants).

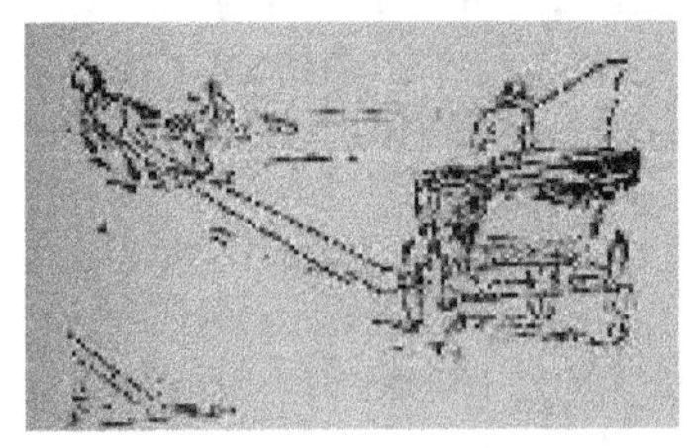

Fig. 13. La voiture brisée, c'est la mort physique

Malgré sa subtilité, l'astral peut, parfois, être photographié. Le colonel de Rochas, en photographiant un sujet extériorisé a obtenu une forme rudimentaire. Un point très brillant est venu sur la plaque : il a cherché le point correspondant sur le corps du sujet et a observé qu'il correspondait à un point hystérogène dont l'expérimentateur et le sujet ne soupçonnaient pas l'existence. J'ai obtenu moi-même de très remarquables épreuves. En dehors du dédoublement expérimental, des photographies très nettes ont été obtenues ; les plus remarquables que je connaisse l'ont été dans les circonstances suivantes :

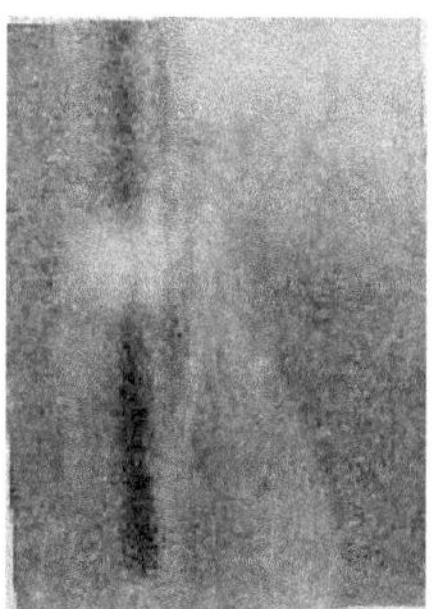

Fig. 7. Une bouteille

Obtenue par M. Darget, dans les mêmes conditions que la figure 5. Elle est debout, à peu près au milieu du cliché.

Fig. 8. L'aigle

Obtenu à sec, au-dessus du front de Mme Darget, endormie du sommeil magnétique ; pose 10 minutes.

Fig. 14. Corps astral d'un prêtre dédoublé spontanément.

Fig. 15. Corps astral de Mlles Pinard

— Un prêtre, photographe amateur, photographie, dans les conditions ordinaires, un autre prêtre de ses amis. La plaque est développée : et, à la grande surprise de l'opérateur qui est bien sûr que son appareil n'a pas bougé, on remarque très distinctement deux figures qui n'ont pas la même expression, tout en ayant la même ressemblance (fig. 14). La figure de l'astral plus basse et un peu à droite de la figure physique, paraît affaissée avec l'expression de l'homme duquel on dit : « *Je lui parlais, mais il ne m'écoutait pas. Il paraissait absent.* »

Le prêtre photographe montra cette plaque aux amateurs les, plus experts de Tours, qui n'ont su donner d'autre explication que celle du changement de place soit de l'appareil, soit du sujet au moment de l'opération, quoique cette explication ne les satisfaisait pas complètement. Présentée au commandant Darget, celui-ci reconnut l'image bien évidente du corps astral du prêtre dédoublé au moment de l'opération.

Darget voulut se rendre compte si, dans certaines circonstances, le fluide magnétique ne pourrait pas être photographié.

Pour cela, il pria Pinard, magnétiseur à Tours, de vouloir bien, avec ses deux fillettes, se mettre à sa disposition ; ils acceptèrent. Celui-ci magnétisa ses filles pendant quelques minutes, comme s'il avait magnétisé des malades pour les guérir, et Darget photographia plusieurs fois le magnétiseur avec ses jeunes sujets. Sur plusieurs plaques, une traînée lumineuse montre la réalité du fluide. Mais, sur l'une d'elles (fig. 15), il remarqua, à sa grande surprise, que les deux fillettes étaient dédoublées, comme le prêtre de la figure précédente. Et Darget est absolument certain que les fillettes, pas plus que l'appareil, n'ont bougé pendant l'opération. En examinant l'image, on peut, d'ailleurs, se rendre compte que s'il y avait eu changement de place, les figures ne seraient pas venues de la même manière. On remarque, d'abord, que les jambes des fantômes ne sont pas visibles, ce qui indique que toute l'activité de ceux-ci est portée à la partie supérieure du corps. Le bras gauche de la fillette de gauche est plié sur l'image réelle ; il est allongé sur l'image fantomatique. De plus, le fantôme, qui est composé de matière astrale, beaucoup plus subtile que la matière physique, laisse voir à travers son image les objets qui sont placés derrière.

Les corps dans les règnes du plan physique. — Certains savants hardis, pensant comme les occultistes et les théosophes, affirment que la vie est partout dans la nature ; autrement dit, que la matière, généralement considérée comme inanimée, vit réellement. Des expériences méthodiques faites à Naples, il y a une trentaine d'années, par le professeur Schrôn, semblent le démontrer. Dans la Vie et l'Ame de la matière, Jollivet-Castelot appuie cette idée par des observations et des remarques fort judicieuses, et Gustave Lebon la démontre jusqu'à l'évidence. D'autre part, l'étude approfondie du magnétisme nous révèle que l'agent magnétique se trouve dans tous les corps, même dans ceux que l'on considère comme des corps bruts, et que, partout, il est soumis aux mêmes lois. (V. ma Physique magnétique).

Si les corps bruts présentent des traces d'animation, ils doivent posséder un corps astral rudimentaire uni à leur corps physique ; les plantes doivent en posséder un plus développé, et les animaux, en dehors d'un corps astral presque entièrement développé, doivent avoir un corps mental à l'état rudimentaire.

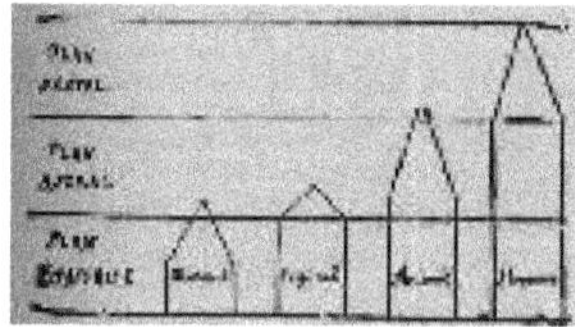

Fig. 16. Les plans de la nature

Les théosophes ne considèrent pas ces affirmations comme des hypothèses, mais comme des vérités. Dans une figure schématique très bien comprise, Leadbeater fait en quelque sorte toucher du doigt le développement de chacun des corps d'un individu d'évolution moyenne pris dans chaque règne du plan physique.

La figure 16, réduite et simplifiée, d'après celle de Leadbeater, suffit pour les besoins de cette démonstration.

Le minéral est représenté par un rectangle peu élevé placé dans la partie inférieure du plan physique. Ce rectangle est surmonté d'un triangle dont le sommet pénètre dans la partie inférieure du plan astral. C'est l'indice des premiers désirs du minéral et comme la première manifestation de sa conscience.

Les mots « *désir* » et « *conscience* », appliqués aux propriétés des minéraux, n'ont certainement rien d'exagéré malgré les apparences, car on peut les considérer comme synonymes d'affinité; on pourrait même dire que, dans certaines circonstances déterminées, ils montrent de la sympathie ou de l'antipathie les uns pour les autres. Exposés à certains contacts, les corps composés se décomposent pour en former d'autres ; un de leurs éléments constitutifs abandonne ceux avec lesquels il est combiné, prend sa liberté et se combine avec d'autres ; et ces actions sont parfois si rapides, si violentes, si soudaines qu'elles sont presque instantanées. En voici des exemples :

Si on jette de la limaille de zinc dans de l'acide chlorhydrique — qui est une combinaison de chlore et d'hydrogène — le chlore abandonne l'hydrogène qui est mis en liberté et se combine avec le zinc pour former du chlorure de zinc. Ce procédé constitue une des méthodes les plus pratiques pour la fabrication de l'hydrogène.

Si on jette dans l'eau — composé d'oxygène et d'hydrogène — un fragment de sodium, on constate que l'oxygène préfère ce métal à l'hydrogène, car celui-ci est rapidement, mis en liberté, tandis que le premier se combine avec le métal pour former un oxyde hydraté de sodium.

Si on observe des attractions violentes, on peut observer des répulsions insurmontables. Ainsi, certains corps ne se combinent jamais entre eux, quels que soient les moyens que l'on puisse employer pour cela. On n'obtient pas l'acétate de soufre, car on n'est pas encore parvenu à combiner ce métalloïde avec l'acide acétique.

L'attraction et la répulsion, on pourrait même dire la sympathie et l'antipathie, l'amour et la haine que les corps du règne minéral ont les uns pour les autres constituent bien des manifestations d'une sorte de désir et comme le premier rudiment de l'intelligence.

Les choses et les objets qui nous paraissent inertes sont, donc, réellement animés, et on peut les considérer comme les premiers anneaux de la chaîne évolutive des êtres qui part, ainsi, du niveau de la matière pour s'élever dans les régions les plus élevées de la pensée, en passant successivement par les règnes végétal, animal, humain, et d'autres encore, car l'homme tel que nous le comprenons, n'est certainement pas l'être en lequel doit s'arrêter la marche vers la perfection.

La plante occupe complètement le plan physique ; et le triangle supérieur représentant ses désirs, ses aspirations, tient, dans le plan astral, une place sensiblement plus grande que le minéral.

L'animal est complètement formé dans la partie inférieure du plan astral, et le triangle, très élevé, pénètre dans le plan mental. Son corps astral est presque aussi développé que celui de l'homme et son mental commence à se développer.

L'homme est complètement développé dans la partie inférieure du plan mental et le triangle atteint la partie supérieure de ce plan. On peut supposer qu'en continuant à s'élever, il peut pénétrer dans le plan supérieur et prendre, peu à peu, un quatrième corps composé de matière plus subtile, que celle que nous connaissons, corps par lequel il acquerrait de nouvelles qualités, une augmentation de ses facultés actuelles et, très probablement, des facultés nouvelles.

Maintenant, autant pour ne pas trop abandonner le langage courant que pour simplifier les descriptions que j'ai à faire, je considérerai le plus souvent comme à peu près synonymes les expressions de facultés de l'esprit, facultés psychiques, mentales, morales, intellectuelles, ainsi que les mots âme, esprit, être psychique.

Notre immortalité. — J'avais pensé, d'abord, ne pas toucher à cette question qui effraie bon nombre de philosophes enseignant ou admettant les décevantes théories matérialistes ; mais la survivance au-delà du tombeau étant supposée partout, ce livre n'aurait pas été complet sans une affirmation que l'on n'aurait trouvée nulle part. C'est pour cela que, revenant sur ma première intention, je vais en dire quelques mots.

Notre vie actuelle n'est qu'un chaînon de l'immortalité, et la mort, telle qu'on la conçoit généralement, n'est qu'un changement d'état ; c'est la fin de la vie physique, mais ce n'est pas la mort de l'âme, qui est indestructible. Le corps qui meurt, c'est le vêtement de l'âme. Dans une mort violente, suite d'accident, par exemple, il est brusquement déchiré ; tandis que lorsque nous arrivons au dernier degré de la décrépitude, il est usé et ne peut plus servir d'instrument à l'âme qui l'abandonne. La mort est même plus qu'un changement d'état, c'est le prolongement de la vie à peine voilé par le brouillard ; c'est la naissance à la vie astrale qui est, toujours, meilleure que celle-ci pour ceux qui ont vécu noblement.

Ce que l'on considère généralement comme notre existence actuelle est la continuation d'existences antérieures qui se poursuivront indéfiniment, dans des conditions d'autant meilleures que nous faisons davantage pour les obtenir. Avec Lamartine, nous pouvons, donc, répéter :

La vie est un degré de l'échelle des mondes, que nous devons franchir pour arriver ailleurs.

« *L'esprit meut la matière.* » C'est une affirmation presque aussi ancienne que le monde civilisé. Nous évoluons. Cette évolution se fait dans notre passage à travers la matière physique, et notre origine remonte aux temps géologiques primitifs, à l'époque où la matière s'est affirmée sous ses quatre états : solide, liquide, gazeux, éthérique, que nous connaissons. Là, placés sur les premiers degrés de l'interminable échelle ontologique, nous nous sommes lentement élevés à travers les divers individus du règne végétal, puis du règne animal, pour arriver à la hauteur, où chacun de nous se trouve en ce moment.

Ce que l'on appelle le hasard de la naissance, qui semble donner le prestige, la fortune, le bonheur, n'existe pas, car la nature, souverainement juste, ne le serait pas si elle avait des préférences pour quelques-uns. Par des lois d'attraction et d'affinité inconnues dans leur essence, mais faciles à déterminer dans leurs grandes lignes, nous renaissons dans des conditions analogues à celles que nous avons quittées précédemment ; et, une fois encore, nous supportons les conséquences de nos fautes, comme nous jouissons du bénéfice des progrès que nous avons su accomplir.

D'infimes, de méchants ou de malheureux que nous étions, nous nous élevons en devenant meilleurs ; et tous, au bout d'un temps plus ou moins long, nous devons parvenir au bonheur. Mais, là comme ailleurs, tous n'y arriveront pas en même temps ; ce sont, bien entendu, ceux qui feront le plus et le mieux qui y parviendront les premiers.

Aucune de nos pensées, aucune de nos actions n'est

perdue. Si nous agissons mal, nous sommes affectés d'une façon douloureuse ou désagréable ; tandis qu'en agissant bien, nous sommes agréablement affectés. Dans le premier cas, nous restons à peu près stationnaires, tandis que, dans le second, nous nous élevons.

Nous ne travaillons pas seulement pour être heureux dans une autre vie, comme nous l'affirme la morale religieuse ; mais nous en profitons très largement dans celle-ci, car nous recevons souvent, dans un délai parfois très court, la plus grande partie de ce que l'on pourrait appeler la punition ou la récompense de nos actions. Dans tous les cas, nous pouvons avoir la certitude absolue que tous nos désirs seront accomplis. S'ils sont énergiquement soutenus par des pensées puissantes et par une volonté persévérante, ils s'accompliront dans cette vie, à brève échéance, et s'ils sont insuffisants, ils ne s'accompliront que dans l'autre. C'est pour cela qu'il faut nous habituer à penser et à vouloir.

Pour se diriger dans ce labyrinthe de la vie qui est plein d'écueils et d'obstacles, et arriver plus rapidement au but, le plus grand nombre d'entre nous ont besoin d'être dirigés. Ceux qui connaissent le chemin mieux que les autres peuvent, naturellement, leur servir de guides. J'espère y contribuer dans une large mesure en mettant ce livre entre les mains de ceux qui, enfoncés dans le bourbier de l'ignorance, s'attardent trop longtemps sur la route de l'avenir.

III. L'HOMME

L'Homme magnétique. — L'Homme non magnétique.

L'homme robuste, gai, bien équilibré, conscient de sa force et du rôle important qu'il joue dans l'humanité ne ressemble en rien au pauvre mélancolique constamment en proie à la plus sombre tristesse et redoutant sans cesse des malheurs qui n'auront peut-être pas le temps de lui arriver. C'est que notre état physique et notre état moral sont solidaires l'un de l'autre et que, si l'un est sérieusement affecté, l'autre souffre toujours plus ou moins. La force silencieuse de la pensée agissant constamment dans le même sens, façonne notre corps, burine nos traits, dirige nos manières, assure nos gestes et règle notre démarche. En imprimant à tout notre être physique une série de mouvements correspondant à ceux de notre état mental, elle nous rend agréables, attractifs et sympathiques ou désagréables, répulsifs et antipathiques ; et les empreintes de ces qualités et de ces défauts se voient constamment sur notre physionomie, dans nos manières, dans notre attitude, dans notre allure, tout autant que ces qualités elles-mêmes se sentent, car elles sont directement perçues par un sens de l'esprit dont nous ne faisons que soupçonner l'existence.

S'il en est ainsi, on peut donc définir à l'avance le type de l'homme attractif dont la personnalité magnétique, est développée à un certain degré, et Turnbull nous trace ainsi qu'il suit dans son Cours de Magnétisme personnel les traits caractéristiques de chacun d'eux ; voyons, d'abord, l'homme magnétique :

L'homme magnétique. — Quand vous vous trouvez en compagnie de l'homme consciemment magnétique, le premier effet qu'il vous fait est celui d'être au repos : il n'est point nerveux, il ne s'agite pas. Vous éprouvez, ensuite, le sentiment qu'il a en lui, une force en réserve quelque part, une force dont vous ne pouvez pas fixer l'endroit. Elle ne se trouve pas précisément dans son regard, ni dans ses manières, ni dans son parler, ni dans ses actions ; mais elle est là, elle existe et semble faire partie de lui. Voilà exactement le fait : c'est une partie de lui, et quelques minutes auparavant, tout singulier que cela vous paraisse, c'était dans une petite mesure une partie de vous ! Un peu de cette force d'attraction qu'il montre et dont vous êtes conscient est allé de vous à lui sans que vous le sachiez...

Examinons l'homme d'un peu plus près afin de connaître le secret de la fascination qu'il exerce sur vous. Observez, d'abord, son regard. Ses yeux vous dominant quoiqu'il ne vous regarde pas fixement. Il ne regarde pas dans vos yeux ni dans l'un plutôt que dans l'autre : il regarde juste entre les deux, là où votre nez prend racine. Son regard semble vous percer avec intention — un regard fixe et pénétrant, mais dans lequel il n'y a rien de désagréable. Vous sentez qu'il n'est pas, qu'il ne peut pas être impertinent. Remarquez également qu'il ne vous regarde pas ainsi quand vous parlez : il attend votre communication puis il vous envoie la sienne. Quand il parle, il vous regarde de cette manière déterminée, dominatrice et, cependant, bienveillante, mais il ne se fait, pas valoir...

Il vous écoute avec politesse ; mais vous recevez l'impression d'une volonté inflexible, vous percevez une puissance dans lui. C'est l'homme qui doit être obéi ; en un mot, l'impression qu'il vous laisse est celle de quelqu'un qui sait exactement ce qu'il veut et qui n'est pas pressé parce qu'il est certain de l'obtenir... Voilà, donc, pourquoi il est si calme, si assuré ! Le savoir est une Force et il sait que son état dépend des Lois de Cause, et d'Effet.

Analysons sa conversation. Vous a-t-il appris quelque chose ? Très peu, et rien qu'on puisse considérer comme vain ou prétentieux. Ce qu'il donne n'est généralement point important, quoique vous semblez croire cela tandis que vous l'écoutez.

Il n'est pas empressé. Il vous fait plutôt sentir que, s'il le voulait, il pourrait en dire long. Ainsi, il pique un peu votre curiosité..., mais il ne vous tend pas un piège pour chercher à se faire admirer...

Quand cet homme a attiré vers lui la popularité, l'influence, le succès, il a accepté ces dons : il les a considérés comme son dû..., puis il a continué son chemin... Il a acquis la richesse de la même façon qu'il a acquis la popularité : par la domination. Il a dominé par le magnétisme ; il a attiré les hommes à lui...

Quelle impression cet homme vous a-t-il faite ? — Celle-ci : vous désirez le connaître mieux parce que vous sentez qu'il vous est sympathique, d'une façon mystérieuse et que vous ne pouvez définir. Il vous tient selon l'expression courante, et vous ne pouvez vous soustraire à son influence, même après que vous avez pris congé de lui.

Il se sert de votre force. Si vous voulez bien observer ce qui se passe entre lui et vous, vous verrez que vous êtes celui qui a fait montre de vos connaissances, que vous êtes celui qui a cherché à plaire: en un mot, vous êtes celui qui a donné. Oui, c'est précisément cela : vous avez donné ; il a reçu. S'il avait voulu que ce fût autrement, lui, fort de son savoir conscient, et vous, faible et dépourvu, vous auriez été obligé de recevoir tout ce qu'il aurait voulu vous donner en fait d'impulsions, d'ordres ou d'idées... Mais il ne l'a pas voulu ; il s'est permis, simplement, de vous faire une bonne impression. Puis, il est parti après vous avoir pris un peu de magnétisme, comme l'abeille s'envole après avoir pris te miel de la fleur.

L'homme non magnétique. — Après avoir, ainsi, décrit la caractéristique de l'homme magnétique qui va de succès en succès, le même auteur décrit celle de l'homme non magnétique qui personnifie l'insuccès ; puis il les compare l'un à l'autre.

Il vous irrite ; si vous êtes acariâtre vous-même, il augmente votre mauvaise humeur ; si vous avez des dispositions, être morbide, il obscurcit votre horizon encore plus ; si vous vous sentez heureux, sa présence semble avoir l'effet de peser sur vous. Oui, c'est un poids, et vous avez à le soulever. Il vous demande de la sympathie ; il dit qu'on ne le comprend pas ; il se plaint du sort, du temps, d'une personne quelconque.

C'est un mécontent, un bavard ; il vous communique ses secrets ; il veut que vous preniez part à ses ennuis. C'est un impulsif sans discrétion, manquant de calme, de jugement de mesure et d'intérêt. Flattez-le et laissez-le s'en aller ! Vous pouvez le prendre de la manière la plus aisée en flattant son égoïsme : parlez-lui en, débarrassez-vous de lui... et... n'y pensez plus.

Vous vous sentez heureux dès qu'il est parti. Sa présence a pesé horriblement sur vous parce que vous ne saviez pas comment vous soustraire à son influence. Si vous l'aviez su, vous auriez pu, non seulement vous épargner une perte de magnétisme, mais même tirer, si vous l'aviez voulu, quelque chose de sa faiblesse.

Pourquoi donc, est-il dépourvu de dispositions attractives ? — La raison en est bien simple. C'est un négatif ; il dépend d'autrui ; il a des griefs à exposer... Pouvez-vous vous figurer l'homme magnétique que nous venons de décrire, comme ayant, lui aussi, des griefs ? Essayez donc de vous le représenter ainsi . — Non, ce serait absurde. Notre homme magnétique est une force parce qu'il s'est rendu maître des circonstances, parce qu'il a gardé une attitude d'esprit qui soumet les événements, qui domine ce qui est autour de lui.

Voici notre homme non magnétique personnifiant l'insuccès, de son propre aveu, quoiqu'il ne le sache peut-être pas ; il est faible ; il se plaint ; l'attitude de son esprit appelle l'insuccès ; il gaspille la pensée et l'énergie. D'après la Loi immuable de Cause et d'Effet, un tel être ne peut qu'échouer...

Voilà nos deux types en présence. Etudiez les attentivement. Que le premier vous serve de modèle et le second d'avis. Observez ces grands préceptes et qu'ils tintent, toujours, à vos oreilles : « *N'exposez pas vos griefs, ne recherchez ni la sympathie ni la flatterie. Découvrez la force qui agit dans tous les désirs et appropriez-vous cette force.* »

Pour ne pas diminuer l'importance de cette magistrale description, je n'ajouterai rien à la caractéristique de l'homme magnétique comparée à celle de l'homme non magnétique.

IV. LA PENSEE

Les Pensées sont des choses. — Elles nous viennent du dehors. — Elles agissent sur nous-mêmes. — Elles agissent sur les autres.

Les philosophes classiques ont, en quelque sorte, supprimé l'âme en faisant une simple fonction du cerveau.

Broussais, qui fut, envers et contre ses contemporains, un partisan convaincu du magnétisme et de la phrénologie, affirme que la pensée est un fluide sécrété par le cerveau, fluide sinon identique, du moins, analogue à ce que les magnétiseurs de l'époque appelaient, le fluide magnétique.

Les théosophes américains considèrent les pensées comme des choses, et, les occultistes les considèrent comme des êtres. Pour ces derniers, nos mauvaises pensées sont des « *larves* » qui s'attachent à nous et nous poursuivent sans cesse.

Il y a, dans ces théories, une part, de vérité que l'on peut facilement reconnaître en se plaçant dans les conditions où les auteurs se sont placés eux-mêmes ; mais la plus large part se trouve chez les théosophes qui affirment que les pensées sont des composés matériels, des corps formés de substance réelle, car elles en ont la puissance mécanique et l'action moléculaire. Dans tous les cas, c'est de leur côté que je me range, et la théorie

que je vais exposer est en quelque sorte celle d'Atkinson, et, plus encore, celle de Mulford.

Les pensées sont des choses. — Les pensées sont des
choses ; et l'on pourrait ajouter qu'elles sont des choses
animées d'un mouvement qui leur est propre, c'est-à-
dire qu'elles sont des corps, non pas simples, mais composés, qui sont formés de la matière du plan astral, et
que cette matière, chargée de force mentale, constitue
une véritable puissance.

On peut observer et étudier les pensées sous deux
aspects différents : en les regardant, d'une part, comme
des objets matériels ; en les considérant, d'autre part,
comme des agents, c'est-à-dire comme des forces.

La matière et la force du plan mental et du plan astral
se comportent à peu près vis-à-vis l'une de l'autre
comme elles le font sur le plan physique, avec cette différence que les propriétés de la matière sont plus nombreuses et plus actives sur les premiers plans que sur le
dernier.

Là, comme ici, toutes les qualités du corps sont autant de propriétés, d'agents, de forces inséparables de
la matière, comme celle-ci est inséparable des propriétés qui agissent en elle. On peut, donc, étudier la matière des différents plans de la nature au double point
de vue que nous appelons : 1° physique, pour ce qui
concerne les propriétés des corps à l'état permanent. ;
2° chimique, en ce qui regarde les propriétés molécu-
laires, la composition et la décomposition des mêmes
corps.

Une pensée quelconque qui nous arrive fait vibrer
notre matière mentale et ses vibrations se communiquent autour de nous par ondulations, d'une façon qui
n'est pas sans analogie avec les mouvements ondulatoi-

res que l'on observe à la surface d'une eau tranquille dans laquelle on a jeté une pierre, et tout rentre dans l'ordre au bout de quelques instants si l'impression n'a pas été trop forte. Mais si la pensée s'impose à notre attention, si elle est intense, si elle se présente souvent dans le champ de la conscience et que l'impression soit forte, elle met en mouvement une certaine quantité de force mentale qui circule constamment autour de nous. Cette force attire à elle de la matière astrale qui finit par nous envelopper et former l'atmosphère, l'aura que j'ai signalée dans le premier chapitre. Cette aura, qui est, ainsi, une émanation de nous-même, agit constamment sur nous comme une force étrangère, en rappelant des pensées de même nature qui semblaient disparues et en augmentant l'intensité d'action de celles qui sont encore en activité.

En analysant, on peut observer là deux ordres de phénomènes : des phénomènes psychiques ou mentaux obéissant à des lois opposées à celles qui régissent les forces du plan physique, lois que l'on peut, dans leur ensemble, formuler ainsi : LES ACTIONS OU PENSÉES DE MÊME NATURE S'ATTIRENT, LES ACTIONS OU PENSEES DE NATURE OPPOSÉE SE REPOUSSENT. En dehors de cette action mentale, qui correspond à l'action de nos agents physiques, on peut observer des actions chimiques qui résultent de la combinaison des atomes dont nos diverses pensées sont formées, autrement dit, de la combinaison des pensées entre elles, lorsqu'elles sont attirées les unes vers les autres, et qu'elles ont entre elles une certaine affinité, on pourrait même dire une certaine sympathie.

Nos pensées sont, donc, formées de matière astrale qui est animée par une force mentale sans cesse en vibration ; mais notre cerveau physique est formé de matière trop grossière pour pouvoir vibrer immédiatement à l'unisson du cerveau mental. Il y a une communication, c'est évident, mais elle n'est pas aussi directe et aussi simple qu'on pourrait le supposer. Elle suit à peu près la marche suivante : les ondulations déterminées par les vibrations de la matière mentale, se communiquent à la matière astrale, qui, peu à peu, vibre à l'unisson de la matière mentale. Puis, ce mouvement, qui ne s'arrête pas là, se transmet à la matière physique : il est reçu dans la substance grise, à la partie postérieure du cerveau où se fait la perception. Il y a, donc, une transformation du mouvement mental en mouvement astral, puis une transformation du mouvement astral en mouvement physique. Ce sont les mêmes phénomènes sur les trois plans, et l'on pourrait dire qu'ils sont comparables à ce qui se passe dans le domaine musical ; ils présentent les mêmes caractères et sont, en quelque sorte, comme je l'ai dit dans le chapitre précédent, les mêmes gammes résonnant à des octaves différentes.

Mais, ainsi présenté, le sujet n'est pas à la portée de toutes les intelligences. Pour le simplifier, confondant les effets avec les causes qui les produisent, je vais simplement considérer les pensées comme des choses agissant constamment les unes sur les autres au double point de vue mental et chimique.

ELLES NOUS VIENNENT DU DEHORS. — Les pensées ne nous appartiennent pas en propre ; elles nous sont communiquées ; elles nous viennent du dehors et nous les absorbons, nous les transformons selon nos désirs, nos besoins, nos tendances. Cette vérité se trouve justifiée par une expression populaire remarquable. Ainsi, en parlant d'un état de choses déterminé, on entend souvent dire : *« ces idées sont dans l'air »*, voulant dire par là qu'un grand nombre d'individus pensent, en même temps, au même sujet.

Il est hors de doute que les pensées se communiquent d'un individu à l'autre. Ainsi, dans la famille, par exemple, si un individu pense à une chose et l'annonce à un autre, il reçoit, souvent, une réponse analogue à celle-ci : « *Tiens, j'y pensais, j'allais t'en parler.* » Si l'on ne veut pas faire intervenir le hasard. — qui n'existe pas — il est impossible d'admettre que la même pensée ait pris naissance dans les deux cerveaux en même temps ; elle s'est développée dans l'un pour se transmettre dans l'autre, à travers l'espace.

Il n'y a pas qu'à une faible distance que la pensée de l'un peut se communiquer à l'autre, car on l'observe, souvent, à des distances plus ou moins grandes. Ainsi, soit chez vous, dans la rue ou ailleurs, vous pensez à quelqu'un que vous n'avez pas vu depuis un temps assez long, et quelques instants après, vous le rencontrez. Sa pensée, qui est venue se communiquer à vous, l'annoncer en quelque sorte, justifie ce proverbe : « *Quand on parle du loup, on lui voit la queue.* »

Mulford admet, et je ne suis pas éloigné d'en admettre autant, qu'il n'y a que les hommes les plus forts, les plus évolués, ceux que l'on est convenu d'appeler des génies qui produisent leur propre pensée. Tous les autres la reçoivent, l'absorbent, la renvoient telle qu'ils l'ont reçue ou la transforment, plus ou moins, en lui donnant le cachet de leur personnalité. A un certain point de vue, on est semblable à un miroir réflecteur teint d'une nuance spéciale : la lumière qui s'y réfléchit, ajoute-t-il, renvoie des rayons de la couleur du miroir. La lumière, c'est l'esprit ; et le réflecteur représente l'individu qui sert d'intermédiaire. L'huile des lampes provient toute de la même source, et les clartés de chacune d'elles peuvent être diversement colorées selon le globe qui les revêt. Ainsi, dans une même série d'individus, chacun d'eux est alimenté par un même esprit, et, pourtant, chacun réfracte la lumière suivant le prisme de son individualité.

Nous devenons créateurs en absorbant un esprit quelconque et en lui donnant un cachet original. Lorsque vous considérez et admirez la méthode d'un artiste, vous absorbez de sa pensée, mais vous ne serez pas un simple copiste de son jeu, car sa pensée se combine avec la vôtre. Il se produit une opération chimique active d'éléments invisibles ; une combinaison de sa pensée et de la vôtre, d'où résulte la formation d'un nouvel élément, savoir : votre pensée originale. Plus votre pensée et votre intention seront pures, moins votre projet sera égoïste, et d'autant plus grande sera la rapidité de la combinaison et d'autant plus originale et plus frappante sera votre pensée. Telle est la génération des pensées. Les qualités de justice et d'altruisme sont les éléments et les facteurs scientifiques de cette génération.

L'esprit d'égoïsme se contente d'emprunter. Il s'approprie la pensée d'autrui, sans jamais vouloir en reconnaître le légitime auteur et demeure, toujours, un emprunteur...

S'il en est ainsi, les véritables penseurs, c'est-à-dire ceux qui engendrent leur propre pensée, ou, tout au moins, un certain nombre de pensées nouvelles et originales doivent être fort rares ; et pour tes trouver, il ne faut pas les chercher chez certains littérateurs ou érudits ; car beaucoup d'entre eux ne, sont, dit l'auteur précédent, *« que des rats de bibliothèque »* vivant de la pensée des autres.

Quelle que soit son origine, lorsqu'une pensée a agité notre cerveau d'une façon durable, elle se fortifie et se développe au contact de nos autres pensées ; et toutes se meuvent, influent les unes sur les autres, s'ajoutent, se combinent et se communiquent en dehors de nous en attirant les pensées étrangères qui sont de même nature et en repoussant celles qui sont de nature opposée.

La figure 17, qui représente grossièrement l'aura enveloppant le corps humain, cherche à faire comprendre, par la direction des flèches, que nous recevons et renvoyons constamment des pensées sous la forme de rayons ou d'ondes qui ne sont pas sans analogie avec les ondes lumineuses. C'est qu'il y a, dans l'éther qui nous environne, des courants de pensées, comme il y a d'autres courants dans l'air et dans l'Océan.

Elles agissent sur nous. — « *Mens agitat molem* », nous dit un vieil adage latin, ce qui se traduit par ces mots : « *l'esprit meut la matière.* » Ici, l'esprit, c'est le « *moi pensant, c'est l'âme* ».

Il est évident que notre corps physique est animé par la pensée qui est de la volonté en mouvement, et que cette pensée ou cette volonté nous vient du corps mental. C'est elle qui meut nos muscles et qui règle toutes les fonctions de la vie de relation. En voici des exemples :

— Lorsque nous voulons soulever un fardeau, nous dirigeons vers le bras qui doit accomplir cette fonction la somme de force que nous pensons être nécessaire pour cela. Si le fardeau — disons un vase — que nous supposons rempli d'eau est vide, nous avons envoyé trop de force, et nous élevons brusquement le vase bien au-dessus de la limite qui lui était assignée. Si, au contraire, ce vase que nous croyons vide est plein, nous n'envoyons que la force suffisante pour élever le vase vide, et nous nous heurtons à une impossibilité momentanée.

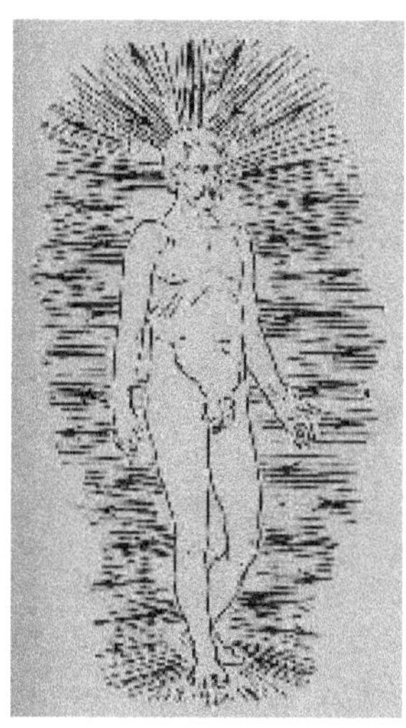

Fig. 17. Le rayonnement d'échange. — L'aura.

Un phénomène analogue se produit dans le cas suivant :

— Eu soulevant un fardeau qui nécessite l'émission d'une somme de force presque égale à celle que nous sommes capables d'émettre normalement, si nous sommes effrayés, et même si nous sommes distraits, ne serait-ce que par la conversation de quelqu'un que nous écoutons, une partie de notre force est dérivée vers l'objet qui fixe notre attention et cette pensée emporte avec elle une assez grande somme de force pour que nous ne puissions plus soulever l'objet. Si, au contraire, au moment d'un danger, par exemple, nous pouvons concentrer rapidement toutes nos pensées sur l'idée d'enlever, de transporter un fardeau précieux que nous pouvons à peine déplacer à notre état normal, nous décuplons notre énergie et nous transportons le fardeau sans penser que son poids est de beaucoup au-dessus de nos forces habituelles.

Un travail difficile ou de longue haleine que nous faisons de tout cœur s'achève avec facilité, tandis que si nous nous ennuyons, si nous pensons à autre chose, une partie de notre force est dérivée et celle qui reste à la disposition du corps physique n'est plus suffisante pour accomplir notre tâche dans de bonnes conditions ; alors, non seulement nous y mettons plus de temps, mais nous nous fatiguons inutilement.

Ce que l'on fait doit être fait avec intelligence, calme, persévérance, et l'on ne doit jamais chercher à exécuter deux choses à la fois, quel que soit le peu d'importance de chacune d'elles, car on gaspille sa pensée et sa force, et l'on ne fait bien ni l'une ni l'autre. Mulford, qui ne fut pas toujours riche, nous donne un exemple personnel de la manière dont on doit travailler.

Dans ma jeunesse dit-il, la première fois que je piochai un placer d'or en Californie, un vieux mineur me dit : « *Jeune homme, vous vous donnez beaucoup trop de mal, vous devriez mettre beaucoup plus d'intelligence dans votre pioche.* »

Réfléchissant sur cette remarque, je trouvai que mon labeur demandait une coopération de l'intelligence et du muscle : l'intelligence pour diriger le muscle ; l'intelligence pour placer la pelle à l'endroit où elle pouvait prendre le plus de terre avec la moindre dépense de force ; de l'intelligence pour lancer la pelletée de terre hors de la tranchée ; et des parties, infinitésimales, si l'on peut dire, dans le mouvement de chaque muscle pendant ce travail. Je trouvais que plus je mettais de pensée dans la pioche, mieux je pouvais piocher, et plus ce travail devenait un jeu pour moi, et plus longtemps je pouvais le continuer. Je trouvais que lorsque ma pensée s'égarait sur d'autres objets, quels qu'ils fussent, moins j'y avais de plaisir et plus il devenait fastidieux pour moi.

Chaque pensée est une chose faite de substances invisibles. L'acte de penser use une certaine somme de force du corps. Vous employez cette force même dans vos moments de désœuvrement...

Pour accomplir la plus grande somme de travail en dépensant le moins de forces possible, il est, donc, indispensable de diriger constamment sa pensée vers le but à atteindre, de ne penser qu'a ce que l'on fait ; car, en dépensant inutilement de la pensée on gaspille sa force, on s'affaiblit inutilement, et tout affaiblissement est le commencement de la maladie. Il faut, toujours, avoir présent à la mémoire que la santé morale est solidaire de la santé physique et que le bon état de la première assure, presque toujours, immédiatement le bon fonctionnement de la seconde. Lorsque les deux sont bien équilibrées, nous livrons une plus grande somme de travail mieux fini, et ce travail est accompli avec une plus grande satisfaction. Nous pouvons remarquer que les médisants, les mécontents, les jaloux, les grincheux, les hargneux, ainsi que les méchants à un titre quelconque, de même que les gens sombres, tristes et renfermés en eux-mêmes, ne sont presque jamais bien portants, car leur esprit est malade, empoisonné par leurs mauvaises pensées, et que cet empoisonnement se transmet au corps physique qui devient malade à son tour. C'est, ainsi, que lorsqu'on remonte des effets aux causes, on est obligé d'admettre avec les médecins alchimistes et les philosophes hermétiques de la fin du moyen âge, que beaucoup de maladies du corps ne sont que des maladies de l'esprit, contre lesquelles tous les traitements physiques doivent presque fatalement rester sans effet. *« Une grande passion à laquelle on s'adonne, dit Eliphas Lévi, correspond, toujours, à une grande maladie qu'on se prépare* » ; et lorsqu'elle est déclarée, pour la guérir, il est indispensable de soigner convenablement le moral.

Pleins d'espoir, si nous ne pensons qu'à être bons, confiants, courageux, nous attirons à nous les bonnes influences qui flottent indécises autour de nous, notre intuition devient plus certaine et plus puissante ; et tout en consolidant notre santé physique dans une très large mesure, nous préparons notre réussite en affaires et assurons notre bonheur. Mais si, tristes, méfiants, craintifs, jaloux, méchants, nous ne donnons place qu'aux pensées de désespoir, de haine et de vengeance, nous attirons à nous les mauvaises influences qui nous rendent malades, préparent notre ruine et nous conduisent fatalement au malheur.

Dans ce dernier cas, le repos nous fuit, souvent, autant la nuit que le jour ; rien ne nous distrait, rien ne nous amuse et nous ne trouvons la tranquillité nulle part. Le cerveau reçoit constamment, de l'atmosphère de pensées qui nous environne, des incitations à penser aux mêmes choses, et ces pensées formulées vont être envoyées à nouveau d'où elles sont venues pour revenir encore, de telle façon que l'on tourne toujours dans le même cercle vicieux, sans pouvoir en sortir. La durée de la vie des pensées considérées individuellement est certainement fort limitée ; mais si les anciennes s'affaiblissent et disparaissent, elles sont constamment remplacées par des nouvelles de même nature, pleines de force et de vigueur, qui maintiennent constamment l'état d'âme à son niveau habituel et qui le font même déborder. C'est, alors, la hantise sous une forme quelconque ; c'est l'obsession, l'idée fixe dont le mécanisme est, ainsi, facile à comprendre. Le cerveau, sans cesse en activité, est, tour à tour, un récepteur de la pensée qui lui vient et un générateur de la pensée qu'il transmet. Il se produit, alors, comme dans un circuit électrique, un véritable courant de matière pensante, qui va de l'aura au cerveau et du cerveau à l'aura, ainsi que la figure 18 cherche à le faire comprendre.

Si nous pouvions voir avec les yeux du mental ou même avec ceux de l'astral, nos semblables nous apparaîtraient comme recevant et renvoyant constamment dans toutes les directions, des forces, sous la forme de rayons lumineux (V. la figure 17) ; on verrait aussi que l'aura et le cerveau sont le siège de combinaisons actives, où les pensées qui ne sont pas absolument semblables s'allient, se pénètrent, se mêlent, se confondent pour former des pensées nouvelles, presque originales, qui vont être renvoyées avec le cachet, avec la teinte de l'individualité de chacun d'eux (fig. 18).

Les rayons de l'homme bon nous présenteraient une teinte claire, d'un aspect agréable ; ceux de l'homme méchant seraient d'une teinte plus sombre ; ils paraîtraient épais, lourds et donneraient une impression plus ou moins désagréable.

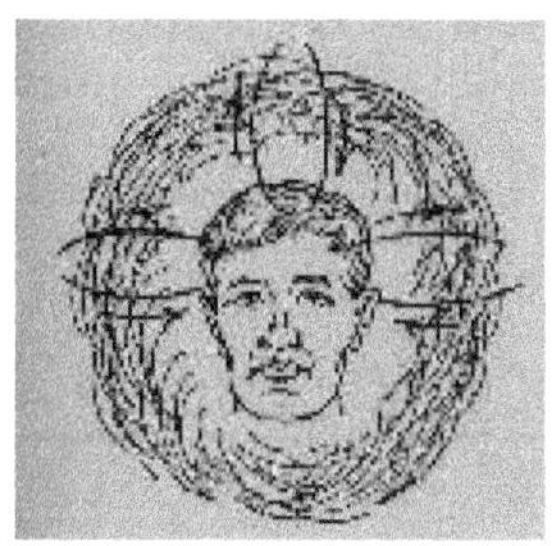

Fig. 18. Circulation des pensées

On verrait même que, parmi ces derniers, quelques-uns présentent un aspect particulier. Les rayons lumineux qui les environnent semblent être plus sombres encore, plus lourds, comme s'ils étaient formés de matière plus grossière ; car ils ont tendance à descendre, comme un corps pesant, de telle façon que, projetés perpendiculairement à une certaine distance du corps physique, ils retombent ; et, serrés, ensuite, les uns contre les autres, ils constituent une véritable enveloppe qui est presque imperméable aux influences du milieu dans lequel ils se trouvent. Les fous, les maniaques, les avares, les jaloux, les obsédés et tous ceux qui sont absorbés dans des idées de haine et de vengeance qui durent depuis longtemps sont dans ce cas. Non seulement ils sont renfermés en eux-mêmes, ne vivant que par eux et que pour eux, mais il leur est à peu près impossible de comprendre quoi que ce soit en dehors de leur manie ou de leur idée fixe.

Les occultistes et les théosophes, qui connaissent fort bien cette enveloppe, la désignent sous le nom caractéristique de coque. La figure 19 fait très bien comprendre la situation du malheureux « *enfermé* » qui s'est, ainsi, séparé, plus ou moins complètement, du monde mental qui l'environne. Leadbeater décrit cette coque ainsi qu'il suit :

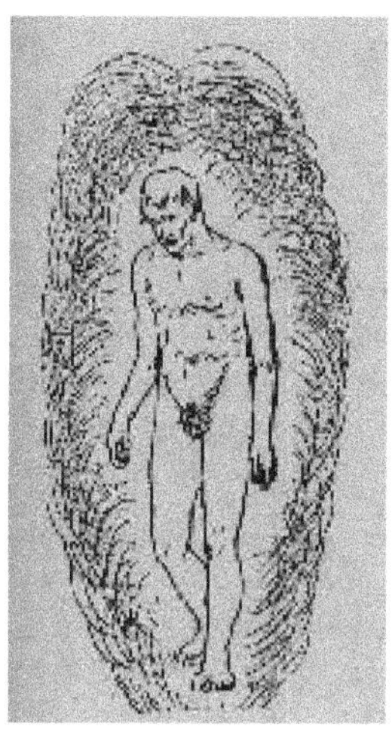

Fig. 19. La coque

La coque est formée par la grande masse de pensées centrées en soi, dans lesquelles l'homme ordinaire est si malheureusement embourbé. Pendant son sommeil, cet homme suit, généralement le même genre de pensées qui l'intéressait durant le jour, et il s'environne, alors, d'un mur si épais, de sa propre fabrication, qu'il ne peut pratiquement rien apprendre de ce qui se passe en dehors de lui. Parfois, mais très rarement, quelque violente impulsion du dehors, ou quelque fort désir formulé en dedans, peut entrouvrir, pour un moment, ce rideau de ténèbres et lui permettre de recevoir quelque impression bien définie, mais le brouillard se reforme autour de lui et il se reprend à rêver d'une manière incohérente. Il est évident, néanmoins que cette coque peut être brisée suivant différentes méthodes.

Elles agissent sur les autres. — Recevant la pensée, elle nous arrive du dehors sous la forme de mouvements ondulatoires ayant pris naissance dans un ou plusieurs cerveaux qui ont pensé avant. Ces mouvements sont perçus par notre système nerveux et transmis à notre cerveau qui entre en vibration et reproduit, en quelque sorte automatiquement, la même pensée. Cette pensée étrangère se combine avec la nôtre, met notre matière astrale en vibration ; et ces vibrations vont transmettre à distance, par ondulations, un mouvement de pensée nouvelle, plus ou moins originale et revêtue, comme je l'ai dit précédemment, du cachet de notre individualité.

On peut dire que l'espace est rempli d'impressions, de désirs, d'intentions, même de projets bons et mauvais qui se meuvent dans toutes les directions, et que nous attirons ou repoussons en vertu de cette loi de similitude et d'affinité que j'ai formulée : *« les pensées de même nature s'attirent ; les pensées de nature opposée se repoussent. »*

II y a, donc, un échange des autres à nous et de nous aux autres, de telle façon que, constamment, la nuit comme le jour, pendant le sommeil mieux encore que pendant la veille, nous recevons et l'envoyons des influences qui nous façonnent, nous modifient et changent peu à peu notre manière d'être. C'est en partie sur des incitations venues du dehors que nous finissons par nous faire ce que nous sommes : bons ou mauvais, heureux ou malheureux.

Le bonheur n'est pas une faveur du ciel et le malheur n'en est pas le châtiment ; mais la première condition est, seulement, le signe apparent d'une individualité forte et supérieure, tandis que la seconde est l'indice d'une individualité faible et inférieure. Sachons, donc, que nous faisons nous-mêmes notre propre destinée, car la nature nous est soumise si nous savons la dominer ; elle est la servante fidèle de notre volonté, elle suit le mouvement que nous lui imprimons et fait ce que nous voulons qu'elle fasse. Si nous voulons être énergiques, nous puisons en elle l'énergie ; si nous voulons être courageux, nous y prenons le courage ; tandis qu'agités constamment par les passions, si nous n'avons aucune énergie pour y résister, nous devenons fatalement le jouet des forces qui nous environnent.

Il n'y a qu'à se dire : « *Je veux faire ceci. Je veux faire cela* », et à se le répéter assez pour fixer l'idée en soi, car on devient ce que l'on veut être. Aujourd'hui, nous sommes ce que nous avons voulu devenir. Le principal moyen est dans la Pensée convenablement dirigée par la Volonté.

La pensée, dit Atkinson, dans la Force-Pensée, joue, dans la vie humaine, un rôle décisif. Elle agit tout autour de l'individu. Elle est le fil qui le relie à ses semblables et sur lequel se ramassent, pour s'y mêler et s'y fondre en un seul courant, toutes les énergies ambiantes.

Avant d'enseigner les moyens pratiques qui vous permettront de vous servir de la pensée selon les règles voulues, il est bon de citer encore quelques faits démontrant qu'à des distances plus ou moins considérables, nous agissons les uns sur les autres, beaucoup plus qu'on ne le croit généralement.

Il est de toute évidence que lorsque deux individus paraissent l'un devant l'autre, ils se font réciproquement une impression bonne ou mauvaise qui éveille en chacun d'eux la confiance ou la méfiance, la sympathie ou l'antipathie.

Lorsque ces sentiments sont bien définis, nous pouvons remarquer que, près de l'individu sympathique, surtout s'il est plus développé que nous, non seulement nous sommes bien à notre aise, mais nous nous sentons plus intelligents, meilleurs, parfois plus honnêtes ; tandis que si nous sommes forcés de rester près de l'individu antipathique, nous nous sentons moins intelligents, moins bons, peut-être, moins honnêtes.

L'action que les individus exercent les uns sur les autres n'est pas la même dans toutes les circonstances. Confondant l'action physique avec l'action psychique, qui sont, d'ailleurs, fort difficiles à séparer l'une de l'autre, du Potet s'exprime, ainsi, à ce sujet, dans sa Thérapeutique magnétique :

II est des êtres qui, placés près de vous, vous soutirent, vous pompent, absorbent vos forces et votre vie ; espèces de vampires sans le savoir, ils vivent à vos dépens. Placés près d'eux, dans la sphère de leur activité, on éprouve un malaise, une gêne qui vient de leur action malfaisante et détermine en nous un sentiment indéfinissable ; vous éprouvez le besoin de fuir et de vous éloigner ; mais ces gens là ont une tendance contraire ; ils se rapprochent de vous de plus en plus, vous serrent de près, se soudent à vous pour soutirer ce qu'il leur faut pour vivre...

D'autres, au contraire, portent avec eux la joie et la santé. Partout où ils séjournent, la joie se montre et éclate, on se trouve bien dans leur voisinage ; leur conversation plaît, on la cherche, on aime à leur prendre la main, à s'appuyer sur leur bras ; leur rayonnement a quelque chose de balsamique qui vous charme et vous magnétise en dehors même de votre volonté. On adopte facilement leur manière de voir, leurs opinions, sans trop savoir pourquoi, et c'est avec regret que, toujours, on les voit s'éloigner.

Nous savons tous que l'exemple est contagieux. La joie se communique comme la tristesse, la vertu comme le vice, la santé comme la maladie. La croyance populaire justifie, d'ailleurs, cette vérité par le proverbe : « *Dis-moi qui tu hantes, je te dirai qui tu es.* »

Non seulement l'exemple, mais la pensée et, même, la manière d'être, comme tout ce qui constitue l'être moral d'un individu, attire, du milieu ambiant, les pensées, les manière d'être analogues des individus de même mentalité qui fréquentent ce milieu.

Cette communication se fait sans que nous en ayons conscience. Ainsi, en proie à une profonde mélancolie, si nous pénétrons dans un milieu où tout respire la joie et le contentement, nous devenons bientôt gais. Le contraire se produit toujours, d'une façon analogue, dans des conditions opposées.

L'intention, le désir agissent effectivement sur nous-mêmes, a dit Du Potet. Ils se transmettent de l'un à l'autre, en raison de leur véhémence ; et nous savons tous qu'il est des cas où cette communication porte des impressions si vives que la vertu, pour en éviter les effets, ne peut trouver de refuge assuré que dans une fuite précipitée.

Un homme ayant une conviction profonde, qu'elle soit légitimée par la raison ou basée sur une illusion de son esprit, peu importe, pourvu qu'elle soit réelle, agit sur ceux qui l'entourent et en fait, peu à peu, des fanatiques comme lui. Presque tous les sectaires politiques et religieux n'ont pas d'autre moyen pour asservir les hommes, pervertir leur intelligence et les soumettre à leur despotisme.

Un général conduit, une armée au combat et la fait marcher comme un seul homme. Il inspire la terreur à des ennemis plus forts et plus nombreux, rien que par une idée belliqueuse qu'il a communiquée à son entourage, et qui, de proche en proche, s'est propagée jusqu'à l'ennemi, comme les ondulations d'une eau tranquille dans laquelle on a jeté une pierre.

Au théâtre, un acteur bien pénétré de son rôle, s'imaginant être le véritable héros qu'il représente, suscite l'admiration, la crainte ou la terreur parmi les spectateurs. Ceux-ci s'émotionnent, rient ou pleurent, quoiqu'ils sachent bien que le spectacle qu'ils ont sous les yeux n'est qu'une création de l'intelligence.

Aussi bien au moral qu'au physique, le plus fort a toujours un ascendant sur le plus faible et celui-ci est, souvent, heureux de se mettre sous la protection de celui-là.

Les effets qui ont pour cause une transmission de cette nature sont innombrables. II suffit de s'observer et d'observer les autres, d'étudier la nature des sensations que l'on éprouve dans les différentes circonstances de la vie, pour avoir, bientôt, la certitude absolue que le plus grand nombre des phénomènes attribués si improprement au hasard ne sont dus qu'à une seule et unique cause : « *l'influence psychique réciproque que les individus exercent, consciemment, ou inconsciemment, les uns sur les autres.* »

Si les pensées, les impressions, la manière d'être d'un individu forment une aura, un centre d'action autour de lui, comme je l'ai dit plus haut, une aura un centre d'action plus volumineux, plus puissant, doit, en vertu des mêmes lois, se former autour d'une agglomération, d'un groupement d'individus. Ce centre d'action est évident pour tout le monde. Mulford le décrit ainsi qu'il suit :

Tout lieu de réunion, tout salon où se rencontrent des désœuvrés plus ou moins sous l'influence d'un stimulant, tout milieu, quelle que soit la destination conventionnelle, si l'on y ment ou si l'on y fait quelque commerce trompeur, est un réservoir de pensée inférieure. Elle en jaillit aussi réelle, quoique invisible, que l'eau qui sourd d'une fontaine... Tout groupe de gens bavardant, caquetant, répandant les scandales, est une source de pensée mauvaise, de même que toute famille où règne le désordre, les mots acrimonieux, les regards aigres, l'humeur acariâtre... Le plus pur esprit ne peut pas vivre, dans un tel milieu sans en être affecté. Il faut, une perpétuelle tension des forces, pour y résister. On finit par s'y mêler, y être pris comme dans un filet, être aveuglé par son obscurité, accablé par le fardeau qu'il apporte. Vous avez pu remarquer vous-mêmes combien vous êtes libres de tout désir désordonné lorsque vous quittez la ville pour aller à la campagne...

Avec une si grande quantité d'invisible élément autour de vous, continue-t-il, c'est une nécessité de grouper ensemble des individus aux aspirations naturellement pures, qui se réuniraient souvent et engendreraient, par leur conversation ou par une silencieuse communion, un courant de pensée plus pure. Plus ils feront une telle coopération, plus chaque membre du groupe aura de force pour se mettre à l'abri, durant la veille ou pendant la nuit, des attaques défavorables et des influences destructives environnantes. Vous constituez, alors, une chaîne qui vous rattache à la région spirituelle la plus haute, la plus pure et la plus puissante.

...Le courant émis par un petit cercle d'individus bien unis et toujours d'accord est d'une valeur inestimable. C'est la pensée la plus puissante ; c'est une partie de la pensée et de la force des sages ; puissants et bienfaisants esprits qui seront attirés vers votre groupe et qui viendront à votre aide dès que vous en manifesterez le désir... La génération de pensées nobles et pures émises en commun, la recherche de la vérité, le désir du bien universel purifient l'intelligence, accroissent l'énergie, préservent de l'erreur et des pierres d'achoppement, améliorent la santé et communiquent une puissance qui attire tous les biens matériels.

Au temps où la foi régnait en souveraine, le christianisme, si admirablement organisé, a trouvé dans le groupement d'individus unis dans la même pensée la force suffisante, non seulement pour conquérir une grande partie du monde, mais, aussi, pour élever le niveau intellectuel et moral, donner l'espoir d'un avenir meilleur ; et, par l'espérance qu'elle mettait dans les cœurs, augmenter le bonheur de chacun.

Non seulement la pensée est une force réelle, mais c'est la plus puissante que nous ayons à notre disposition. Les pensées d'Amour, de Bonté, de Bienveillance sont positives, édificatrices et conservatrices de tous les éléments de la vie normale. Les pensées de haine et de vengeance sont négatives ; elles détruisent notre bonheur et empoisonnent notre vie.

Matérialisée dans le corps astral, la pensée appartient au corps mental qui vit considérablement plus longtemps que le corps physique. En conséquence, elle nous suit au-delà du tombeau. Il y a, donc, pour nous tous, un intérêt capital à savoir penser. C'est ce que je vais enseigner dans la partie pratique.

ETUDE PRATIQUE

I. CONSIDERATIONS SUR LA PENSEE ET LA VOLONTE

« La pensée est la nourriture de l'Esprit comme le pain est la nourriture du corps »

PRENTICE MULFORD.

Malgré l'énergie que l'on peut posséder, il est à peu près impossible d'acquérir immédiatement toutes les qualités qui donnent l'influence personnelle ou puissance magnétique à un degré très élevé. Il faut à tous, pour les acquérir s'ils ne les ont pas et les augmenter s'ils les possèdent déjà plus ou moins, une certaine expérience, de l'exercice, beaucoup de pratique et d'entraînement.

Si l'on regarde autour de soi pour voir comment se sont comportés ceux qui sont parvenus d'eux-mêmes à la fortune, ou qui ont acquis une très haute situation quelconque, on reconnaît, presque toujours, qu'ils ont travaillé avec une activité infatigable ; qu'ils ont suivi avec la plus grande persévérance, pendant un temps parfois très long, la voie qu'ils se sont tracée sans jamais s'en écarter, et qu'ils ont voulu avec énergie arriver au but qu'ils se proposaient d'atteindre.

Le point de départ de tout succès, de toute réussite, est dans la direction que l'on peut donner au courant de ses pensées, car la pensée est un commencement d'activité. C'est un acte à l'état naissant.

Il faut toujours avoir présent à la mémoire que la pensée, quoique invisible, existe sous une forme réelle, matérielle, durable ; qu'elle constitue le plus puissant agent que l'âme ait à sa disposition pour parvenir à ses fins ; qu'elle est une des forces les plus subtiles et les plus puissantes de la nature, si elle n'est pas la plus subtile et la plus puissante de toutes ; que, par elle, consciemment ou inconsciemment, nous agissons sans cesse sur nous et sur les autres, comme, de leur côté, les autres agissent constamment sur eux et, aussi, sur nous.

Lorsqu'elle revient, souvent, dans le champ de la conscience, qu'elle s'impose ou qu'on se l'impose, elle entretient toujours, et souvent même augmente considérablement, ce que l'on peut appeler notre capital de force-pensée, lequel, s'il est exclusivement composé de pensées nobles et élevées, forme et développe puissamment notre personnalité magnétique.

Que l'on sache bien que les pensées de Bonté, de Bienveillance, de Gaîté, d'Espérance, de Courage, de Confiance en soi possèdent, par elles-mêmes, une puissance organisatrice qui assure notre santé physique, attire à nous les bonnes choses et prépare notre bonheur, tandis que la méchanceté, la haine, la malveillance, la méfiance, le découragement, la tristesse, le désespoir constituent des forces destructives qui ruinent notre santé physique, nous font détester de ceux qui nous entourent, éloignent les bonnes choses pour attirer les mauvaises et préparent notre malheur. Les premières nous placent dans les courants favorables qui nous élèvent ; les secondes, dans les courants défavorables qui nous abaissent.

Ceux qui sont bons, bienveillants, persévérants, gais,

courageux et pleins d'espoir sont attractifs et possèdent, déjà, la personnalité magnétique à un certain degré ; dans tous les cas, ils ont naturellement presque
toutes les qualités voulues pour la développer rapidement à un degré très élevé. Ceux qui sont méchants doivent devenir meilleurs. Les désespérés qui ne sont parvenus à rien doivent comprendre que ce résultat est dû
à leur insuffisance, à leur maladresse, à leur ignorance,
et qu'ils doivent apprendre à faire mieux.

Pour ces derniers, la tâche sera plus longue, plus difficile que pour les premiers : car ils sont moins avancés
sur le chemin de la vie, moins évolués, mais qu'ils tâchent de bien comprendre qu'ils peuvent changer de
caractère, devenir meilleurs, plus sympathiques, plus
adroits, et qu'alors le bonheur, qui les fuyait obstiné-
ment, viendra à eux d'autant plus vite qu'ils feront davantage pour l'obtenir. Ils abrégeront, ainsi, le chemin
qui doit les conduire au but final, en passant par une
voie plus droite, mieux entretenue, plus sûre.

Qu'ils sachent bien que la Santé physique et morale,
la Force, l'Influence personnelle, le Bonheur ne sont
pas des « *présents du ciel* » et qu'on ne les possède que
si on les mérite. Ils sont partout dans la nature et chacun peut les prendre. Le Bonheur est un des signes les
plus apparents d'une individualité forte, plus évoluée,
plus développée, plus parfaite, tandis que le malheur
est l'indice d'une individualité faible et arriérée.

On parvient à chasser les mauvaises pensées qui ob-
sèdent et à les remplacer par des bonnes qui apportent
l'Espérance, la Confiance, le Courage et à les orienter
vers le but que l'on veut atteindre rien qu'en le voulant

Chez les uns, la volonté est presque nulle ; chez d'autres, elle agit par saccades et n'atteint que rarement le
but visé. On peut, toujours, la développer chez les pre-

miers, la régulariser et la développer encore chez les seconds.

Les principes du magnétisme personnel peuvent être compris dans cette formule que le marquis de Puységur a donnée en parlant du magnétisme physique appliqué à l'art de guérir :

Volonté active vers le bien, croyance ferme en sa puissance, confiance entière en l'employant,

CROYEZ ET VEUILLEZ

Je la résumerai davantage encore en disant simplement :

VEUILLEZ

et, comme on l'a dit et répété, vouloir, c'est pouvoir.

Ce que l'on veut avec persévérance, on le fait, car toute volonté se confirme par des actes. Dans certaines circonstances, la Volonté suffit pour éloigner la mort. Il est absolument évident que des vieillards, dont la dernière heure a sonné, peuvent attendre l'arrivée d'un enfant éloigné ; et qu'après avoir donné à celui-ci le dernier baiser, lui avoir fait la dernière recommandation, lui avoir dit le dernier adieu, ils s'éteignent tranquillement.

Donc, développer l'énergie de la volonté est, au besoin, tout ce que l'on doit chercher, car, au fur et à mesure que l'on y parvient, les qualités indispensables au succès viennent d'elles-mêmes.

Je le répète : la plus grande partie des individus peuvent y parvenir avec plus ou moins de facilité, et il n'y a de difficultés réelles que pour certains malades et pour les paresseux qui attendent, toujours, que les alouettes leur arrivent toutes rôties. Mais, tout en étant difficile pour quelques-uns, la tâche n'est complètement impossible pour personne.

On parvient à développer l'énergie de la Pensée et de la Volonté comme on développe ses muscles par les sports. Pour cela, il y a une gymnastique de l'esprit, des sports psychiques qui peuvent être pratiqués à l'égal de ceux que nous connaissons tous. On peut en pratiquer un seul si l'on n'aspire qu'à une seule chose et devenir en cela ou pour cela une sorte de champion qui arrivera, toujours, bon premier. On peut les cultiver tous à la fois, ce qui est plus facile encore, et se mettre, ainsi, dans l'état voulu pour attirer à soi les bonnes choses et repousser les mauvaises, sans rien faire de spécial pour cela.

Il n'y a pas de limites au développement de la puissance magnétique, et quelles que soient les hauteurs que l'on atteigne, il y a, toujours, des sommets plus élevés où l'on pourra parvenir. Celui qui persévérerait pendant cinquante à soixante ans, par exemple, dans le développement d'un pouvoir quelconque parviendrait à accomplir couramment des prodiges aussi étranges que ceux des fakirs, des brahmanes et des thaumaturges les plus vénérés de l'antiquité.

Mais je n'engage personne à se lancer dans cette voie qui n'est pas la meilleure, car elle est pleine d'écueils et même de dangers. Il vaut mieux laisser de côté la possibilité d'accomplir des choses extraordinaires et cultiver, en même temps, toutes ses facultés, car il ne reste pas de lacunes dans notre développement et nous sommes mieux préparés pour parcourir les grandes routes de la vie sur lesquelles on ne se perd jamais, mais où l'on peut, souvent, s'égarer.

Si la tâche est difficile pour ceux qui ne vivent que de haine ou qui sont constamment obsédés par des pensées qu'ils ne peuvent éloigner, car ils ne font rien d'utile pour cela, elle est relativement facile pour le plus grand nombre d'entre nous. Que tous s'y mettent, donc, hardiment, et pas un seul, même celui qui se croit le plus incapable de vouloir, ne perdra complètement son temps.

Dès que la personnalité magnétique commence à se développer, au bout de quelques semaines pour les plus favorisés, quelques mois pour ceux qui le sont moins, on éprouve à un degré plus élevé un sentiment d'amour-propre, de dignité consciente, de confiance en soi-même qui l'ont que la crainte ou l'appréhension que l'on avait cessent ou, tout au moins, diminuent, dans une certaine mesure. L'espérance grandit si l'on en possédait quelque peu, et commence à venir si l'on désespérait de tout. C'est une ère nouvelle qui s'annonce.

En persévérant courageusement dans cette voie de développement, on se rend compte que toutes les qualités précédentes grandissent, et que d'autres, que l'on ne possédait pas, commencent à se manifester.

Comme le physique et le moral sont, toujours, plus ou moins solidaires l'un de l'autre, au fur et à mesure que cette modification intérieure se produit, on observe une modification correspondante de notre être extérieur. Notre physique se modifie d'une façon appréciable pour tout le monde ; notre démarche devient plus gracieuse, plus assurée, plus noble ; notre regard est plus puissant, tout en étant, plus doux et plus agréable aux autres. Nous en imposons davantage. Nous devenons plus sympathiques. Notre présence est plus agréable. Nos conseils sont mieux écoutés et on nous recherche plus qu'on ne le faisait avant C'est l'influence personnelle qui commence à se développer et, qui ne demande qu'à grandir ; c'est la vie mentale qui sort de l'enfance pour arriver à l'adolescence. En devenant de plus en plus conscients de ce développement, nous comprenons mieux les grandes vérités ; nous commençons à sentir que nous faisons la conquête de nos facultés, que notre destinée nous appartient et que nous pouvons la diriger vers le but que notre liberté morale nous permet de choisir.

En continuant à nous entraîner méthodiquement nous devenons maître de notre esprit comme de notre corps, et l'ensemble de nos facultés ne tarde pas à servir à l'accomplissement de nos desseins. Le pouvoir que nous gagnons sur nous se fait de plus en plus sentir sur le milieu qui nous environne, de telle façon que, même sans le vouloir directement, nous dirigeons les autres et nous comprenons très bien que nous sommes d'autant plus aptes à les diriger que nous savons mieux nous diriger nous-mêmes.

Ce développement progressif de notre personnalité magnétique est accompagné d'une sensation particulière de force physique et morale exempte de toute disposition à nous faire valoir. C'est un sentiment intense d'amour-propre, une perception intime de notre valeur réelle qui nous rend plus modeste, car nous commençons à sentir que ce qui est nécessaire à notre bonheur arrivera sans que nous fassions autre chose pour cela.

On ne voit plus les infirmes, les malheureux et les méchants sous le même aspect qu'on les avait vu d'abord, et l'on ne pense nullement à se venger de ceux qui cherchent à nous faire du mal. On comprend que nous suivons tous la même voie pour arriver aux mêmes fins ; que les malheureux et les méchants sont des arriérés qui stationnent au-dessous des autres sur l'échelle de l'évolution, et que, si l'on est présentement meilleur et plus heureux qu'eux, c'est que l'on a acquis par le travail l'avancement qu'ils devront gagner à leur tour.

Pour obtenir l'influence personnelle si on ne la possède pas et l'augmenter si on la possède, déjà, plus ou moins, il faut se livrer à un travail d'autant plus grand et d'autant plus constant qu'on veut l'acquérir plus rapidement et à un degré plus élevé.

Les exercices les plus insignifiants, et qui paraissent en eux-mêmes les plus étrangers au résultat que l'on veut obtenir, y conduisent sûrement par l'éducation de la Pensée et le développement de la Volonté.

Un paysan qui se lèverait tous les matins à deux ou trois heures, nous dit Eliphas Lévi, et qui irait loin de chez lui cueillir tous les jours un brin de la même herbe avant le soleil levé, pourrait, en portant sur lui cette herbe, opérer un grand nombre de prodiges. Cette herbe serait le signe de sa volonté et deviendrait, par cette volonté même, tout ce qu'il voudrait qu'elle devint dans l'intérêt de ses désirs (Rituel de la Haute Magie, p. 30).

Les pratiques absurdes de la magie cérémonielle et les formules bizarres qui encombrent les grimoires, sans en excepter les traités les plus sérieux de magie pratique, n'ont pas d'autre but. Le même auteur affirme cette vérité en ces termes :

Toutes ces figures, tous ces actes analogues aux figures, toutes ces dispositions de nombres et de caractères, ne sont que des instruments d'éducation pour la volonté, dont ils fixent et déterminent les habitudes. Ils servent, en outre, à rattacher ensemble, dans l'action, toutes les puissances de l'âme humaine, et à augmenter la force créatrice de l'imagination. C'est, la gymnastique de la pensée qui s'exerce à la réalisation ; aussi, l'effet de ces pratiques est infaillible comme la nature lorsqu'elles sont faites avec une confiance absolue et une persévérance inébranlable.

Il résulte de ces affirmations que plus les formules sont compliquées, plus les pratiques semblent ridicules et difficiles à exécuter, plus elles sont susceptibles de développer le pouvoir de la Volonté.

D'une façon évidente, il résulte de ce qui précède que l'on peut, par une éducation rationnelle, augmenter l'énergie de la volonté et la transformer en une formidable puissance devant laquelle tout ce qui est possible peut être obtenu. C'est ce que je vais essayer de faire en mettant cet enseignement à la portée de toutes les intelligences.

Des exercices sont nécessaires ; je les réduirai à leur plus simple expression et les classerai dans l'ordre qui me paraît le meilleur. Les principaux, ceux qui semblent les plus indispensables au plus grand nombre d'entre nous, sont méthodiquement décrits, dans autant de chapitres.

Une dernière recommandation : — Au début, les exercices peuvent être ennuyeux et, même, fatigants ; et l'on a, toujours, tendance à se demander s'ils sont réellement nécessaires. Il faut prendre d'avance la ferme résolution de vaincre toutes les difficultés, ne serait-ce que pour se donner la satisfaction de les vaincre, et ne jamais oublier qu'elles ont un double but : 1° Apprendre à Penser et à Vouloir ; 2° Développer et régulariser ses Forces. Au bout d'un temps très court, l'ennui et la fatigue disparaissent et les exercices qui semblaient les plus ridicules et les plus ennuyeux sont faits avec satisfaction, car on comprend qu'ils servent puissamment à conquérir la maîtrise de soi-même. Dans tous les cas, il faut éviter la fatigue, car si elle était trop grande et, sur-

tout, trop souvent répétée, elle conduirait à l'épuisement.

Les exercices peuvent être faits à toute heure du jour
et de la nuit, et les plus occupés d'entre nous trouvent,
toujours, pour cela, ne serait-ce que 10 à 12 minutes, au
lit, le soir en se couchant et le matin en se levant, et il
n'en est presque pas qui ne puissent encore y consacrer
quelques instants dans la journée. Il est bien entendu
que plus on y consacre de temps, plus vite on arrive au
but de ses désirs. Il est absolument nécessaire que les
exercices soient très régulièrement pratiqués tous les
jours, autant que possible aux mêmes heures, et, surtout, que l'on n'y manque pas, car une seule abstention
peut faire perdre tout le bénéfice acquis en plusieurs
jours. D'ailleurs, la régularité est un des facteurs les
plus importants de l'habitude et de l'entraînement que
l'on veut faire prendre au corps.

Il faut bien se rappeler que nous ne sommes pas faits
pour notre corps, et qu'au contraire, c'est le corps qui
est fait pour nous, c'est-à-dire pour l'Etre véritable qui
est l'Ame. Nous savons, déjà, que le corps est le vêtement de l'Ame ; c'est l'instrument mis à sa disposition
pour traverser la vie physique. Le corps possède certaines propriétés qui nous permettent de le dresser, de le
mouler, en quelque sorte, sur nos désirs et nos aspirations. La principale de ces propriétés, est l'habitude de
suivre une ligne d'activité particulière sans s'en écarter.
Ainsi, une habitude bonne ou mauvaise est prise, il la
suit avec satisfaction. Si on veut changer cette habitude,
disons une mauvaise pour une bonne, il résiste,
d'abord, puis se soumet ; et cette soumission acquise, il
suit la nouvelle voie avec la même satisfaction qu'il par-
courait la précédente. Il n'y a, pour le décider à cela,
qu'une question de volonté secondée par une certaine
adresse. C'est cette propriété automatique qui permet à
l'Ame de se développer avec une grande facilité, en

remplaçant une mauvaise habitude par une bonne, un défaut par une qualité, un vice ou une passion par une vertu.

Pour parvenir facilement à cela, je range les chapitres qui suivent dans un ordre progressif et je recommande aux débutants de les étudier, d'abord, attentivement les uns après les autres, de pratiquer les exercices indiqués dans le plus grand nombre d'entre eux jusqu'à ce qu'ils les exécutent facilement ; et, ensuite, de choisir ceux qui leur conviennent le mieux en abandonnant les autres. la respiration profonde, la concentration, la méditation, l'autosuggestion et, surtout, l'isolement devraient, toujours, être continués sans interruption. la maîtrise de soi est le chapitre le plus important, car ceux qui suivent ne renferment guère que des indications pratiques pour l'acquérir le plus et le mieux possible.

II. MAITRISE DE SOI

Tout s'achète et se paie. — Moyens d'acquisition. — La Vue et le Regard. — L'Ouïe. — L'Odorat. — Le Goût. — Le Tact et la Nervosité. — Les Mouvements, la Conversation. — Ne penser qu'à ce que l'on fait. — Aimer son prochain. — Le Geste et l'Attitude. — Regardez en avant. — La Respiration. — Influence du milieu. — Admirez ce qui est beau. — Travail et repos. — Le Plaisir. — Respectez-vous. — La Colère. — Les Usages et les Coutumes. — La Mode. — Les Tentations, les Défauts et les Passions. — Emploi de la journée. — Hygiène alimentaire, corporelle et morale. — L'Art d'élever, les enfants.

La maîtrise de Soi est un état d'Ame particulier, une qualité de supériorité et de puissance qui permet de faire ce que l'on veut et rien que ce que l'on veut. C'est la faculté qui nous permet de discuter tous nos actes et de contrôler tous nos mouvements, dans le but d'économiser notre énergie pour l'utiliser le plus avantageusement possible. C'est la force qui, sous tous les rapports, met l'individu qui la possède au-dessus des autres ; c'est la plus grande partie du magnétisme personnel qui permet d'attirer naturellement les bonnes choses de la vie et de repousser les mauvaises.

On comprend, d'ailleurs, que celui qui est incapable de se maîtriser doit être incapable de diriger les autres. Il doit, fatalement, rester impuissant à surmonter les difficultés de la vie, à faire tourner en sa faveur la roue de la fortune, à vaincre le destin ; autrement, dit, il ne peut être heureux, car il dépense maladroitement les forces nécessaires a son Bonheur.

Pour mieux faire comprendre en quoi consiste la Maîtrise de soi, je vais indiquer quelques-uns des caractères qui distinguent celui qui la possède à un certain degré de celui qui en est dépourvu, pour les comparer l'un à l'autre.

L'individu qui est maître de lui :

— 1. Garde son sang-froid et conserve toutes ses forces au moment du danger. Il devient même plus fort qu'il n'est habituellement, car il comprend, instinctivement du moins, qu'il doit rassembler toutes ses énergies pour se sauver et sauver les autres. Si cela est impossible, il reste calme jusqu'à la mort et rassure de son mieux ses compagnons d'infortune.

— 2. Il n'est pas surpris lorsqu'un bruit soudain se fait entendre près de lui.

— 3. Il n'a peur de rien. Sans être téméraire, il est, toujours, hardi et courageux.

— 4. Il soutient hardiment la controverse, discute froidement le pour et le contre et ne s'emporte jamais.

— 5. Il fait ce qu'il veut de son temps et de sa personne, sans subir, jamais, l'influence des autres.

— 6. Il se connaît ! Il a conscience de sa supériorité sur beaucoup d'autres, mais il ne le fait pas voir. Simple et modeste, il est, toujours, calme, et cet état se réfléchit sur son visage, dans son attitude et dans ses manières, sous la forme d'une noble fierté dépourvue de toute arrogance. Satisfait de sa situation quelle qu'elle soit, il aspire, toujours, à une santé meilleure, à des résultats plus satisfaisants sous tous les rapports, et tait ce qu'il faut pour y parvenir.

— 7. Il prend, très volontiers, du plaisir et de la distraction ; et s'il dépense plus qu'il ne l'avait cru d'abord, il ne le regrette pas. La partie terminée, il ne pense qu'à la satisfaction qu'il s'est donnée, et, surtout, au bénéfice physique et moral qu'il va en tirer.

— 8. Bon et prévenant pour ses semblables, il soulage leurs misères dans la mesure de ses moyens ; il les conseille, les encourage et les réconforte, mais il ne s'apitoie jamais sur le sort des plus malheureux, car il comprend que cela les déprimerait et ne servirait qu'à faire admettre à ceux-ci que leur malheur est encore plus grand qu'ils ne le pensent.

— 9. Toujours calme, il concentre sa pensée sur l'acte qu'il accomplit à l'instant même, sans se laisser distraire. Tout en parcourant les journaux pour être au courant de la marche du progrès, il évite la lecture des romans, des contes et des banalités qui ne devraient intéresser personne.

— 10. Il estime que la Vie mérite d'être vécue.

Elle constitue un état qu'il cherche, toujours, à rendre plus parfait. Quoique heureux et content de son sort, il tend, sans cesse, à l'améliorer par son travail et ses aspirations.

Par contre, l'individu qui n'est pas maître de lui :

— 1. S'affole, crie et se désespère au moment du danger. En écrasant les autres, il ne pense qu'à la fuite sans en chercher les moyens, car la peur paralyse sa raison.

— 2. Il sursaute au moindre bruit : grincement d'une porte, craquement d'un meuble...

— 3. Ayant peur de tout, il est saisi de frayeur à la vue d'une guêpe qui s'approche de lui, d'une souris qui passe ou d'un crapaud qui s'enfuit. Souvent lâche, il est, toujours, poltron.

— 4. Ne supportant pas la controverse, il ne peut pas discuter ; dès qu'on n'est plus d'accord avec lui, il se fâche, se met en colère et vous insulte.

— 5. Ne sachant que faire de son temps, il se laisse, entraîner par des camarades où il ne voudrait pas aller.

— 6. Il ne se connaît pas ! N'ayant même pas conscience de sa faiblesse, il prend, souvent, ses défauts pour des qualités. Entêté, orgueilleux, arrogant et, parfois, méchant, il passe, souvent, de l'énervement à l'abattement, et cet état se réfléchit sur son visage. Il s'en aperçoit et cherche à le dissimuler, mais on le voit et l'on dit qu'il « *est faux* ». Il redoute, sans cesse, des malheurs qui n'auront peut-être pas le temps de lui arriver. Analysant ses sensations, il épie le plus petit malaise, qui est, ainsi, guetté, attendu, et, souvent, provoqué. Si ce malaise arrive, il est grossi et amplifié ; c'est le début de la maladie. Il est, toujours, mécontent de lui et de ceux qui l'entourent ; ses affaires ne vont pas, la misère approche, mais il est incapable de faire quoi que ce soit pour l'éviter, car il attend que les alouettes rôties arrivent d'elles-mêmes sur sa table.

— 7. Il redoute les défauts qu'il est incapable de surmonter. S'il dépense de l'argent pour se distraire, il le regrette et y pense sans cesse, sans songer que la distraction lui est plus nécessaire qu'à tout autre. S'il est minutieux, la plus petite manifestation ennuyeuse est soigneusement, étiquetée ; elle a sa fiche signalétique pour être reconnue dès qu'elle arrivera. C'est, le moyen le plus certain pour l'attirer au plus vite.

— 8. Toujours égoïste et maladroit, il se désole devant la misère et le malheur de ses semblables, et leur fait, toujours, part de sa désolation. Il les plaint, leur fait craindre des malheurs plus grands encore, sans comprendre combien ces sentiments leur sont nuisibles. S'il leur vient en aide, il leur fait bien sentir que c'est parce qu'ils sont dans le besoin.

— 9. Il met en tout de la précipitation qui use inutilement ses forces et n'arrive jamais à l'heure. Il ne lit dans les journaux que les romans, les faits divers, les accidents, les crimes et les horreurs de toute sorte que des rédacteurs peu scrupuleux écrivent spécialement pour ceux qui ne vivent que d'émotions malsaines.

— 10. La vie lui est, toujours, à charge, et il pense, souvent, au suicide. Dans tous les cas, il n'est jamais heureux, car il est, toujours, mécontent de lui et des autres. On lui fait du mal, on l'envoûte, et il n'éprouve de soulagement qu'en racontant ses maux réels ou imaginaires à tous ceux qui veulent l'entendre.

En présence de ces deux types que j'ai choisis, non pas au sommet ni au plus bas de l'échelle de l'Evolution, mais assez loin de ces deux points extrêmes, on comprend très bien que les individus du premier type sont maîtres d'eux-mêmes, et qu'avec de la bonne volonté, ils pourront rapidement acquérir l'influence personnelle à un très haut degré, car ils sont, déjà, positifs et en voie de devenir attractifs. Par rapport à eux, les derniers sont des arriérés, des négatifs qui sont fatalement répulsifs si ce n'est pour ceux qui sont encore au-dessous de leur niveau. Leur tâche sera ardue pour monter à la hauteur des premiers. Ils ne comprendront, d'abord, que fort peu de chose à ce que j'enseigne ici ; et ce n'est qu'en s'y reprenant à plusieurs fois qu'ils y parviendront. Dès qu'ils auront compris, en se mettant courageusement, à la tâche, ils parviendront, aussi, à la maîtrise d'eux-mêmes. Arrivés là, ils pourront légitimement aspirer aux pouvoirs que le magnétisme personnel peut donner à tous.

Tout s'achète et se paie. — Nous aspirons tous au Bonheur qui apporte des jouissances plus élevées et plus pures. Nous pouvons tous l'obtenir d'autant plus vite que nous nous y appliquons davantage ; mais, ici-bas, tout s'achète et se paie. Dans le domaine physique, l'achat d'une propriété s'acquitte avec de l'argent ; dans le domaine psychique, les facultés se paient avec des pensées désintéressées, pures et élevées. La pensée, c'est de l'or psychique, qui se gagne lui-même par des désirs intenses, des efforts répétés, une persévérance à toute épreuve, une volonté indomptable ; et toutes ces qualités, qui font l'homme fort et attractif, sont, elles-mêmes, le résultat d'un travail intelligent et prolongé.

Les grandes acquisitions se font au comptant ; elles coûtent cher, car elles exigent un temps précieux, des exercices répétés et beaucoup d'entraînement. Lorsqu'on en possède une, il y en a encore beaucoup d'autres à faire ; et si l'on a négligé les petites, il reste un très grand vide à combler. Pour cette raison, j'estime qu'il y a beaucoup d'avantages à s'attacher, d'abord, à ces dernières qui sont faciles à obtenir, car elles n'exigent ni temps appréciable ni exercices spéciaux, mais seulement de l'attention. En possession de beaucoup de petites acquisitions qui sont autant de petites victoires sur soi-même, on est, d'ailleurs, mieux préparé à en faire de plus grandes.

On sait que « *les petits ruisseaux font les grandes rivières* », c'est-à-dire que beaucoup de petites victoires équivalent à une ou même à plusieurs grandes. Plus vous remporterez de ces petites victoires, plus vous aurez de confiance en vous, plus votre Pensée deviendra active et puissante, plus votre Volonté sera énergique et plus facilement vous réaliserez votre idéal.

Moyens d'acquisition. — Les victoires à remporter sont très nombreuses. Elles consistent dans le contrôle de nos sens, de nos mouvements, de notre intrépidité ou de notre nonchalance, de nos emportements coléreux, du brusque changement de nos idées et de nos décisions, de nos hésitations et de nos craintes puériles, de nos pensées de haine et'de vengeance, de nos passions, de nos défauts et, même, de nos plus petites habitudes mauvaises et de mille et une manifestations de notre Energie qui usent maladroitement nos Forces physiques aussi bien que nos Forces psychiques.

Eviter cette usure, ces pertes, ces fuites, voilà le secret de la Réussite, de la Fortune et du Bonheur que nous cherchons tous.

J'entre en matière, en exposant le tracé de quelques moyens de contrôle qui serviront de modèles pour gagner le plus grand nombre des autres victoires qui nous sont indispensables. Je commence par la maîtrise de nos sens, pour terminer par celle de nos défauts et de nos passions les plus violentes.

La vue et le regard. — Le regard a une puissance formidable. Il dompte, soumet ou charme ceux qui nous entourent. Un regard franc, pénétrant et calme est celui qui rend le plus de services. Habituez-vous, donc, à regarder franchement, loyalement et avec douceur, mais avec une grande fermeté, sans jamais détourner votre attention de celui qui vous fixe. Dans la conversation, prenez l'habitude de regarder celui qui vous parle, non pas avec fixité, mais avec douceur. Lorsque vous lui parlez, employez la méthode de Turnbull, qui consiste à regarder votre interlocuteur à la racine du nez, entre les deux yeux comme si vous vouliez porter votre idée au centre même de son cerveau. Lorsqu'il vous parle, détournez votre regard pour le porter sur la partie inférieure de son corps, sa poitrine par exemple. Cette importante question est développée dans le chapitre traitant du magnétisme du regard.

Cherchez la vue des belles choses, pour les admirer et en conserver le souvenir, mais ne vous arrêtez pas aux vilaines. Réfléchissez, souvent, aux premières, jamais aux secondes.

L'ouïe. — Il est de toute nécessité de l'habituer a tous les bruits auxquels nous sommes constamment exposés, pour ne pas en être impressionnés désagréablement. Pour cela, une petite expérimentation, suivie du raisonnement, réussit admirablement.

— Allez dans les endroits où l'on fait du bruit qui vous déplaît avec la conviction bien arrêtée de ne pas en être incommodé, et vous serez tout étonné que d'autres plus intenses que ceux qui vous sont habituellement désagréables, ne vous font absolument rien. Si vous avez peur du tonnerre, ouvrez votre fenêtre au moment de l'orage, et dites-vous que vous entendrez ses grondements les plus formidables sans trembler ; et une fois encore, vous serez surpris de ne pas en être affecté.

Faites des expériences avec les bruits que vous pouvez produire. Jetez à terre une casserole, une chaîne ou n'importe quel objet rendant un son qui vous incommode habituellement, et vous verrez que vous les supporterez très bien.

Raisonnez avec tous ces faits, en disant que vous ne devez pas plus trembler devant les bruits inattendus que devant ceux-là, et il ne tardera pas à en être ainsi.

L'odorat. — Presque toutes les odeurs, agréables au plus grand nombre d'entre nous, sont nuisibles. L'odeur fine et pénétrante des fleurs et de certains fruits, comme les oranges, le sont assez pour que les hygiénistes conseillent à juste raison, de les éloigner de la chambre à coucher. Par contre, certaines odeurs fort désagréables, telles que celle de la cuisine où frit l'oignon, celle de l'ail et du fromage ne sont nullement nuisibles. Je dirai même que les vidangeurs sont de vigoureux gaillards qui ne perçoivent même pas l'odeur qu'ils respirent en exerçant leur désagréable métier. S'il en est ainsi, vous pouvez acquérir assez de maîtrise sur vous pour ne pas être affectés désagréablement par une odeur qui n'a rien de nuisible.

Pour cela, vous dire que n'importe quelle odeur de cette dernière catégorie ne vous impressionnera plus désormais. Ce sera le premier jalon planté sur le chemin de la Maîtrise de l'odorat ; ensuite, expérimentez.

— Ne fuyez pas les mangeurs d'ail, stationnez à la porte de la cuisine où frit l'oignon, restez près du fromage le plus odorant et ne sortez pas du compartiment des fumeurs lorsqu'on chemin de fer vous vous trouvez avec eux. Je ne dis pas que vous vous habituerez assez à ces odeurs pour qu'elles vous soient agréables, mais elles ne tarderont pas à vous devenir indifférentes. Les odeurs des différents milieux dans lesquels vous êtes obligé de pénétrer sont assez nombreuses pour que vous fassiez, sans vous déranger, les mêmes essais, qui seront, toujours, couronnés du même succès ; et la partie que joue votre odorat sera, bientôt, gagnée.

Le gout. — On dit que le goût est le « *portier de l'estomac* ». Cela n'est pas, toujours, vrai : car si on digère bien ce qui est agréable, on se rend malade avec des aliments avariés qui plaisent, et on s'empoisonne avec des champignons vénéneux que l'on trouvé délicieux. Par contre, on se trouve très bien de ceux qui déplaisent horriblement, si on les absorbe avec la conviction de les bien digérer. En voici un exemple personnel :

—Dans ma jeunesse, non seulement je n'aimais pas le fromage, mais j'avais pour lui une telle horreur que je m'en éloignais le plus possible, que je ne le touchais pas du doigt et que je ne prononçais même pas le mot. Ne voulant pas être ridicule, je pris la résolution de m'habituer à en manger. Les débuts ne furent pas faciles ; car je vomissais de dégoût en voulant avaler la moindre miette. Je m'efforçai à en supporter l'odeur, ainsi que la saveur et à en manger une quantité plus grande. Chose qui me surprit au plus haut point, je le digérais parfaitement.

Etablissez votre régime alimentaire en donnant là plus large place aux légumes et aux fruits et habituez-vous à manger ce que tout le monde mange. Efforcez-vous, surtout, pour acquérir la Maîtrise du goût, à manger les aliments qui vous déplaisent, et vous ne tarderez pas à les aimer, C'est de l'Autosuggestion.

Il y a certains aliments que l'on aime beaucoup, qui digèrent très bien, mais qui provoquent des éruptions ou des malaises, toujours les mêmes. C'est cette disposition particulière à certaines personnes que Ch. Richet appelle l'anaphylaxie. Dans ce cas, il faut s'en abstenir. Cette abstention a encore son importance, car elle constitue une Victoire sur la gourmandise.

Le tact et la nervosité. — Le Tact est le sens qui nous fait percevoir les impressions de contact telles que la forme et, la consistance des objets que nous touchons ; la Nervosité, qui constitue l'un des principaux éléments des fuites ou pertes de la force vitale, est une exagération maladive de la sensibilité générale.

Le nervosique, qui est impressionnable et irritable à l'excès, ne dort pas à la moindre inquiétude qui prend, souvent, naissance dans son imagination ; i1 se tourmente dans l'attente d'une nouvelle, qui peut être très bonne, et sursaute à la moindre surprise. L'attention, la réflexion, la bonne volonté, quelques petites expériences insignifiantes, aidées du raisonnement, feront disparaître sa nervosité, je ne dis pas en quelques jours, car l'organisme entier est devenu malade de ce fait, mais en quelques mois. Le physique se rétablira aussi bien que le moral ; ce sera le début de la Hardiesse, de la Santé et du Bonheur.

Pour cela, attendant une nouvelle en retard, il doit se dire, d'abord, que ne pouvant rien faire pour avancer sa venue, il doit l'attendre patiemment ; et qu'ensuite, lorsqu'elle sera venue, il n'en sera pas trop vivement impressionné : si elle est bonne tant mieux, si elle est mauvaise tant pis. C'est de la Fermeté, c'est de l'Energie et du Courage, qualités indispensables à la réfection de tout son être.

Si la vue d'un crapaud lui est insupportable, qu'il le prenne dans ses mains en se disant : *« Cet animal est laid, mais il n'est pas méchant et ne fait aucun mal. »* Ce raisonnement le mettra, bientôt, au-dessus de toute répugnance.

Qu'il agisse d'une façon analogue pour toutes les causes de son irritabilité, et la Maîtrise de sa nervosité sera, bientôt, acquise.

Les mouvements. — Toute action musculaire use de la force. Il est, donc, de toute nécessité pour être toujours fort, de ne pas gaspiller celle-ci inutilement. Chacun de nos mouvements volontaires doit être motivé par une intention bien déterminée de l'exécuter convenablement ; et, pour cela, il faut y mettre de l'intelligence. Pour y arriver facilement, il ne faut penser qu'à ce que l'on fait. En fermant une porte, réfléchissez à la somme de force que vous devez employer, et ne la faites pas claquer.

Ce sont, surtout, les mouvements involontaires ou spontanés qu'il faut éviter, tels que : action de tourner les pouces l'un autour de l'autre, se mordre les lèvres, se ronger les ongles, hocher la tête, hausser les épaules, cligner des paupières, sucer ses dents, tambouriner des doigts, tapoter des pieds, etc., etc., car ces mouvements usent maladroitement notre force et sont désagréables à ceux qui nous entourent.

En société, évitez de rire et même de sourire à tout propos ; c'est un signe de faiblesse physique et d'infériorité morale.

La conversation. — Ne parlez de vos Espérances, de vos Désirs, de vos Intentions et de vos Projets qu'à ceux dont vous êtes à peu près sûr de toute la sympathie, de toute la confiance, de tout l'intérêt qu'ils peuvent vous porter, et sachez que les vrais amis sont rares. Lorsque vous serez quelque peu Maître de vous, votre Influence personnelle commencera à se développer et vous serez, naturellement, conduit vers ceux qui peuvent vous être utiles.

Surtout, pas de bavardages et de plaintes inutiles, car vous ne rencontrez que très rarement ceux qui comprennent vos besoins. Dans la conversation, écoutez complaisamment votre interlocuteur et ne le critiquez pas ; au contraire, laissez-lui croire que vous l'admirez. Ne cherchez pas à piquer sa curiosité ; ne soyez pas empressé, mais agissez, toujours, avec loyauté et, même, avec une sorte de familiarité, sans jamais chercher l'admiration qui vous ferait perdre des forces à son profit.

Exercez, toujours, un contrôle sérieux sur vous-même ; pensez à chaque mot que vous prononcez, en ayant la conception nette et précise de ce que vous voulez exprimer. Cherchant à convaincre, employez le regard central, ainsi que je l'ai dit en parlant de la maîtrise de la vue, comme pour porter votre idée au centre même du cerveau de votre interlocuteur. Lorsque celui-ci vous parle, je ne saurais trop le répéter, ne vous laissez pas regarder ainsi, et détournez votre regard, afin d'éviter ses suggestions. Réalisez, toujours, le maximum d'attention ; et si, malgré cela, la conversation tourne à votre désavantage, réfléchissez sérieusement à ce que vous devez répondre sans vous abandonner au découragement. Soyez, toujours, calme et ne mettez aucune violence dans vos affirmations, car le plus fort n'est pas celui qui serre les dents et roule des yeux menaçants. Il réussit, parfois, à intimider, mais, jamais, à convaincre.

NE PENSER QU'A CE QUE L'ON FAIT. — L'émission de la pensée exige une certaine dépense de force. Plus nous pensons, et, surtout, plus nous laissons divaguer notre pensée sur plusieurs sujets, plus nous dépensons d'énergie. Il faut, donc, modérer l'activité de la pensée et la concentrer toujours sur l'action, du moment.

Si l'on veut faire deux choses à la fois, elles sont toujours mal faites, tout en dépensant plus de force qu'il n'en faudrait pour les faire très bien l'une après l'autre. Un ouvrier qui ne s'intéresse pas à sa besogne, qui écoute le chant des oiseaux et cherche à les voir, ou qui regarde sa montre à chaque instant, fait peu de bon travail et, se fatigue à attendre l'heure du déjeuner qui ne vient pas assez vite. C'est un malheureux qui ne goûte jamais à la joie et à la satisfaction que donne le travail accompli. La cuisinière qui, de sa fenêtre, regarde les passants et s'intéresse à ce qui se passe dans la rue, oublie le rôti qui ne tarde pas à brûler.

Je développe plus loin cette importante question ; avant d'y être arrivé, efforcez-vous à ne penser qu'à ce que vous faites, vous serez sur la voie qui conduit à la Maîtrise de soi.

Aimer son prochain. — Nous savons que la pensée fournit des résultats définis, même en dehors de la direction qu'elle donne à nos actions. Comme les pensées de même nature s'attirent et que celles de nature opposée se repoussent, on comprend, sans autre démonstration, que des pensées d'AMOUR et de bonté en attirent d'autres semblables qui nous reviennent plus puissantes et mieux appropriées à servir nos propres intérêts. Dans un des chapitres suivants, je traite plus profondément cette importante question, sur laquelle j'attire toute votre attention.

En attendant, cherchez à éloigner de vous toute pensée de méchanceté, de haine et de vengeance pour ne penser qu'à être agréable aux autres, à les aimer et à les aider dans la mesure de vos moyens. Ils vous le rendront au centuple. Je sais bien que, pour beaucoup d'entre nous, il est fort difficile d'aimer celui qui vous hait et de faire du bien à celui qui vous fait du mal, mais vous devez vous y efforcer de tout votre pouvoir. C'est, d'abord, le plus sûr moyen de le rendre meilleur à votre égard. Lorsque vous serez parvenu à rendre le bien pour le mal et aimer celui qui vous déteste, vous aurez acquis la partie la plus importante de la « *Maîtrise de soi* » et vous commencerez à être fort.

Le geste et l'attitude. — Les Gestes que nous employons et l'Attitude que nous prenons jouent un grand rôle vis-à-vis des autres et vis-à-vis de nous-mêmes. Un acteur qui représente un personnage célèbre se figure être ce personnage même ; il prend ses manières, ses gestes, son altitude ; et, en l'imitant, il se rapproche de lui.

Lorsque l'on taquine un chien avec des gestes d'attaque, l'animal prend, d'abord, plaisir à ce jeu, en se défendant et en attaquant, mais, au bout de peu de temps,
finissant par admettre que la bataille est réelle, il montre les dents et menace de mordre si on continue. Les
enfants, les vieillards, les idiots et tous ceux qui sont
affaiblis au physique et au moral, se comportent de la
même manière.

On sait que celui qui est mélancolique, rêveur, affaibli ou malade, marche d'un pas lourd et chancelant, la
tête baissée, comme s'il voulait cacher son visage at-
tristé. Celui qui est robuste, gai et content de lui marche, au contraire, d'un pas dégagé, la tête haute et le
geste gracieux. Le premier inspire la pitié, le second fait
envie.

Profitez de ces exemples naturels. Ne vous abandon-
nez pas à la rêverie et vivez le plus possible avec des
idées de Gaîté, d'Espérance, de Réussite, de Courage,
de Bonté ; et marchez la tête haute, avec Fierté et
Confiance en vous. Lorsque vous pariez, que vos Gestes
et votre Attitude, fermes et résolus, montrent à ceux qui
vous écoutent que vous savez ce que vous dites. Non
seulement ceux qui vous voient et vous entendent ont
plus de confiance en vous, mais ces manières exercent
sur vous-même une influence énorme.

Gardez toujours, même lorsque vous êtes seul, une
Attitude correcte, calme et digne, sans affaissement ni
raideur, en vous efforçant de prendre l'expression que
l'on prend naturellement en voyant des choses agréables. Il est bon de s'exercer à cela, ne serait-ce qu'une
ou deux fois dans la journée. C'est de l'autosuggestion
qui rend de grands services en facilitant la tâche.

Regardez en avant. — Par cette expression, Mulford veut dire que vous devez oublier le passé pour ne penser qu'à l'avenir.

« *Je meurs chaque jour* », dit Saint Paul, en voulant faire comprendre qu'une partie de ce qu'il était hier est rejetée hors de lui, et que cette partie usée, de lui-même, est remplacée par une nouvelle, meilleure et plus utile.

Le serpent change de peau, l'oiseau change de plumes et l'arbre de feuilles. Nos cellules usées sont dissociées et rejetées au dehors par la désassimilation, pour faire place à de plus vigoureuses. Nous devons en faire autant pour nos pensées.

Cherchez, donc, à oublier la plus grande partie de votre passé pour porter toute votre attention sur votre avenir, vers vos Projets et vos Aspirations. Oubliez, surtout, les mauvais moments, de votre existence, les souvenirs pénibles qui pèsent encore sur vous et retardent votre Evolution. Oubliez par-dessus tout le mal que certains méchants ont pu vous faire ; et, au lieu du mépris et même de la haine que d'autres pourraient avoir pour eux, ne pensez qu'à leur faire du bien, car ce sont des arriérés qui ne savent ni penser ni agir convenablement.

La respiration est une des fonctions les plus indispensable à la vie ; lorsqu'elle cesse, c'est la mort immédiate. Si nous respirons mal, la maladie vient à grands pas. C'est le début de la phtisie, de l'asthme, de l'emphysème et de beaucoup d'autres affections. Respirer à pleins poumons, c'est le signe le plus apparent de la santé physique, intellectuelle et morale.

Plus loin, au chapitre de la respiration profonde, je développe ce sujet qui se rapporte directement à l'une des fonctions les plus importantes de l'organisme. En attendant que vous y soyez entraîné, faites tous vos efforts pour respirer le plus complètement possible, aussi bien au repos qu'au travail, et vous en tirerez des avantages considérables. Lorsque vous êtes sous l'empire d'une idée qui vous obsède, faites plusieurs grandes inspirations en ne pensant qu'à cela, et cette idée disparaîtra rapidement.

Influence du milieu. — Le Milieu dans lequel nous vivons exerce une importance considérable sur notre développement physique, intellectuel et moral. Il doit être approprié à nos Goûts, à nos Besoins, à nos Aspirations.

Au point de vue physique, quels que soient l'étendue et le confortable qu'elle ait, notre habitation doit être claire, exposée au soleil et bien aérée. Dans les grandes villes, il vaut mieux demeurer aux étages supérieurs qu'au rez-de-chaussée. Si nous pouvons habiter la campagne, c'est préférable, car l'air est plus pur. Une petite maison presque isolée, avec un jardin cultivé selon son goût, est une grande partie de ce que chacun de nous peut légitimement désirer.

Au point de vue intellectuel, nous devons rechercher l'entourage de quelques amis sympathiques, plus développés que nous, car nous profitons de leur supériorité, tandis que s'ils nous sont inférieurs, à notre détriment, nous leur fournissons des éléments de développement. Nous ne perdons rien ou fort peu de choses, mais nous avançons moins vite.

Les plantes et les animaux s'adaptent facilement aux conditions du milieu dans lequel on les place ; mais il n'en est pas de même de nous, car l'élément psychique joue un rôle considérablement plus grand chez nous que chez eux. Jeunes et forts, nous supportons un milieu qui ne nous plaît pas ; mais les vieillards dépérissent et meurent avant le temps que la nature leur avait fixé. Ainsi, si on transporte un paysan âgé et affaibli, de son village à la ville, dans un milieu d'artistes et de philosophes, il ne s'adapte pas à ce nouveau milieu, car ses pensées ne peuvent pas s'harmoniser avec celles de ceux qui l'entourent.

Faites, donc, tous vos efforts pour vous créer un milieu qui vous plaise, n'en sortez que lorsque vous êtes fatigué, pour aller prendre, ailleurs, le repos qui vous manque. Quitter ce milieu de temps en temps est une nécessité, car il se sature non seulement de vos Pensées, de vos Désirs et de vos Aspirations, mais aussi bien des pensées, des désirs et des aspirations de ceux qui vous entourent. C'est ce qui fait que l'on travaille généralement mieux là qu'ailleurs, et que l'on ne peut pas s'y reposer convenablement.

Admirez ce qui est beau. — Il est des gens qui, sans être indifférents, voient tout bien et tout beau, car ils paraissent être au-dessus de ce qui est laid et mauvais. D'autres, comme s'ils étaient nés dans la fange et y avaient grandi sans pouvoir s'en séparer, ne voient que la malpropreté, les défauts et le côté désagréable de leurs semblables, sans jamais apercevoir leurs qualités. Au premier coup d'œil, ils découvrent toutes les imperfections du milieu dans lequel ils pénètrent, sans être impressionnés par ce qu'il peut y avoir de Bon, de Bien et de Beau. Ils ne se plaisent pas chez eux, car tout leur paraît sombre et désagréable.

Les premiers, qui sont des optimistes, sont heureux partout, car ils se contentent de ce qu'ils ont ; tandis que les autres, toujours pessimistes, redoutent, sans cesse, des malheurs qu'ils attirent sûrement à une échéance plus ou moins éloignée. Ils ne jouissent, jamais, que d'un bonheur relatif, car ils désirent toujours ce qu'ils ne peuvent jamais avoir.

Que ceux qui se reconnaîtront pour appartenir plus ou moins à cette dernière catégorie fassent tous leurs efforts pour voir les qualités des personnes et des choses, car si mauvaises qu'elles puissent être, celles-ci ont toujours quelque chose de bon, d'agréable et d'utile. En causant d'une personne quelconque, qu'elles évitent de parler de ses imperfections et de ses défauts, pour ne s'entretenir que des qualités qu'elles pourront remarquer ; car, soyez-en bien certain, ce sont nos défauts qui nous font voir les défauts des autres : et en portant notre attention sur les imperfections d'autrui, nous entretenons les nôtres. Tâchons, donc, de découvrir partout le Beau, le Bien et le Bon, ne serait-ce que pour le développer en nous.

Travail et repos. — Le Travail est indispensable au développement et à la conservation de notre énergie physique et psychique. Que ceux qui sont favorisés par la fortune s'imposent un travail intelligent, ne serait-ce que la marche, la bicyclette, la gymnastique, la natation, l'escrime, la boxe, à la condition, toutefois, de ne pas pousser l'un de ces sports à ses limites extrêmes, pour devenir un champion dans les concours, car le développement anormal de quelques groupe de muscles affaiblit tous les autres ; et que ceux qui sont obligés de travailler — ce sont, encore, les plus heureux — choisissent librement une profession en harmonie avec leurs goûts, leurs aptitudes, et qu'ils s'y livrent courageusement.

Mais, si le travail, sous ses différentes formes, est indispensable, il faut s'arrêter à temps car la fatigue épuise l'organisme. C'est ce qui indique que nous devons prendre du Repos. L'activité et le repos se succèdent, d'ailleurs, régulièrement partout dans la nature. L'hiver succède à l'été, la nuit au jour, le sommeil à la veille. La végétation n'est pas, toujours, active ; les plantes dorment, la terre elle-même se fatigue et sa production diminue si on ne lui laisse pas de repos.

Nous ne travaillons pourtant, régulièrement. que pendant un tiers environ de la journée ; mais le reste ne suffit pas longtemps, car au bout d'un certain nombre de jours d'activité, nous avons besoin de nous reposer un jour entier. C'est pour cela que les Juifs consacraient au repos le jour du sabbat, que l'Eglise, héritière directe de leur religion, y consacre le dimanche, et que les lois sociales imposent à l'ouvrier un jour de repos chaque semaine.

Ce jour est non seulement nécessaire au corps, mais il est indispensable à l'esprit qui cherche des idées nouvelles, et, aussi, comme le dit Mulford,« *des Pensées fraîches* ». Mais il faut que le repos soit calculé et qu'après une longue période de travail pénible, on ne s'abandonne que peu de temps à un repos absolu. Les commerçants enrichis quittant les affaires pour bien vivre et ne rien faire sont, souvent, les victimes de cette loi de la nature. J'ai connu un boucher « *retiré des affaires* » vers l'âge de quarante ans, qui se disait : « *Depuis quinze ans, j'ai trop travaillé et vécu trop mal ; aujourd'hui, ayant de belles rentes, je veux bien vivre et ne rien faire.* » Au bout de six mois d'une vie inactive, avec une alimentation excessive arrosée de vins généreux et de liqueurs aussi fines que fortes, l'appétit, intense d'abord, était devenu presque nul, car l'homme était dévoré par la dyspepsie. Ses nuits se passaient sans sommeil dans des cauchemars atroces ; la congestion et ses funestes conséquences le menaçaient ; la goutte se déclarait, car son organisme recevait trop pour ce qu'il dépensait. Donc, la maladie s'installait, et la mort prématurée s'avançait à grands pas.

C'est dans cet état qu'il vint me trouver pour que je

rétablisse sa santé. L'ayant examiné et entendu, je lui déclarai que lui seul pouvait se guérir. Il me répondit qu'il avait des enfants, qu'il voulait vivre autant pour eux que pour lui ; et que, pour cela, il consentait à faire tout ce qu'il faudrait.

Je lui conseillai, d'abord, d'observer une diète végétarienne réglée sur son appétit, de ne pas manger sans avoir faim, de ne boire que de l'eau, et de se livrer, dans la mesure de ses forces, à un travail musculaire modéré. Il comprit que son salut, était dans ce régime et me promit de l'observer. Au bout de quelques semaines, la dyspepsie avait cessé et l'appétit était revenu, le sommeil était meilleur et la santé s'annonçait. Je lui conseillai, alors, d'aller progressivement, pour arriver à un régime alimentaire à peu près définitif et à un travail musculaire progressif.

Il acheta une propriété boisée dans la forêt de Bondy qu'il défricha courageusement pour la mettre en culture. Le résultat fut complet et sa santé devint aussi parfaite que possible.

En donnant cet exemple pour modèle, j'ajoute : quelle que soit votre situation de fortune, habituez-vous au Travail et au Repos ; non seulement vous serez heureux et. bien portants, mais vous acquerrez l'un des plus précieux moyens qui conduisent à la Maîtrise de soi.

Le plaisir. — Le Plaisir est la satisfaction d'un désir. Si ce désir est de bon aloi, il faut le satisfaire, mais, toujours, choisir son moment pour cela et ne jamais en être l'esclave.

D'abord, prenez plaisir à tout ce que vous dites, à tout ce que vous faites et à tout ce que vous vous proposez de dire et de faire. Prenez plaisir à manger, à travailler, à vous promener, à vous reposer, et si vous ne pensez qu'à en profiter, vous en profiterez très largement. Ensuite, une fois de temps en temps, amusez-vous délibérément ; et à vos heures et jours de repos, allez aux conférences, au théâtre, au café, à l'église si cela vous plaît, et vous en reviendrez avec des « *idées fraîches* » et utiles qui vous serviront agréablement si vous avez su choisir des sujets instructifs et réconfortants. Ici, il est impossible de vous conseiller, car un plaisir utile, qui est agréable à l'un, en fatigue un autre. Chacun de vous doit, donc, le choisir d'après ses dispositions, ses goûts et ses besoins, selon son degré d'élévation sur l'échelle de l'Evolution.

Respectez-vous. — Nous devons respecter les autres, mais nous n'y arrivons complètement que lorsque nous sommes assez maîtres de nous pour nous respecter nous-mêmes.

Lorsqu'une « *tuile vous tombe sur la tête* » et que vous n'arrivez pas au but de vos désirs, ne vous traitez pas de maladroit ou d'imbécile, car vous vous mettez dans un état d'émotion fâcheux qui attire à vous la maladresse et la sottise. Réfléchissez avec calme à ce qui vous arrive, cherchez-en la cause, et vous ne tarderez pas à comprendre que celle-ci tient à votre ignorance et à votre inexpérience, car, dans la nature, il n'y a pas d'effet sans cause et de cause sans effet. Vous n'aurez plus qu'à apprendre ; et quand vous saurez mieux, vous arriverez plus sûrement au but de vos désirs, surtout si ceux-ci sont raisonnables et si leur réalisation ne fait tort à personne.

La colère constitue une puissance extraordinairement destructive. Non seulement elle brise le coléreux, mais elle trouble profondément celui qui en reçoit les effets.

Nous devons savoir que cette émotion, violente entre toutes, donne lieu à d'énergiques vibrations de notre corps astral qui nous ébranlent et nous disposent, de plus en plus, à de nouveaux accès qui finissent par devenir, en quelque sorte, automatiques. Plus on se met en colère, plus on s'y met facilement, avec des motifs de plus en plus insignifiants, et plus on devient incapable d'y résister. Elle bouleverse toujours notre système nerveux, trouble la circulation, la digestion et l'assimilation ; et, parfois, ces troubles sont si intenses et si rapides qu'ils déterminent une congestion cérébrale pouvant donner lieu à la cécité, à la surdité, à l'aphasie, à la folie, à l'hémiplégie, et, même, à la mort subite.

Les théosophes représentent la colère sous forme de traits rouges, pointus, s'élançant de celui qui les émet vers celui qui les reçoit, pour blesser réellement son système nerveux. La couleur de ces traits est réelle, car devant le tribunal, le coléreux poursuivi pour *« coups et blessures »* se défend toujours en disant : *« Il m'a insulté ; j'ai vu rouge et j'ai frappé. »* La blessure résultant des coups est une blessure physique, mais à côté de celle-là, les traits invisibles qu'il a lancés ont fait une blessure astrale plus grave, et, dans tous les cas, plus difficile à guérir.

Faites, donc, tous vos efforts pour résister à la colère. Si, par exemple, vous discutez une affaire d'intérêt et que votre interlocuteur s'énerve et se fâche, faites tout votre possible pour rester Maître de vous ; et si, à un moment donné, la discussion devenant plus aiguë, vous craignez de sortir de votre calme, dites simplement ceci : « Mon ami, nous ne pouvons pas nous entendre dans cet état, nous y reviendrons plus tard » ; et retirez-vous. Vous choisirez, ensuite, vous-même le moment qui vous paraîtra le plus favorable pour continuer la discussion à laquelle vous aurez soin de vous préparer, comme je l'indique en traitant de l'autosuggestion.

Les usages et les coutumes. — Les moutons de Panurge passèrent tous, jusqu'au dernier, là où le premier passa. Le troupeau humain fait de même sans en chercher la raison. En suivant les sentiers battus par la routine, on ne se demande même pas s'il y a des chemins plus courts pour mener au but que l'on veut atteindre. C'est, ainsi, que des habitudes, des usages et des coutumes se perpétuent depuis l'époque des Gaulois, des Grecs et des Romains. De ces usages, il y en a de bons qu'il faut conserver, et de mauvais qu'il faudrait abandonner. On n'y pense pas : et si l'on y pensait, on les suivrait quand même pour éviter le « *qu'en dira-t-on* ».

Je sais bien que la très grande majorité de ceux qui liront ce paragraphe ne voudront rien comprendre à ce que j'écris, car leurs yeux et leurs oreilles ne sont pas encore ouverts pour cela.

Ce n'est, peut-être, pas à regretter, car l'Evolution marche lentement et toute chose arrive en son temps. Tous les réformateurs ont été critiqués et beaucoup d'entre eux furent condamnés.

Socrate a bu la ciguë ; et, après avoir démontré que la terre tourne, Galilée dut honteusement déclarer qu'elle est immobile au centre du monde. Il faut reconnaître que, pour s'affranchir de la routine et des préjugés, pour rompre délibérément avec des usages et des coutumes plusieurs fois millénaires, si la folie n'a pas pris la place de la raison, le novateur doit posséder assez de force, assez de qualités pour ne pas succomber sous les critiques, les sarcasmes et les moqueries de tous ceux qu'il devance.

Et, si j'affirme ce qui suit, c'est pour vous engager à faire tout votre possible pour acquérir la force, les qualités qui assurent la Maîtrise de soi.

— Il est encore d'usage, dans beaucoup de familles dévotes, de « *vouer au bleu et au blanc* » les enfants malades que l'on a crus perdus et qui ont guéri à la suite de prières adressées à la Vierge ou à un saint quelconque.

La prière fervente met le croyant dans un état mental extraordinairement puissant lui permettant d'obtenir, toujours, à l'intervention du personnage invoqué, sans se rendre compte que c'est lui seul qui en est l'auteur, et que s'il adressait la même prière à une entité imaginaire, à un animal, à un arbre, il obtiendrait le même résultat. Et, à titre de remerciements à l'entité réelle ou imaginaire qu'il a invoquée, le croyant fait le vœu d'habiller l'enfant « miraculé » en bleu ou en blanc pendant longtemps, parfois sept ans.

S'il ne meurt pas, l'enfant ainsi voué reste toujours faible et languissant, lorsqu'il pourrait être fort et bien portant, car le souvenir, perpétué par la vue de cette couleur, attire des pensées de maladie qui s'attachent à lui, le dominent et l'affectent comme un véritable maléfice.

Si vous avez la foi, priez pour la guérison, mais celle-ci obtenue, ne pensez plus qu'à la conserver.

Une coutume aussi constante que générale veut que nous pleurions les morts qui nous sont chers, et que pour perpétuer ce chagrin, nous en portions le deuil.

Non seulement les morts vivent, mais pendant un temps assez long, ils restent en contact avec nous et peuvent nous voir, nous entendre, nous comprendre ; dans tous les cas, ils perçoivent nos impressions, surtout, lorsqu'elles sont vives et qu'elles se rapportent à eux. Or, si nous avons du chagrin, nous les affectons péniblement ; nous les rattachons à nous et au monde qu'ils ont quitté, et nous retardons, ainsi, leur Evolution.

Donc, pas de chagrin nuisible ; pensons à eux avec respect, avec bienveillance, avec bonté, avec résignation ; envoyons-leur des pensées de Courage, d'Espérance et d'Amour ; et si nous avons la foi, prions pour eux ; ainsi, nous les servirons utilement.

Le deuil n'est, donc, jamais justifié ; mais s'il l'était, il résiderait exclusivement au fond du cœur. Porté extérieurement, il est, souvent, égoïste et hypocrite, car il cherche l'approbation de ceux qui nous voient, même de ceux qui ne nous connaissent pas, ne s'intéressent nullement à nous.

Donc, faites tout votre possible pour rester calme, confiant et tranquille devant la mort des vôtres ; et, malgré la coutume, ne revêtez pas d'habits de deuil.

La mode, toujours ridicule et meurtrière pour ceux qui la suivent avec obstination, ne profite qu'à un petit nombre d'industriels qui exploitent nos faiblesses ; elle est, toujours, coûteuse et tyrannique, sans jamais satisfaire aux exigences de l'hygiène et de la raison.

Les gants, qui semblent avoir été créés pour préserver nos mains du froid, sont là, lorsqu'il fait chaud, comme pour cacher une infirmité.

Les parfums, dont abusent les femmes et quelques hommes efféminés, ne servent guère qu'à leur donner des maux de tête, et à faire admettre qu'ils pourraient bien être employés pour cacher des odeurs naturelles désagréables et persistantes. J'en reparlerai plus loin.

Que l'homme qui veut acquérir la Maîtrise de soi

évite le chapeau « à haute forme » qui lui fait mal à la tête, ainsi que les cols serrés et montants qui l'étranglent. Que la femme, surtout lorsqu'elle est jeune, évite le corset qui l'écrase et la déforme, les jupes trop étroites qui l'embarrassent, les poudres qui empâtent son visage, les teintures qui abîment ses cheveux ; et qu'elle sache bien qu'on la préfère avec son odeur naturelle ; qu'elle sent, toujours, bon lorsqu'elle a la santé et qu'elle n'est jamais plus belle que lorsqu'elle se présente sous son véritable jour.

Enfin, répétant que mon seul but est d'attirer votre attention sur la Maîtrise de soi que chacun de nous doit acquérir plus ou moins vite, j'ajoute: évitez les extravagances et les entraves qui sont aussi coûteuses qu'inutiles, et apprenez à vous coiffer, à vous chausser et à vous habiller hygiéniquement selon vos moyens, vos goûts, vos besoins, et, surtout, selon votre raison toujours grandissante sans craindre le *« qu'en dira-t-on »*.

Les tentations, les défauts et les passions — La tentation est un désir de mauvaise nature, un « démon » qui nous pousse à rechercher des Plaisirs grossiers et, souvent, malsains qui fatiguent inutilement le corps et dégradent l'Ame au lieu de l'élever.

La force de la tentation est formidable. Accomplir un désir qui en est la conséquence, c'est « faire jaillir l'étincelle » (Turnbull). Dépenser cette force, c'est établir, en nous, un équilibre instable qui neutralise la Volonté. Tout dans la Nature obéit aux lois de la Polarité.

Lorsque l'étincelle jaillit, sur un nuage orageux sous la forme de l'éclair, un courant électrique part du point le plus condensé, le plus positif, pour aller au point le plus raréfié, le plus négatif. C'est la théorie des courants électriques, qui régit les actions du magnétisme humain, et ses lois sont applicables aux orages psychiques. Assouvir un Désir, c'est faire jaillir l'étincelle, c'est dépenser inutilement notre force psychique.

Les passions sont des tentations violentes, des désirs presque irrésistibles, des défauts horribles qui sont animés d'une force terrible, comparable à celle de l'ouragan qui brise tout sur son passage.

Pour vaincre les défauts et les passions, il y a deux méthodes : l'une, directe, qui consiste à dire : *« je veux »* ; l'autre, où le vouloir ne joue qu'un rôle indirect. la première est la méthode héroïque, qui ne réussit qu'aux plus forts et aux mieux équilibrés sous tous les rapports ; la seconde, à la portée de tous, consiste à ne pas attaquer de face une passion que l'on veut vaincre, à ne pas chercher directement à s'en débarrasser, à n'y plus penser et à la remplacer par une autre.

Une comparaison fera mieux comprendre cette vérité : un trou dans une pièce de bois est rempli par une cheville. En mettant une autre cheville de même grosseur à la place de la première, il ne reste aucune place disponible. *« Une cheville pousse l'autre »*, dit un vieux proverbe. Or, votre cerveau représente la pièce de bois, le trou, l'emplacement de l'idée, et la cheville, la passion elle-même. Si vous mettez à la place de cette dernière une passion de bon aloi, celle-ci, chassant l'autre, prend toute la place disponible. Cette comparaison est aussi vraie pour deux passions opposées que pour les chevilles de la pièce de bois. En voici un exemple :

Un jeune artiste peintre qui, quoique très intelligent, n'avait pas en lui l'étoffe des grands artistes, gagnait très péniblement sa vie. Anarchiste sans trop savoir pourquoi, il fréquentait assidûment les réunions de ce genre, prenait, souvent, la parole et encourageait les camarades par des arguments qui lui semblaient probants. Partisan de l'action directe, s'il ne l'exerçait pas lui-même, il la recommandait sérieusement et applaudissait à chaque action de ce genre.

Depuis douze à quinze ans, ses idées étaient solidement arrêtées. Malgré cela, un jour qu'il réfléchissaient où elles pouvaient le mener, il reconnut qu'elles étaient irréalisables, et prit, de suite, la résolution d'abandonner cette voie. Pour mettre sa détermination à exécution, il se rendit, le soir même, à la réunion habituelle et déclara aux camarades stupéfaits qu'il cessait d'être anarchiste, qu'il ne les verrait plus et qu'il cherchait une autre voie. Il serra la main de ceux qui voulurent bien lui tendre la leur et partit.

Sa résolution était bien prise. Rentrant chez lui, il se mit au lit, mais ne dormit pas. Le lendemain, désorienté et énervé, il ne fut pas tenté de toucher à ses pinceaux, et erra toute la journée comme « une âme en peine », sans même songer à manger. Les jours se passèrent ainsi, et, bientôt, l'insomnie persistante, l'inappétence et l'énervement mirent sa robuste santé à la plus terrible épreuve. Parcourant les rues à grands pas d'un air hébété, il évitait tous ses anciens amis et n'en cherchait pas d'autres. Lorsqu'il rentrait chez lui, il avait des idées délirantes, des cauchemars épouvantables, des hallucinations et des envies de suicide. Au bout de quatre à cinq semaines, aux trois quarts fou, il se trouvait entre deux alternatives : ou s'abandonner au courant qui l'entraînait fatalement, ou redevenir anarchiste malgré lui. Voulant vivre, il vint me trouver pour que je rétablisse sa santé et que je lui donne des conseils. C'était en 1898.

Je le calmai rapidement et lui conseillai de mettre, à la place des idées anarchiques, des idées opposées, philosophiques ou autres, et de concentrer sa Pensée sur ces dernières pour en maintenir l'exécution. Il y avait, déjà, songé ; et tout en hésitant, il me dit : *« Je crois*

*avoir trouvé le moyen de combler le vide qui est en moi
; il me semble que si je me tournais du côté de la religion, je serais sauvé ; mais je n'en ai pas la force. »* Je
l'encourageai à mettre cette idée à exécution, en toute
confiance et sans la moindre hésitation. Il rechercha,
alors, les gens qui fréquentaient l'Eglise, la fréquenta
lui-même ; et, bientôt, comme Clovis devant saint
Rémi, *« brûlant ce qu'il avait adoré et adorant ce qu'il
avait brûlé »*, il ne tarda pas à recouvrer complètement
la santé physique et morale avec la plus parfaite tranquillité.

Au bout de quelques mois de dévotion excessive, le
raisonnement le plaça aussi loin des exagérations religieuses que des utopies révolutionnaires. Prenant en
pitié tous les exaltés, et comprenant qu'il ne deviendrait
jamais un grand artiste, il se mit modestement à faire
du modelage et des copies, et gagna très largement sa
vie.

Je donne cet exemple pour ne pas faire de théorie. Il
est applicable à toutes les passions mauvaises que l'on
veut remplacer par de bonnes passions. Au lieu de la
méthode héroïque qui fatigue inutilement, même celui
qui réussit, la méthode que je viens d'indiquer est facile
pour tous, à la condition, toutefois, que l'organisme ne
soit pas usé, comme dans l'alcoolisme chronique, par
exemple.

Une passion contenue par la volonté directe n'est pas
détruite ; car l'anergie, qui l'anime menace à chaque
instant de reparaître sous une forme quelconque.
Connaissant cette énergie, vous devez vous en emparer
afin de la diriger à votre gré.

Lorsque vous rompez avec une mauvaise passion, n'y
faites plus la moindre attention, n'ayez aucune crainte
de retomber, et mettez de suite à sa place, pour combler

le vide qu'elle ferait, une passion de nature opposée à laquelle vous penserez sans cesse. Faites-vous un idéal de cette nouvelle passion, concentrez toute votre pensée sur les avantages que vous en retirerez ; et si, au bout de quelques semaines, il y avait encore des réminiscences de l'ancienne, c'est que son trou ne serait pas complètement rempli par la nouvelle cheville. Insistez. Pour chasser l'ancienne idée, faites de la respiration profonde, de la concentration, de l'autosuggestion, de la transformation des forces, pour fixer plus énergiquement l'idée nouvelle, et vous ne tarderez pas à y parvenir.

Avant même d'y être complètement arrivé, vous éprouverez un sentiment croissant d'amour propre et de dignité, conséquence logique de la puissance physique et morale que vous aurez gagnée. Cette puissance ne sera pas imaginaire, car elle se montrera dans votre maintien, dans vos manières, dans votre attitude, et ceux qui vous entourent se comporteront mieux à votre égard qu'ils ne le faisaient avant.

Ainsi, prenez et maintenez l'habitude de ne pas désirer l'approbation et de ne pas accepter les louanges qui font jaillir l'étincelle. *« Aimez qu'on vous conseille et non pas qu'on vous loue »*, dit, à juste raison, l'auteur de l'Art poétique. L'approbation et la louange ressemblent, en effet, beaucoup à la Flatterie. Si vous comprenez cette vérité, méditez la moralité de la fable Le Renard et le Corbeau, que vous avez apprise sur les bancs de l'école : *« Tout flatteur vit aux dépens de celui qui l'écoute. »*

Soyez sans vanité, car l'homme fort qui fait réellement, quelque chose de bon, de bien et d'utile a tous est, toujours, simple et modéré. Ne vous impatientez pas, car l'impatience conduit à la colère qui peut être désastreuse.

Ne vous empressez pas de faire connaître une nouvelle banale que vous apprenez avant les autres, car vous faites jaillir l'étincelle qui vous met en état d'infériorité vis-à-vis d'eux. La gourmandise et la friandise, « péchés mignons » des gastronomes, sont des défauts coûteux qui sont, toujours, nuisibles, à la santé. Ne serait-ce que pour cette dernière raison, ceux qui veulent devenir Maîtres d'eux-mêmes doivent s'en débarrasser à tout prix.

Presque toutes ces réformes du caractère sont relativement, faciles à obtenir ; il n'y a guère qu'à y penser, sans même avoir besoin de leur opposer des idées de nature différente, qui deviennent nécessaires dans les cas suivants :

Aux passions de médisance, de haine et de vengeance, opposez des pensées de Bonté et d'Amour ; vous en connaissez, déjà, la raison qui sera traitée plus à fond dans la suite.

A la tristesse et à l'a mélancolie, opposez des pensées de Gaîté, d'Espérance et de Satisfaction. A la paresse, opposez le Courage et l'Activité. A la crainte et à la timidité, opposez la Hardiesse et la Confiance en vous. Le trac de l'artiste, toujours déprimant en entrant en scène, diminue peu à peu devant le raisonnement et, surtout, devant les premiers applaudissements que celui-ci obtient. Il peut s'en affranchir par des idées de Hardiesse et de Confiance en soi, par la pensée concentrée sur ses succès habituels, par la respiration profonde, et, surtout, par des répétitions qu'il doit faire à l'avance, comme je l'indique en traitant de l'Autosuggestion. S'il manque réellement d'énergie psychique, il peut en acquérir en pratiquant la transformation des forces.

La jalousie doit être mise au rang des plus grands défauts, car elle rend le jaloux malheureux autant que la personne jalousée. D'autre part, et ce n'est pas le moindre effet de la jalousie, le conjoint jaloux faisant sans cesse à l'autre des reproches immérités, s'expose à les faire bientôt justement, car par sa Pensée et par ses Paroles, il en donne fatalement l'idée.

Donc, que le jaloux cherche à opposer une passion de nature opposée, la Confiance, par exemple, en pensant et en disant à la personne jalousée : « J'ai ta Confiance, je le sais ; je te donne la mienne, car tu la mérites » ; et cet engagement étant pris, faire tout ce qu'il faut pour le tenir.

A l'habitude de fumer, qui finit par intoxiquer l'organisme et donner lieu à des maux incurables, comme le cancer des fumeurs, opposez le raisonnement ; et, au besoin, telle ou telle autre habitude que vous choisirez, comme, par exemple, la cigarette de camphre chère à Raspail. Certains gros fumeurs perdent cette habitude en la remplaçant par celle de priser. C'est un autre défaut, mais il est plus économique et moins dangereux. On peut, ensuite se déshabituer de priser le tabac en prisant du camphre en poudre. Arrivé là, l'habitude est très facile à abandonner, car ces divers changements ont considérablement diminué l'intensité de la tentation.

Il est des passions plus dangereuses encore, comme celle du vin et des liqueurs fortes, qui rendent alcoolique celui qui en abuse, même sans s'enivrer.

L'alcoolique, à un faible degré, peut rompre de suite et sans danger avec sa passion ; mais lorsqu'il l'est à un degré plus avancé, le foie étant sérieusement malade, il faut agir avec lenteur, car le vin et, surtout, l'alcool, quoiqu'étant des poisons, sont devenus ici, des aliments nécessaires. Il est, alors, indispensable de diminuer peu à peu la quantité absorbée chaque jour, jusqu'au moment où l'on pourra la supprimer complètement ; une semaine pour ceux qui sont faiblement alcooliques, de deux à six pour ceux qui le sont davantage, car une suppression brusque pourrait avoir de graves inconvénients pour la santé.

Beaucoup de commerçants et de représentants se croient obligés de boire à l'excès pour les besoins de leurs affaires. Il leur est très facile d'éviter les soi-disant apéritifs et digestifs, en prenant des sirops, et, mieux encore, de l'eau, en disant : « *Je suis malade ; mon médecin m'a prescrit cela, et je m'en trouve très bien.* »

L'ivrogne doit prendre la résolution d'en faire autant. C'est plus difficile pour lui que pour les précédents, car la tentation, considérablement plus forte, tient, souvent encore, au milieu dans lequel il se trouve. Après avoir diminué progressivement « *les verres* », s'il craint de ne pas pouvoir arriver à les supprimer tous, il doit quitter le milieu pendant quelques semaines et prendre contact. avec des gens tempérants, toujours en ne pensant qu'à boire de l'eau et du lait, qui est, ici, un excellent contre-poison. Ces pensées et ces actions, ajoutées à des pensées de Raison et de Santé, constituent la cheville qui doit, remplir le trou de l'ancienne passion.

Pour la morphinomanie, passion aussi abrutissante et plus terrible encore que l'ivrognerie, procéder d'une façon analogue. Diminuer progressivement les piqûres, en les remplaçant par une alimentation solide : du bon vin, du café, de l'alcool même, des infusions d'absinthe et de centaurée pour stimuler l'appétit ; de l'exercice au grand air et un travail manuel ou intellectuel dans lequel on s'absorbe au moment de la tentation. Je le répète : ne pas penser à la passion ni même à l'idée de s'en débarrasser, car on en perpétue le souvenir, mais fixer, le plus possible, sa pensée sur un idéal nouveau que l'on cherche, déjà, à réaliser complètement.

Le fumeur d'opium, le priseur de cocaïne, le buveur d'éther, le mangeur de haschich ou le consommateur d'héroïne sous n'importe quelle forme, se rendront Maîtres de leur passion d'une façon analogue, mais, comme ils trouveront à cela beaucoup de difficultés, ils devront pratiquer, le plus souvent possible, l'autosuggestion, la respiration profonde, la transformation des forces, la concentration, la méditation et, même l'isolement.

L'aliment physico-psychique le plus puissant pour rétablir l'équilibre des fonctions organiques chez l'ivrogne, le morphinomane et tous les « passionnés » de cette nature, c'est le magnétisme, surtout s'il est pratiqué par un magnétiseur connaissant tous les secrets de son art. La Pensée d'une personne sachant penser peut obtenir très rapidement des guérisons étonnantes. J'en cite une dans mon petit ouvrage sur les Actions psychiques à distance, auquel je renvoie le lecteur.

Emploi de la journée. — Pour faciliter la mise en pratique de ce qui est énoncé dans le présent chapitre et qui sera développé dans les suivants, il est nécessaire de donner, surtout, aux débutants qui travaillent pour subvenir à leurs besoins, une idée de l'emploi de chaque jour.

Le temps marche sans interruption et le travail est continu. La journée est à peine finie que celle du lendemain commence, et l'on doit la préparer pour que rien ne soit laissé au caprice ou à la fantaisie.

Prenez l'habitude de vous coucher tôt et de vous lever de même, car l'activité normale est plus grande, durant le jour, et le calme de la nuit facilite le repos et le sommeil.

Immédiatement après le dernier repas du soir, qui doit être léger, surtout pour ceux qui ne se livrent pas à un travail musculaire pénible, quelques soins hygiéniques sont nécessaires, tels que douche ou lotion froide suivie d'une friction avant de se coucher. Etant au lit, détendez vos muscles ; réfléchissez pendant quelques instants à ce que vous avez fait de bien ou d'utile dans la journée, comme pour fixer en vous le bénéfice acquis ; et si vous n'avez pas achevé tout ce que vous deviez faire, remettez-le au programme du lendemain. Pensez à ce que vous ajouterez pour le compléter, sans négliger les plus petits détails ; pensez aux moyens d'exécution, aux avantages que vous en obtiendrez et à la satisfaction que procure, toujours, l'accomplissement du travail bien exécuté.

Cela étant arrêté, faites de l'autosuggestion pendant cinq à dix minutes, pour aider à mettre à la place de vos défauts des qualités utiles ; faites de la respiration profonde avec l'absorption de l'Energie pendant le même temps, pour vous permettre de tout accomplir avec un minimum d'effort. Fixez bien, ensuite, dans votre intellect l'idée dominante et pratiquez l'isolement pour ne plus penser à rien, afin que votre inconscient, votre corps astral achève et fixe, pendant le sommeil, le plan que vous venez d'ébaucher.

Au réveil, ne restez pas paresseusement au lit. Repassez rapidement les résolutions prises la veille ; et celles-ci, fixées une seconde fois, levez-vous sans précipitation. Comme le soir, prenez une douche suivie de friction, ou un bain d'air et de lumière, comme je l'indique en parlant de l'hygiène du corps ; puis, habillez-vous, prenez votre premier déjeuner et allez courageusement au travail.

Faites le plus possible vos courses à pied, car la marche est le meilleur exercice que l'on puisse faire sans y consacrer un temps spécial.

Après le repas du midi, avant de reprendre votre travail, faites une petite promenade pour faciliter la digestion ; et, dans l'été, un grand nombre d'entre nous se trouvent très bien de faire la sieste, comme les travailleurs des champs.

Si vous êtes obsédé par une idée persistante que vous voudriez chasser, faites de la respiration profonde et elle disparaîtra comme par enchantement.

Lorsque vous êtes fatigué, prenez le temps de vous isoler pendant quelques instants, et un état de repos et de calme se produira rapidement.

Hygiène alimentaire. — C'est, surtout, à, l'Hygiène et au Magnétisme que l'homme doit avoir recours pour se guérir du plus grand nombre des maux qui l'accablent, car les professeurs de nos Facultés médicales sont, trop souvent, hélas ! aussi impuissants à guérir les autres qu'à se guérir eux-mêmes. Sachez bien que la santé ne s'achète pas chez le pharmacien sur ordonnance, de médecin, mais qu'elle se mérite dans le plus grand nombre des cas. Comme notre force et nos moyens d'action sont placés sous le contrôle immédiat de la raison, en observant une hygiène bien comprise, nous pouvons faire mieux que de guérir et même de soulager nos maux ; nous pouvons les éviter, et trouver, ainsi, le moyen de vivre cent ans dans les meilleures conditions.

Il est impossible de fixer à chacun la façon de s'alimenter, car celui qui se livre a, un travail musculaire fatigant a besoin d'une alimentation plus abondante et plus solide que la couturière qui, assise, travaille seulement de ses doigts et marche peu. Le poids du corps, le tempérament, l'âge et les dispositions spéciales à chaque individu, font que ce qui convient à l'un est, parfois, nuisible à l'autre. Et ce que les hygiénistes à outrance ignorent, c'est que le degré d'évolution exerce une influence considérable sur l'alimentation normale de l'individu. A l'homme grossier, à peine sorti de l'animalité, il faut de la viande comme aux carnassiers, tandis que l'homme supérieur, en grande partie nourri par les aspirations de l'Ame, se contente d'une alimentation légère. C'est pour cela que les prêtres, les philosophes, les sages de l'antiquité étaient végétariens, et que les prophètes des Hébreux, les saints du christianisme et les ascètes de toutes les religions peuvent se contenter de feuilles et de racines en petite quantité.

En général, on consomme trop d'aliments dits fortifiants, surtout de viande, qui est loin d'être indispensable, même à ceux qui fatiguent beaucoup. J'ai connu des entrepreneurs de fauchaison et de moisson travaillant seize heures par jour, sous les rayons ardents du soleil, qui ne vivaient que de soupe, de légumes, de fromage, de fruits, qui ne buvaient que de l'eau, et qui, tout en livrant une somme formidable de travail, se portaient admirablement bien.

J'estime que pour ceux dont les muscles fonctionnent peu, il est indispensable de diminuer progressivement la quantité de viande pour la remplacer par des légumes, verts de préférence, du fromage frais et des fruits crus bien mûrs.

Supprimer le sucre, qui n'est bon que pour ceux qui fatiguent beaucoup physiquement, et le remplacer par du miel. Abandonner le thé et, surtout, le café, qui ne sont utiles que lorsqu'on doit faire un travail supplémentaire. Buvez de l'eau, du lait s'il vous convient, et, mieux encore, du lait caillé qui exerce une puissante action purifiante sur l'intestin. Un régime mixte bien compris et suffisamment varié est celui qui convient le mieux au plus grand nombre d'entre nous. Dans tous les cas, se rapporter pour cela à ses goûts et à son expérience, car ce que l'on mange avec satisfaction digère, presque toujours, bien. Evitez l'alcool, les apéritifs et les digestifs qui sont, toujours, nuisibles, et vous serez largement récompensés de ces petites privations par une santé meilleure, une volonté plus puissante et des pensées plus précises et plus nettes. Le docteur Gaston Durville, dans l'Art de vivre longtemps, donne de précieuses indications auxquelles je renvoie le lecteur pour de plus grands détails.

Les repas doivent, autant que possible, être pris à des heures toujours les mêmes, après s'être préparé par la pensée à en profiter le plus et le mieux possible. C'est pour cela que l'Eglise prescrit aux fidèles de réciter le Bénédicité, pour disposer l'organisme à recevoir sa ration habituelle et à en profiter au mieux de ses intérêts physiologiques, car l'élément psychique joue un très grand rôle dans la digestion, l'assimilation et la désassimilation.

On doit manger lentement, très lentement même, et mâcher le plus et le mieux possible tous les aliments solides, pour ne pas donner un travail inutile à la digestion. Comme on ne fait jamais bien deux choses en même temps, il est nécessaire de ne penser qu'à cela. Donc, ne pas lire à table, ne pas discuter avec passion, et éloigner toute idée de tristesse, pour ne penser qu'à la gaîté. Ne pas penser à la maladie et, le moins possible, à ses travaux habituels ; car le temps passé à table est consacré à la réfection, au repos et à l'apaisement. La conversation est, pourtant, utile ; mais elle ne doit pas être animée, et ne doit porter que sur des choses banales, ou des souvenirs gais. Ces vérités n'ont pas échappé à Mulford, qui s'exprime ainsi :

L'état de votre mental pendant le repas est beaucoup plus important que la nourriture que vous absorbez, quelque agréable qu'elle soit. En mangeant, vous incorporez à votre moi spirituel les pensées qui occupent votre cerveau à ce moment-là. Si elles sont coléreuses, sombres, découragées, irrésolues ou haineuses, ou si vous mangez avec hâte et impatience, vous assimilez cette forme du mal et elle devient partie intégrante de vous-même. Votre nourriture devient, ainsi, le médium matériel qui vous apporte la force nocive. Vos aliments peuvent être substantiels. Si votre état mental est morbide les mets ne sont que les canaux de ces éléments mauvais.

Manger avec calme, sérénité, tranquillité, au milieu d'une conversation plaisante ou saine, vous procure des pensées analogues.

Il ne faut pas oublier que lorsqu'on veut s'améliorer, se purifier, selon l'expression de l'Eglise et des adeptes, il ne faut pas se nourrir avec des aliments grossiers, surtout lorsqu'ils ne sont pas très frais ; et, pour maîtriser ses passions, ne pas les entretenir avec des substances contenant les éléments de ces passions. Ainsi, pour modérer les excès de l'amour physique, éviter les aphrodisiaques. Celui qui est impressionnable, nerveux et coléreux doit rechercher les calmants, tandis que l'indolent et le paresseux ont besoin d'excitants.

Ne jamais manger sans avoir faim et quitter la table lorsque l'on mangerait bien encore, car ce n'est pas la quantité d'aliments qu'il nous faut, mais, surtout, la qualité.

Les animaux mangent et dorment ensuite. Suivons cet exemple qui est excellent. Donc, pendant l'été, que ceux qui le peuvent fassent la sieste, comme les travailleurs des champs et que le soir tous se couchent de suite après le dernier repas. La digestion se fait très bien au lit, et l'on dort beaucoup mieux, car l'activité du cerveau cesse au profit de l'estomac qui l'attire à lui pour le travail de la digestion.

L'hygiène corporelle joue un rôle considérable dans le développement de nos forces physiques et morales. Il est de toute nécessité de s'y soumettre de bonne grâce ; c'est, d'ailleurs, une partie très importante de la Maîtrise de soi.

Le Corps est, ici-bas, l'instrument de l'Ame et pour que celle-ci accomplisse facilement sa tâche, son instrument doit être en bon état. On sait que les outils et, surtout, les instruments compliqués, s'usent beaucoup plus vite au repos qu'en fonctionnant. Une excellente montre, qui peut marcher pendant six à huit ans, ne marche plus au bout d'un an si l'on a été six mois sans la remonter. Le corps humain, qui est une machine beaucoup plus compliquée, a besoin de fonctionner sans arrêt.

Une articulation immobilisée dans un bandage plâtré pendant six mois, est, souvent, perdue lorsque le médecin lui rend sa liberté. C'est pour cela qu'un artiste, quel qu'il soit, a besoin de s'entraîner sans cesse, pour ne rien perdre de son talent.

Le travail, sous n'importe quelle forme, est indispensable ; et comme il n'y a, pas une profession où toutes les parties du corps fonctionnent suffisamment, il est indispensable, sous peine de dépérissement et d'atrophie, que celles qui ne fonctionnent pas naturellement soient exercées par un travail artificiel. C'est pour cette raison que la Respiration profonde, la Gymnastique raisonnée, la Bicyclette, la Natation, le Canotage, le Patinage, l'Escrime, la Boxe, les Jeux et les Promenades au soleil et, surtout, la Marche à bonne allure, tonifient le corps et l'esprit. Ce sont des distractions que nous devons tous nous efforcer de prendre selon les saisons, à, nos heures et jours de repos, en ayant soin, toutefois, d'éviter les excès, car la fatigue qui en est la conséquence épuise inutilement l'organisme.

La peau, organe d'absorption et d'élimination, doit, toujours, être en bon état. On. l'entretient ainsi, en toute saison, par des lavages quotidiens, des lotions, des douches et des frictions. Les bains d'air et de lumière ont une importance considérable, surtout le matin en se levant ; un bain de soleil pris à nu, après le repas de midi, apporte à l'organisme une somme considérable de forces faciles à assimiler (V. à ce sujet Chadour : Traité complet d'Héliothérapie). Pour forcer la transpiration, surtout si les reins ne fonctionnent pas parfaitement, un bain de vapeur est excellent, plus particulièrement, en dehors des grandes chaleurs.

L'extérieur doit être bien soigné. En évitant le laisser-aller comme le luxe criard, on doit s'habiller avec décence, sans recherche et, surtout, sans extravagance. Les vêtements seront peu serrés, d'une coupe commode et, bien comprise, pour n'opposer aucun obstacle à nos mouvements. On s'habituera à ne pas trop se couvrir en hiver et à ne se dévêtir que peu en été.

Une habitation gaie, claire, bien aérée, vaste, surtout dans les villes, si nos moyens le permettent, contribue dans une large mesure à la Santé et au Bonheur.

Une propreté méticuleuse de toutes les parties du corps, des vêtements et de l'habitation est absolument nécessaire.

Beaucoup de maux de tête et malaises inexpliqués sont dus à l'action nuisible des parfums. Rien ne sent bon comme une femme et, aussi, comme un homme robuste et sain. Les parfums ne devraient jamais être employées que pour corriger certaines odeurs maladives ou professionnelles. En pleine santé, il n'y a que les marchandes de poissons et de fromages à la halle qui devraient s'odoriser lorsqu'elles vont dans le monde.

Ne pas s'écouter outre mesure, mais obéir aux moindres avertissements donnés par nos organes sous forme de douleur ou même de malaise. Rechercher la cause de cette souffrance et tâcher de la supprimer ; pour cela, les moyens les plus simples sont presque toujours les plus efficaces. Redoubler, alors, de soins hygiéniques, faire de suite de l'Automagnétisation, comme je l'indique dans mes Théories et procédés du Magnétisme, ou recourir à la magnétisation d'un des siens, et, même, à la main d'un ami sympathique.

Lorsqu'on a laissé un malaise se transformer en une maladie, surtout si cette maladie est passée à l'état chronique, il faut, souvent, beaucoup de patience pour s'en débarrasser, et le concours d'un magnétiseur de profession peut être nécessaire. Pour permettre à ces malades de se traiter eux-mêmes, j'ai rédigé, dans un style très simple, des études spéciales, relatives au traitement du plus grand nombre des cas. Ces études sont publiées sous la forme d'un petit volume illustré de figures explicatives, dans ma collection des Pour combattre...

Si l'on vient d'être victime d'un accident ou si l'on est brusquement affecté d'une maladie aiguë, il faut appeler le médecin, ne serait-ce que pour la satisfaction de la famille. D'ailleurs, beaucoup de malades se plaisent à être médicamentés d'après la méthode du jour ; et s'ils ne peuvent pas faire autrement, ils tiennent à mourir doctoralement, selon les règles de la Faculté.

Hygiène morale. — L'Hygiène morale est le complément indispensable de la Maîtrise de soi. Je l'expose en quelques notes très succinctes.

Il ne faut pas envier l'or du riche, qui donne rarement le Bonheur. Le Bien le plus précieux est le Magnétisme personnel qui assure l'Attraction et, le Pouvoir ; et lorsque ceux-ci sont employés avec Amour et Désintéressement, ils procurent, toujours, le Bien-Etre et la Santé.

Ne jamais être arrogant, ni orgueilleux, mais conserver, toujours, la noble fierté que donne le sentiment de la Force réelle. Il faut, surtout, être digne, et, dans ses rapports avec le monde, ne pas descendre jusque l'humilité, car lorsque celle-ci est exagérée, elle conduit à la bassesse. La bassesse oblige, souvent, à ramper aux pieds des autres, et ceux qui rampent sont, toujours, les plus exposés aux brutalités du sort.

La Gaîté, l'Espérance, la Confiance en soi font naître l'Amour de la Vie, et cet amour constitue la plus grande partie de la Santé physique et morale.

Donc, mettre à profit les moyens indiqués précédemment pour chasser la tristesse, le désespoir et le découragement qui conduisent fatalement à l'insuccès et au malheur.

L'homme dont la personnalité magnétique est développée à un certain degré a, souvent, besoin de solitude pour méditer et se mettre plus facilement en contact avec les forces supérieures de la nature ; mais le plus grand nombre d'entre nous doit rechercher la société, fréquenter même beaucoup de gens, à condition de faire un choix rigoureux, car nous absorbons la pensée des autres et nous nous pénétrons facilement, même sans nous en douter, de leur manière d'être, de leurs qualités, et, surtout, de leurs défauts. Nous gagnons à fréquenter des gens plus évolués que nous ; tandis qu'au contact prolongé de ceux qui nous sont inférieurs, nous sommes exposés à perdre.

La discrétion est une qualité indispensable au développement de la Maîtrise de soi, car si l'on connaissait partout le but de nos désirs, on se méfierait de nous et cette méfiance neutraliserait notre pouvoir attractif. D'autre part, le public doit, généralement, ignorer nos Intentions, nos Plans, nos Desseins, car en les communiquant nous perdons de la force et nous facilitons aux concurrents les moyens de les exécuter avant nous. Toujours se rappeler que le secret constituait un des principaux arcanes de la Magie antique, et que les mages contemporains lui attribuent encore la même importance. Il ne faut, pourtant, pas garder toujours un mutisme absolu, mais nous ne devons nous en départir qu'envers quelques amis sûrs, plus évolués que nous, et susceptibles de nous aider par leur expérience et leurs bons conseils.

Etre digne de tout le monde ; mais, dans les rapports sociaux, ne pas se laisser absorber. Sans avoir la prétention de diriger les sociétés que l'on fréquente, on doit se retirer de celles où l'on n'aurait pas une initiative quelconque, à moins d'en faire partie pour s'instruire.

« La Foi soulève les montagnes », car elle met le croyant dans l'état voulu pour agir lui-même avec efficacité. Que ceux qui ont la foi religieuse la conservent en cherchant à l'orienter vers le développement de leur individualité ; que les spirites qui croient à l'intervention de leurs « bons esprits » continuent à les évoquer et que ceux qui ne croient, à rien tâchent au moins de croire à la possibilité de développer leur Puissance personnelle. Cela est possible. Qu'ils se mettent à la tâche. Ils obtiendront, bientôt, quelques résultats satisfaisants qui ne demanderont qu'à grandir ; et, au fur et à mesure que ces résultats grandiront, la confiance en leur pouvoir personnel augmentera, la foi ne tardera pas à venir. Timide et faible d'abord, elle se développera progressivement et pourra devenir suffisamment puissante pour accomplir de véritables prodiges.

La Connaissance et le Respect de soi-même, rigoureusement contrôlés par la raison, constituent une Puissance souveraine. Tout en étant fort, celui qui se connaît bien reste simple, modeste et digne.

Soyons pratiques, mais n'employons que des moyens logiques, honnêtes et droits. Sachons limiter nos Aspirations. Ne nous attachons pas trop aux biens de la terre que nous pouvons perdre du jour au lendemain ; et, surtout, renonçons aux honneurs, aux titres et aux décorations qui ne sont que des hochets de la vanité. Recherchons la Grandeur d'âme, la Noblesse de l'Intelligence et la Bonté du cœur qui sont indestructibles et « le reste viendra par surcroît ». Efforçons-nous de comprendre aussi que, sous de modestes apparences, l'individu que l'on considère, parfois, comme un pauvre homme peut être plus riche (en véritables biens) et plus heureux que le plus grand nombre des millionnaires.

Celui qui dirige constamment toute sa Pensée, toute sa Volonté, toute son Intelligence vers l'accomplissement d'un Désir, peut avoir la certitude de le réaliser quels que soient les obstacles qui peuvent se présenter.

Soyez donc bien persuadé que si vos Désirs sont logiques, raisonnables, légitimes, ils s'accompliront d'eux-mêmes et d'autant plus vite que leur réalisation ne fera tort à personne.

Certaines personnes se plaignent d'être accablées d'occupations. « *Je ne sais comment j'en sortirai* », disent-elles. A les voir s'agiter, on se demande si, réellement, elles pourront en sortit. Souvent, plusieurs jours avant, que ne commence la période d'activité intense qui les déroute, elles s'effrayent et s'inquiètent. Suffiront-elles à la tâche ? Leurs forces ne les abandonneront-elles pas ? Auront-elles fini à temps ?

Ce n'est pas le travail, fût-il considérable, qui les accable le plus, mais, surtout, leur pensée angoissée divaguant sans cesse de l'idée du travail à celle des difficultés d'accomplissement.

Qu'elles distribuent, donc, leur ouvrage suivant un plan méthodique ; qu'elles ne pensent plus ensuite qu'à l'exécuter, sans s'occuper des difficultés, toujours exagérées, et elles seront surprises de l'achever dans d'excellentes conditions.

Il faut de l'activité. Le mouvement, c'est la Vie, a-t-on dit à juste raison. Pour développer ses forces et se frayer un chemin, il faut rechercher l'action, travailler beaucoup et ne pas dédaigner la lutte. Celui qui est Maître de lui accomplit un travail considérable. Plus il dépense de force, plus il en reçoit et mieux il se porte. C'est pour cette raison que les grands magnétiseurs, qui consacrent leur vie au soulagement de leurs semblables, meurent heureux à un âge très avancé.

Ne fuyez pas la lutte et ne craignez pas les obstacles, mais allez, plutôt, au-devant d'eux, ne serait-ce que pour vous donner l'avantage de remporter une nouvelle victoire qui augmentera la Maîtrise de vous,

Recherchez la vue des choses gaies, évitez le plus possible celle des choses laides et n'acceptez jamais l'invitation de personnes qui ne vous sont pas parfaitement sympathiques. Malgré cela, chaque fois que vous aurez l'occasion de vaincre une répugnance qui n'a rien de nuisible, empressez-vous de le faire.

Dans une large mesure, nous sommes solidaires les uns des autres, car nous sommes membres d'une même famille. Nous suivons tous le même chemin de l'Evolution, pour arriver au même but, mais nous ne sommes pas tous également évolués. Pendant que certain d'entre nous sont près d'arriver au sommet, il y en a d'autres, plus arriérés ou plus jeunes, qui en sont encore très loin. N'oublions pas qu'en avançant, nous suivons les plus avancés qui nous ont aidés, et que, derrière nous, il y a des retardataires qui nous suivent péniblement et ont besoin de notre aide.

Ne soyons ni avares ni prodigues, mais si nos moyens le permettent, donnons largement. Dans tous les cas, faisons tout notre possible pour soulager les malheureux, sans, toutefois, nous apitoyer sûr leur sort.

Ne jamais faire aux autres ce que nous ne voudrions pas qu'il nous fût fait. Méditez longuement ce précepte du Christ ; et pour cela, lire attentivement le chapitre traitant de l'amour de son prochain.

Aimons la Vie, rendons-nous la aussi agréable que possible et tâchons de la prolonger, car c'est, surtout, dans notre passage à travers la matière physique que nous évoluons. Mais, quand notre dernière heure a sonné, lorsque les organes qui sont les vêtements de l'Ame sont usés, quittons-les sans le moindre regret, en nous rappelant que la vie actuelle n'est qu'un chaînon de l'immortalité, qu'elle ne constitue qu'un degré de l'interminable échelle que nous devons monter ; et, qu'après une période de repos, nous renaîtrons dans des conditions d'autant meilleures que nous aurons fait davantage pour les mériter.

Les réflexions suivantes, exprimées par des auteurs connus et appréciés, ont leur place ici, ne serait-ce qu'à titre complémentaire.

Vouloir bien, vouloir longtemps, vouloir toujours, mais ne jamais rien convoiter, tel est le secret de la force. C'est cet arcanne magique que Le Tasse met en action dans la personne des deux chevaliers qui viennent délivrer Renaud et détruire les enchantements d'Armide. Ils résistent aussi bien aux nymphes les plus charmantes qu'aux animaux féroce ? les plus terribles ; ils restent sans désirs et sans craintes, et ils arrivent à leur but (Eliphas Levi : Rituel de la Haute magie).

Si vous désirez progresser sur le sentier de la perfection, apprenez à aimer. Apprenez à aimer ce qui est élevé et vous serez attiré vers ce qui est élevé. On doit aimer dans chaque homme l'humanité et non la personnalité. Si vous méprisez quelqu'un, vous vous méprisez vous-même, car celui qui note d'une façon marquée les fautes d'un autre, possède en lui-même les éléments de ces fautes (Hartmann : La Magie.)

L'amour est l'élément le plus nécessaire pour la poursuite de la vie. Sans cet élément, pas de vie possible et si un homme cesse d'aimer la vie il cessera de vivre. Aimer une vie plus élevée, conduit l'homme à une position plus élevée ; aimer un état inférieur le fait descendre à ce qui est dégradant (id.).

Nous me prenons pas les choses pour ce qu'elles sont, mais pour agir nous imaginons qu'elles sont. Le sauvage ne voit, dans la Minerve sculptée, qu'un morceau de rocher curieux, et un beau tableau n'est pour lui qu'un morceau de toile barbouillée de couleur. L'avare, en regardant les beautés de la nature, pense, seulement, à leur valeur monétaire, tandis que, pour le poète, la forêt fourmille de fées et l'eau d'ondines. L'artiste voit de belles formes dans les nuages qui roulent, dans les rochers et dans les montagnes et pour les natures poétiques chaque symbole de la nature devient un poème et lui suggère des idées nouvelles ; quant au poltron qui traverse la vie avec l'air renfrogné, celui-là voit dans tous les coins un ennemi et il me trouve rien d'attrayant sauf sa piètre personne. Le monde est un miroir dans lequel chaque homme peut voir son propre reflet. A celui qui a une belle âme, le monde semble beau ; à celui qui a une âme difforme tout semble laid (id.).

L'argent représente le principe d'équité et doit être employé à mettre tout le monde à même d'obtenir le juste équivalent de son travail. Si nous désirons plus d'argent que ce qui nous est justement dû, nous désirons quelque chose qui ne nous appartient pas, mais qui appartient à un autre. Si nous obtenons du travail, sans en payer l'équivalent, nous privons d'autres personnes de la justice, et, alors, nous nous privons de la vérité qui est une perte beaucoup plus sérieuse pour nous, que la perte d'argent pour ceux que nous avons trompés (ici.).

La meilleure éducation à donner aux jeunes gens et même aux vieillards, ce m'est pas de les reprendre, mais de se conduire à la vue de tous d'après les principes que l'on voudrait enseigner aux autres en les apprenant.

Platon.

Le premier pas vers le bien est de ne point faire de mal.

J.-J. Rousseau.

*L'âme du foyer est douce et bienfaisante à
ceux qui en gardent l'amour et le respect.*

O. Gréard.

*Partout et toujours la nature tend à favo-
riser les fortes individualités. Celui qui travaille une forte individualité chez lui ou
chez les autres, ne rencontre jamais de véritables obstacles à ses efforts.*

V. Morgan.

Pour élever de beaux enfants, il faut les avoir ; et
pour cela, on doit remplir certaines conditions.

D'abord, pour plusieurs raisons, trop étendues pour
que j'en parle ici, la femme ne doit pas dépasser l'âge de
trente à trente-cinq ans ; l'homme, celui de trente-cinq
à quarante. Ils doivent être forts et jouir d'une bonne
santé physique et morale. Ensuite, l'acte d'amour qui va
donner lieu à la conception doit être voulu, calculé et
préparé, pour être accompli dans le plus grand calme.

Pendant la grossesse, l'imagination de la mère joue
un rôle extrêmement important ; et comme elle contribue, seule, à la formation du corps physique de l'enfant,
il est de toute nécessité de lui éviter les grandes fatigues
et, surtout, les émotions violentes. On doit. l'entourer
d'objets gracieux et agréables, surtout de belles images,
ne serait-ce que de simples chromos représentant de
superbes bébés, qu'elle se plaira, toujours, à contempler.

L'organisation imparfaite de la mère donne, très souvent, lieu à une grossesse pénible. Ce sont, d'abord, des
« *envies* » qu'il faut satisfaire, pour que « son fruit ne

soit pas taché », puis des malaises, et, plus tard, des vomissements dits incoercibles, car le médecin est, toujours, impuissant à les faire cesser. Pour faire disparaître ce dernier obstacle qui coûte parfois la vie à la mère, j'indique un moyen magnétique extraordinairement simple, à la portée immédiate du mari et de toutes les personnes de l'entourage, dans mon étude intitulée : Pour combattre les accidents de la Grossesse, favoriser l'Accouchement et éviter les suites de Couches.

Je n'ai pas la certitude absolue que l'on puisse à volonté, avoir des garçons ou des filles ; mais toutes mes observations m'indiquent que cela est possible. Il n'y qu'a y penser sérieusement et à le vouloir avec énergie plusieurs mois avant la conception, et jusque dans les premiers mois de la grossesse.

On facilitera l'action de la Pensée et de la Volonté en choisissant à l'avance le prénom du futur enfant. Cela me paraît jouer un rôle important dans la vie. C'est, d'ailleurs, ce qu'affirme de Rochetal dans son ouvrage : Le Caractère par le prénom. Empruntez-le, donc, à un personnage historique ou autre ayant les qualités et les aptitudes que vous souhaitez au fruit de vos amours. Evitez, surtout, le prénom d'une femme acariâtre ou d'un homme qui ne réussit à rien.

La nature confie presque exclusivement à la mère — qui doit allaiter l'enfant — les soins du premier âge. Elle devra s'y employer au mieux.

De la seconde enfance à l'adolescence, la direction de l'enfant appartient autant au père qu'à la mère. Tous les deux doivent observer certaines règles pour préparer un être fort et bien équilibré sous tous les rapports.

L'éducation de l'enfant commence dans le sein de la mère. Dès sa naissance, il lui faut de l'air, de la lumière et une chaleur modérée. Pour lui laisser la liberté de ses mouvements, on ne doit l'emmailloter que le moins possible et ne jamais le serrer. Dans la journée, il faut le laisser « gigoter » à son aise dans son berceau ; et, pour éviter les rhumes, ne le couvrir que le moins possible.

Lorsqu'il est sur le point de marcher seul, on doit, souvent, le placer à terre, sur une couverture, afin de lui permettre de faire des efforts qui exercent une grande influence sur son développement physique. Lorsqu'il a atteint quatre à cinq ans, ne rien négliger pour le rendre plus résistant. Il faut, en hiver comme en été, lui donner des lotions froides ou à peine « dégourdies », et l'habituer progressivement « à la dure ». S'il souffre, ne jamais le plaindre, et tout en lui donnant les soins que son état exige, lui affirmer que « cela n'est rien » et que, demain, il sera bien. En effet, rien n'est plus nuisible à sa santé que de le plaindre s'il est souvent malade et de se lamenter sur son sort.

A tout âge, le développement intellectuel de l'enfant est favorisé par les bons exemples qu'il voit autour de lui, beaucoup plus que par des paroles.

Il n'arrive presque jamais d'accident à l'enfant qui n'est pas surveillé, car il apprend lui-même à se diriger. J'estime que dès l'âge de six à huit ans, il faut lui laisser une certaine liberté ; et dans la rue. tout en attirant son attention sur le danger, le laisser, souvent, aller seul.

Que l'on sache bien que plus l'on est privé de liberté, plus on aspire à la prendre. C'est pour cela, qu'il faut, dans la plus large mesure possible, la laisser à l'adolescent, et se contenter de le guider et de le conseiller. Il faut, surtout, le prévenir de tous les dangers auxquels il est exposé

Pour le choix d'une carrière, le jeune homme et la

jeune fille doivent, être laissés entièrement libres, car la Réussite tient, surtout, aux dispositions et aux goûts que l'on apporte en naissant. D'ailleurs, ces goûts et ces dispositions s'observent, presque toujours, dans les jeux de l'enfance et il importe de les encourager. L'enfant sait, presque toujours, ce qu'il veut faire plus tard, car il est guidé par des connaissances antérieures qui cherchent à entrer en activité. Une anecdote historique, à ce sujet, pour terminer :

Après s'être amusés au jeu, un groupe d'enfants de cinq à huit ans se questionnaient sur la profession qu'ils voulaient exercer plus tard. L'un d'eux, qui se plaisait à enchevêtrer des bouts de bois, disait : « *Je veux être charpentier* » ; un bavard : « *Je veux être avocat* » ; un autre : « *Je serai marchand* » ; enfin, un autre qui jouait constamment aux soldats : « *Moi, je serai général* » Ce dernier était Marceau qui, à vingt-cinq ans, commandait une armée de la première République.

III. RESPIRATION PROFONDE

Respiration normale. — Respiration profonde. — Danse du ventre. — Hygiène de la respiration

Chez l'homme et les animaux supérieurs, la Respiration se fait par les poumons. C'est sous son action, au contact des lobules pulmonaires, que le sang veineux se transforme en sang artériel, en rejetant au dehors l'acide carbonique dont la dénutrition l'a chargé, pour se recharger d'oxygène.

Respiration normale. — La Respiration normale se fait en deux temps : 1° l'inspiration qui apporte de l'air frais, vivifiant et aussi pur que possible ; 2° l'expiration, qui chasse au dehors l'air impur et les gaz que l'organisme ne peut plus utiliser.

En venant au monde, l'enfant respire normalement de trente-cinq à trente-huit fois par minute. La respiration devient moins fréquente au fur et à mesure que l'on avance en âge, de telle façon que l'adulte respire, seulement, de dix-huit à dix-neuf fois. La maladie, les émotions violentes, la pression atmosphérique même modifient, plus ou moins, la fonction respiratoire.

Les poumons et le cœur, dont les fonctions respectives sont la respiration et la circulation, exercent réciproquement une très grande action l'un sur l'autre, de telle façon que le cœur bat toujours trop fort lorsque la respiration est précipitée et qu'il ne bat pas assez lorsqu'elle est trop faible. Le cœur bat environ quatre fois pendant que nous respirons une fois, c'est-à-dire pendant que nous exécutons complètement les deux temps de la respiration.

Le poumon et le cœur peuvent être considérés, dit Papus, comme deux roues à engrenages montées l'une sur l'autre, ce qui fait que toute augmentation dans le rythme respiratoire se trouve reproduite et multipliée dans le système cardiaque et, par suite, dans la circulation tout entière. La respiration est, donc, le grand balancier de l'organisme chargé de rétablir l'équilibre dès que cet équilibre est détruit par une déperdition dynamique quelconque. (Traité élément, de Magie prat., 1893, p. 142.)

La régularité de la respiration, qui se manifeste extérieurement par ce que l'on appelle le souffle, est le signe le plus apparent de la vie physique.

Après avoir formé l'homme du limon de la terre, le créateur l'anima, nous dit Moïse, en répandant sur lui un souffle de vie (Genèse, c. 2, v. 7).

Lorsque l'Ame abandonne le corps périssable à la terre qui l'a nourri, on dit, ordinairement, que nous exhalons le dernier souffle, que nous rendons le dernier soupir.

C'est par le souffle, de bouche à bouche, que les prophètes des Cévennes, célèbres au temps des Dragonnades, communiquaient l'inspiration prophétique aux croyants qui, jusque là, avaient échappé à cet effet de l'enthousiasme religieux ; c'est, aussi, par l'insufflation de bouche à bouche que certains exorcistes guérissaient les possédés.

Il est évident que lorsqu'on respire à pleins poumons,

on présente le plus ordinairement toutes les apparences de la santé physique ; tandis que l'essoufflement, l'oppression, comme la difficulté de respirer à un titre quelconque, indiquent, toujours, une faiblesse générale ou locale ; dans tous les cas, elle est l'indice d'un déséquilibre plus ou moins grand.

Les poumons, organes de la respiration, sont, donc, chez l'homme sain, robuste et fort, une importante source d'énergie qu'il peut utiliser pour lui, au point de vue purement physique d'abord, puis, comme on le verra plus loin, au point de vue psychique.

Les mouvements respiratoires ne se produisent pas de la même manière chez tous les individus ; ils sont, généralement, assez différents chez l'homme et chez la femme. Les physiologistes les classent en types abdominal, costo-inférieur et costo-supérieur.

Les figures 20 et 21, tirées du Dictionnaire de Médecine de Littré, édit. de 1886, montrent l'étendue des mouvements antéropostérieurs dans la respiration ordinaire et dans la respiration forcée.

Type abdominal. — Chez certains individus, la respiration calme ne se révèle que par le mouvement du ventre, qui devient saillant dans l'inspiration et se retire dans l'expiration. Ces mouvements trahissent les contractions et les relâchements alternatifs du diaphragme, qui, dans ces cas, ne fait que déprimer les viscères abdominaux. Les côtes semblent immobiles ; les inférieures seules sont entraînées au dehors et en bas, en suivant, au moment de l'inspiration, les mouvements des viscères abdominaux, qui dilatent les flancs en même temps qu'ils distendent la paroi antérieure du ventre.

Ce type s'observe constamment dans le premier âge,

quel que soit le sexe ; mais, au bout d'un nombre varia-
ble d'années, on voit s'établir des différences entre les
garçons et les filles. Le plus grand nombre de ces dernières perdent ce type qui persiste chez un grand nombre d'hommes. C'est le type de la respiration du lapin,
du chat, du cheval.

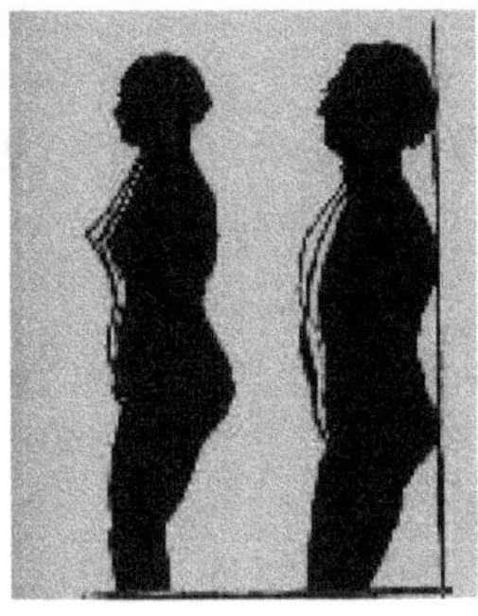

Fig. 20 et 21. Diagramme des divers types de respiration

Le trait, noir indique par ses deux bords les limites
de l'inspiration et de l'expiration ordinaires. La ligne
pointillée répond à l'inspiration forcée. Le contour de la
silhouette à l'expiration forcée.

Type costo-inférieur. — Les mouvements respiratoires sont très apparents au niveau des sept dernières
côtes ; ils diminuent à mesure qu'on remonte vers le
sommet de la poitrine, qui semble immobile. Le sternum est un peu porté en avant dans sa partie inférieure. La paroi abdominale est immobile ; parfois
même, elle s'aplatit pendant l'inspiration pour reprendre un état de gonflement à l'expiration. Ce type respi-

ratoire s'observe rarement chez la femme ; chez l'homme, il est à peu près aussi fréquent que le type abdominal. C'est le type de la respiration du chien.

Type costo-supérieur. — La plus grande étendue des mouvements a lieu sur les côtes supérieures, qui sont portées en haut et, en avant. La clavicule, le sternum et la première côte se soulèvent et ce mouvement se propage, mais en s'affaiblissant, de la partie supérieure à la partie inférieure de la poitrine. C'est le type respiratoire du plus grand nombre des femmes, type qui s'exagère encore par l'usage du corset. On l'observe également chez les femelles du plus grand nombre des mammifères, surtout vers la fin de la gestation.

La respiration se fait rarement d'une façon complète. Très souvent, la partie supérieure des poumons, la pointe, fonctionne à peine, et cette inertie est la cause directe ou indirecte du plus grand nombre des phtisies pulmonaires. C'est toujours dans cette partie affaiblie, atrophiée par le manque de travail, que se forment les tubercules qui envahiront, plus tard, les différentes parties de l'organe.

La respiration défectueuse ou incomplète est, non seulement la cause la plus ordinaire du plus grand nombre des affections chroniques des poumons, mais elle constitue l'une de celles qui, souvent, font naître ou entretiennent certains troubles de la circulation et de l'innervation. Elle est encore une cause directe de l'agitation ou de la timidité chez ceux qui ne sont pas maîtres d'eux-mêmes.

La Respiration normale, c'est-à-dire complète, a, donc, une importance considérable, pour les poumons d'abord, pour l'ensemble de l'organisme ensuite. Les médecins hygiénistes l'ont compris. Ils recommandent, à juste raison, de porter toute son attention à ce qu'elle soit faite complètement.

Ils prescrivent même la gymnastique respiratoire, qui consiste à associer à l'inspiration et à l'expiration certains mouvements des épaules, et, surtout, des mouvements d'élévation et d'abaissement des bras pour augmenter ou diminuer successivement la capacité de la cage thoracique.

Ces méthodes me paraissent excellentes, car elles donnent des résultats certains. Dans tous les cas, on recommande maintenant, presque partout, aux personnes faibles et débiles qui sont menacées de phtisie pulmonaire, de respirer aussi complètement que possible. Mais pour le plus grand nombre d'entre elles, les méthodes sont trop compliquées ; dans tous les cas, je préfère celle que je décris sous le nom de Respiration profonde.

Respiration profonde. — Les bons effets de la Respiration profonde sont connus depuis longtemps. Platon et Kant l'ont recommandée, en conseillant de garder l'haleine le plus longtemps possible.

Quelques auteurs américains affirment que la Puissance personnelle se trouve exclusivement dans l'air que nous respirons et que chacun de nous peut la prendre au moyen de la respiration pratiquée selon certaines règles.

Tout en étant exagérée, celte affirmation est en partie vraie. L'air atmosphérique, chargé du Magnétisme de la lumière solaire, saturé d'électricité et de ce magnétisme qui entraîne constamment l'aiguille aimantée dans la direction du Sud au Nord, rempli de gaz, de forces physiques et psychiques qui échappent à notre analyse, est, certainement, le réservoir le plus vaste et le mieux rempli que nous ayons à notre disposition pour y puiser librement certaines énergies qui nous sont nécessaires.

Depuis des milliers d'années, les Hindous pratiquent la respiration profonde et, de ce fait, ils sont parvenus à acquérir des pouvoirs, dont l'étendue tient du prodige. Ils admettent qu'à certaines heures et sous certaines influences, nous respirons par une narine seulement, tandis qu'à d'autres heures et sous d'autres influences, nous respirons par l'autre narine ; mais leur théorie est trop compliquée pour que je m'y arrête.

En s'habituant à respirer profondément, on peut parvenir rapidement à développer en soi la force physique et la force morale à un certain degré. Pour prendre cette habitude, je dirai que les exercices doivent se faire sans fatigue, que l'on doit s'exercer, d'abord, timidement, en quelque sorte à titre d'essai, puis, plus hardiment pour arriver à un entraînement progressif.

Préparation. — Avant tout, on doit chercher à respirer longuement d'une manière constante, uniforme, profonde, en donnant aux mouvements respiratoires le rythme lent et régulier des grands souffles. La poitrine et l'abdomen doivent se soulever et s'abaisser régulièrement, les épaules rester immobiles. La bouche doit être close pour laisser entrer et sortir l'air par les narines seulement, qui doivent se dilater et se contracter avec la régularité d'une machine de précision.

Les exercices de respiration profonde diffèrent de la respiration normale par la durée de l'inspiration et de l'expiration qui doivent être prolongées aussi longtemps que possible et séparées l'une de l'autre par un temps d'arrêt également aussi long que possible. Cet arrêt a pour but de garder l'haleine qui augmente la capacité pulmonaire, pour chercher à conserver normalement une certaine partie de cette augmentation momentanée. La respiration profonde peut être pratiquée à toute heure du jour ou de la nuit, debout, assis ou couché. Je donne, toutefois, la préférence à cette dernière position.

Exercices. — Etant confortablement étendu sur le dos, soit au lit, soit sur une chaise-longue, desserré et bien à son aise, détendre, d'abord, ses membres, relâcher ses muscles et chercher à se dégager, le plus possible, de ses liens physiques, puis, porter toute son attention sur la respiration que je divise en trois temps : l'inspiration, un temps d'arrêt, pendant lequel on conserve son haleine, et l'expiration.

L'inspiration doit se faire très lentement, en élevant progressivement la poitrine et l'abdomen comme pour les ouvrir et permettre à l'air d'y pénétrer plus profondément et en plus grande quantité, et lorsqu'on ne peut plus aspirer, on s'arrête pour garder l'haleine aussi longtemps que possible ; lorsqu'on ne peut plus la garder, on la rejette lentement par l'expiration, en abaissant la poitrine et l'abdomen, comme pour chasser tout l'air qu'ils contiennent ou pourraient contenir.

Il n'est pas aussi facile qu'on le pense de respirer ainsi, car on est toujours poussé à exécuter les mouvement beaucoup plus vite. Tous les efforts doivent, donc, être faits pour augmenter la durée des trois temps de la respiration profonde. Au début, les muscles de la figure se contractent et l'on se fatigue vite. Il faut se reposer, bien se persuader de l'importance de cet exercice et le recommencer pour se reposer encore. Les organes s'assouplissent peu à peu, les difficultés du début disparaissent et, au lieu de se fatiguer, on ne tarde pas à éprouver un sentiment de calme et de bien-être qui s'accompagne, toujours, d'une somme plus ou moins grande de force physique et, même, de force morale.

On s'astreint, par exemple, à respirer dix fois de

suite, sans s'arrêter, en mettant douze secondes pour exécuter l'inspiration, douze secondes pour l'arrêt et douze secondes pour l'expiration, soit en tout trente-six secondes.

Au bout de six à huit jours, au lieu de respirer dix fois de suite, sans se reposer, on respirera douze, puis quinze fois.

Plus tard, tout en laissant le temps d'arrêt à douze secondes, on portera la durée de l'inspiration, comme celle de l'expiration, à quinze, vingt et, même, à vingt-cinq secondes. On fera, d'abord, dix respirations complètes avant de se reposer, puis douze, quinze, dix-huit, vingt et, même, vingt-cinq. Il faut s'efforcer d'augmenter la durée de l'inspiration et de l'expiration, ainsi que le nombre des aspirations complètes, sans se reposer. On s'efforcera également d'élever et d'abaisser la poitrine et l'abdomen comme le montrent les fig. 20 et 21 pour la respiration forcée.

Il est bon de s'astreindre à taire tous ces exercices avec une seule narine, tantôt la droite, tantôt la gauche, en bouchant l'autre avec un doigt.

Les résultats de ces exercices sont prodigieux. Exécutés avec régularité, deux à trois fois par jour, pendant six à huit semaines seulement ils procurent un sentiment de force physique et morale que l'on était loin de soupçonner. Dès les premiers exercices l'expression du visage se modifie, le regard prend de l'assurance et le cœur se gonfle d'espérance. On se développe de jour en jour ; les forces physiques et morales grandissent, l'énergie s'accroît, l'activité redouble, tous les petits malaises que l'on pouvait éprouver disparaissent et la santé s'affermit. On se fatigue moins en exécutant des travaux pénibles ; on brave la chaleur et le froid sans crainte de jamais s'enrhumer. On est moins impressionnable, plus rassuré, plus hardi, et les émotions, qui laissaient leur empreinte pénible pendant un temps plus ou moins long, ne laissent plus que des impressions insignifiantes qui disparaissent rapidement. Pour développer l'énergie de la volonté, il suffit de s'astreindre à répéter les exercices quatre à cinq fois par jour, pendant douze à quinze minutes, en prolongeant de plus, mais avec une progression régulière, la durée de chacun d'eux ; et si l'on s'astreignait à les prolonger pendant des années, on obtiendrait des résultats prodigieux.

En procédant doucement et avec méthode, on peut améliorer presque toutes les affections organiques passées à l'état chronique et en guérir complètement un certain nombre, surtout celles des poumons, du cœur, de l'estomac et de l'intestin. Il en est de même de l'anémie, des troubles nerveux, des difficultés de la menstruation chez la femme et de tous les cas où la circulation se fait mal. On peut même vaincre les défauts de la prononciation, y compris le bégaiement ; et les journaux de médecine ont signalé un cas d'ozène, affection microbienne considérée comme incurable, complètement guérie en quelques mois. Lorsqu'on est obsédé par une idée que l'on ne peut pas chasser, cette idée disparaît comme par enchantement si l'on respire profondément trois à quatre fois de suite.

Danse du ventre. — Voyons, maintenant, comment on peut faire cesser les effets des émotions violentes qui n'auraient pas complètement disparu sous l'action de la Respiration profonde. Quelques mots de théorie sont, encore, nécessaires pour faire comprendre le mécanisme des moyens à employer pour cela.

Comme l'animal, l'homme a l'instinct de la conservation. En présence d'une cause qui met sa vie en danger ou menace seulement de lui causer une douleur ou même une sensation désagréable, il éprouve une émotion plus ou moins grande et, parfois, il a peur.

Les effets de l'émotion ne sont pas les mêmes chez tous les individus. Ceux qui sont Maîtres d'eux-mêmes gardent leur sang-froid au moment du danger, rassemblent leurs forces pour les employer utilement et même en empruntent d'autres au milieu ambiant. Au contraire, ceux qui manquent de Volonté ne conservent pas leur sang-froid ; ils s'affolent et sont maîtrisés par leurs impressions. Il en résulte, toujours, une incapacité plus ou moins grande de parer au danger et des troubles graves, tels que l'hystérie, l'épilepsie, la paralysie, la folie, la mort même peuvent en être la conséquence.

Dans les premiers cas, toutes les fonctions sont plus ou moins troublées ; la circulation et la respiration sont accélérées ; le cœur bat avec violence, la face pâlit, car les vaisseaux capillaires plus délicats du visage se contractent et refoulent le sang dans les parties profondes qui se congestionnent.

Les artères et les veines sont, alors, gorgées de sang et le cerveau, menacé d'apoplexie, peut perdre complètement son aptitude à gouverner l'organisme. La force nerveuse s'accumule dans les plexus, plus particulièrement au plexus solaire, et l'on éprouve une impression de trop-plein, de gêne, de malaise, d'anxiété plus ou moins considérable dans la région de l'estomac, qui semble avoir reçu un choc intérieur violent. Ces malaises durent plus ou moins longtemps. Lorsqu'ils se prolongent, on peut les faire cesser rapidement en rétablissant la circulation abdominale, qui est profondément troublée. Que faut-il faire pour cela ?

— D'abord ceux qui pratiquent la Respiration profonde selon les règles que je viens d'indiquer, deviennent de plus en plus capables de maîtriser leurs impressions. Les émotions légères qui laissaient, autrefois, à leur suite certains troubles n'en laissent plus, et les plus violentes, qui étaient suivies de troubles profonds, ne laissent plus que des malaises peu intenses. Ces malaises peuvent disparaître rapidement en pratiquant la Respiration profonde pendant six à huit minutes, après avoir relâché ses muscles pendant quelques instants. Mais il est un procédé bien plus expéditif, qui n'est qu'une forme de la Respiration : c'est ce que l'on pourrait appeler les premiers principes de la Danse du ventre.

Cette « *danse du ventre* » peut être pratiquée debout, assis ou couché, comme la Respiration profonde ; je préfère cette dernière position. On la fait également en trois temps : élévation, repos, abaissement ; mais chaque temps ne doit pas durer plus de deux secondes. Les mouvements d'élévation doivent correspondre avec l'inspiration ; l'abaissement avec l'expiration. Comme le montre la ligne pointillée de la figure 22, ils seront limités à l'abdomen, ou, tout au plus, à la partie inférieure de la poitrine.

L'effet est immédiat, et leur théorie, toute physiologique, est facile à comprendre : par les mouvements imprimés à l'abdomen, les surfaces intérieures glissent les unes sur les autres et se massent réciproquement ; l'effet de ce massage est de faire cesser la congestion et rétablir la circulation.

Une friction circulaire pratiquée sur l'estomac d'abord, puis sur le ventre, par une personne quelconque, produit un effet analogue, surtout si cette personne sait magnétiser.

La constipation habituelle cesse facilement sous l'action de la danse du ventre pratiquée pendant huit à dix minutes, deux à trois fois par jour.

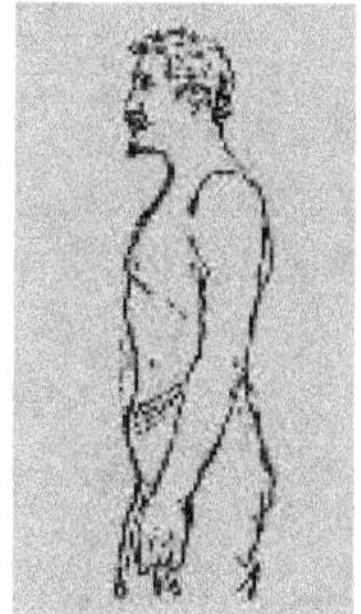

Fig. 22. Danse du ventre

Les peurs maladives, les phobies morbides peuvent, également, disparaître ; mais il faut pratiquer régulièrement la respiration profonde que l'on combine avec la danse du ventre, en s'aidant du raisonnement.

Hygiène de la respiration. — Le nez joue un très grand rôle dans la respiration ; c'est lui qui est chargé de filtrer l'air pour que le larynx et les bronches le reçoivent aussi pur que possible et à la température voulue. Si le nez est bouché, même incomplètement, il remplit mal ses fonctions, et l'on est exposé aux maux de gorge et d'oreilles, ainsi qu'aux affections pulmonaires. Il faut se moucher fréquemment jusqu'à ce que les narines fonctionnent librement. Si la respiration ne devient pas libre par ce moyen, il faut priser un peu de camphre, de tabac, de menthol mélangé avec de l'acide borique, et faire des irrigations nasales avec de l'eau salée (une cuillerée à dessert de sel de cuisine pour un demi-litre d'eau bouillie tiède). Si la difficulté persiste pendant plusieurs semaines en dehors de ce que l'on appelle vulgairement le rhume de cerveau, les fosses nasales peuvent être le siège d'obstacles matériels, de polypes, par exemple ; il faut, alors, s'adresser au chirurgien.

Il ne faut jamais serrer les deux narines en se mouchant, car le mucus nasal, violemment comprimé, peut être chassé dans l'oreille moyenne par la trompe d'Eustache et donner lieu à une otite qui pourrait entraîner la surdité. En soufflant, les narines doivent être largement ouvertes ; il est bon de les vider successivement l'une après l'autre. Pour cela, on en ferme une avec un doigt en soufflant fortement par l'autre.

Il est dangereux d'avaler le mucus nasal qui tombe dans la gorge ; car, chargé de principes toxiques destinés à être expulsés par le mouchage, il peut devenir une cause de maladie du tube digestif.

En général, notre santé est d'autant meilleure que nous respirons un air plus pur.

Dans une chambre étroite où couchent plusieurs personnes, l'air est rapidement vicié par l'acide carbonique provenant de l'expiration ; et, dans ces conditions, ce gaz est un poison pour l'organisme.

Il faudrait dormir dans une pièce vaste, bien aérée, exposée au soleil ; mais nous n'avons pas tous, loin s'en faut, l'avantage de posséder une chambre à coucher de cette nature. On peut remédier à cet inconvénient en prenant certaines précautions.

D'abord, coucher dans la direction du méridien, la tête au Nord et les pieds, au Sud, ou en cas d'impossibilité, la tête à l'Est et les pieds à l'Ouest (Voir, à ce sujet, ma Physique magnétique) ; s'habituer à coucher la fenêtre ouverte, en foute saison, et à ne craindre ni le froid, ni l'humidité. Néanmoins, par les froids intenses ou pendant la pluie, ceux qui ne voudront pas se hasarder à dormir la fenêtre ouverte, pourront la fermer ; mais ils devront prendre les précautions suivantes : laisser la porte de la chambre ouverte si possible et ne pas baisser le tablier de la cheminée, pour permettre à l'air de se renouveler. Ne pas laisser de poêle allumé dans la chambre pour dormir, car la combustion consomme de l'oxygène qui nous est nécessaire et laisse, souvent, à la place de l'oxyde de carbone qui nous empoisonne. Ne pas laisser de lampe ni même de bougie allumée, car pour brûler, une simple bougie consomme autant d'oxygène qu'un homme en utilise pour les besoins de sa respiration. Eloigner les animaux et passer les pots de fleurs dans une pièce voisine, car les uns et les autres respirent, et vicient l'atmosphère. La chambre ne doit contenir que les meubles indispensables et ne pas être garnie de tapis, de tentures à doubles rideaux qui sont des magasins à poussière, des nids à microbes et qui peuvent devenir des foyers d'infection.

La parole et le chant constituent pour les poumons une gymnastique naturelle. On devrait faire chanter les enfants dès le jeune âge car, par la respiration qu'il prolonge et rend meilleure, le chant bien compris est une source de force et de santé. Dans tous les cas, la phtisie pulmonaire ne se rencontre, paraît-il, que rarement chez les chanteurs de profession.

Pour respirer normalement, il est nécessaire de prendre une attitude correcte. Se tenir droit, la tête haute sans lever le nez en l'air, les épaules peu élevées et portées en arrière pour laisser la poitrine proéminente. On doit prendre cette position aussi bien assis que debout. Les vêtements doivent correspondre à cette position et le corset, chez la femme, ne pas y porter obstacle. Elle devrait même, surtout lorsqu'elle est jeune, ne pas en porter.

Exercez-vous à prendre cette attitude, et faites tous les efforts nécessaires pour la maintenir jusqu'à ce qu'elle devienne une habitude bien établie. Cela peut réclamer une attention consciente pendant un certain temps, mais ceux qui sont déjà maîtres d'eux-mêmes y parviendront facilement.

IV. REGARD MAGNETIQUE

Action du Regard. — Regard magnétique. — Comment l'acquérir. — Exercices préparatoires. — Exercices pratiques.

L'œil exerce une très puissante action et nous savons tous qu'il est certains individus dont on supporte difficilement le regard.

C'est par l'action de l'œil que le chien tient la perdrix en arrêt et que le serpent fascine l'oiseau et l'attire à lui. Chez le dompteur, l'œil constitue l'arme qui en impose le plus aux fauves de la ménagerie.

On a remarqué que le regard de certaines personnes produit une action désagréable et même nuisible, et l'on a donné à cette action le nom de mauvais œil. En exagérant cette propriété de l'œil considérée sous son plus mauvais aspect, on comprend sans peine, qu'au temps de la sorcellerie, on ait cru à la puissance des jettatores, c'est-à-dire au pouvoir de certains sorciers qui passaient pour jeter des sorts par l'action maléfique de l'œil.

Si l'on admet que l'œil de certaines personnes peut en influencer d'autres d'une façon désagréable, on peut admettre aussi que le regard doux et bienveillant d'un individu sympathique, dont la santé est bien équilibrée, peut exercer une action salutaire.

En effet, comme je l'ai démontré dans mes Théories et procédés du Magnétisme, le regard qu'on laisse tomber à une distance de quelques mètres, doucement, mais avec une certaine énergie, dans un but déterminé, exerce une action des plus évidentes que le magnétiseur applique constamment à la guérison des maladies.

Le regard de certains animaux exerce même sur nous, dans certaines circonstances, une action assez énergique.

J'ai connu une jeune femme sensitive qui se plaisait à contempler les boas du Jardin des Plantes, probablement parce qu'elle y éprouvait des effets analogues à ceux de la magnétisation.

Placée à environ un mètre de la cage du reptile, si celui-ci la regardait fixement, elle était attirée et venait, bientôt, se coller contre le grillage. Il fallait l'enlever de là et lui souffler sur le front pour la ramener à son état normal, car elle était, au bout de quelques minutes seulement, dans un état plus ou moins avancé du sommeil magnétique.

Van Helmont a écrit que si l'on enferme un crapaud dans un vase assez profond pour qu'il ne puisse en sortir et qu'on le regarde fixement, il fait tous ses efforts pour s'échapper ; mais, n'y parvenant pas, il se retourne, vous regarde à son tour fixement, s'irrite, et tombe mort au bout d'un temps plus ou moins long. L'abbé Rousseau, un capucin littérateur, qui fut médecin de Louis XIV, vérifia, sous différentes formes, l'observation de Van Helmont et la trouva en partie exacte. Après avoir répété l'expérience un certain nombre de fois, il observa que, parfois, le crapaud mourait, mais que, souvent aussi, il résistait à l'épreuve. Si nous croyons ce que l'expérimentateur raconte dans un ouvrage intitulé : Secrets et Remèdes éprouvés, qu'il publia à Paris, en 1697, une de ces expériences faillit lui être fatale.

Autant que je puisse m'en rappeler, voici ce qui lui arriva. — Un crapaud, probablement plus robuste que les autres, tout en donnant des signes d'une grande surexcitation, résista à l'action meurtrière de l'expérimentateur qui, subissant à son tour l'action de l'animal, tomba sans connaissance ; son domestique le trouva à demi-mort quelques heures plus tard. Revenu à lui, il se rappela que le crapaud furieux dardait sur lui ses yeux menaçants, qu'au bout d'un moment il se sentit maîtrisé par une force qui semblait émaner de l'animal, qu'il voulut résister, et que, vaincu par un malaise étrange, il s'affaissa.

Si l'œil est susceptible d'exercer une action aussi puissante, il doit pouvoir rendre de très grands services, surtout lorsque la personnalité magnétique est développée à un certain degré.

De tous les moyens dont dispose l'homme pour influencer les autres, dit Atkinson, le regard est certainement le plus puissant. Il ne sert pas seulement à retenir l'attention de la personne avec qui l'on converse et, par conséquent, à faciliter l'influence que l'on peut exercer sur elle ; il est, aussi, une puissance propre qui peut, quand elle est bien comprise et bien dirigée, agir directement sur l'interlocuteur. Il attire, il fascine, il subjugue ceux-là même qui sont les plus capables de résistance et de lutte.

Le regard, lorsqu'il a atteint toute la force de pénétration et d'influence dont il est susceptible, est une arme redoutable. C'est lui qui transporte, qui communique aux autres les vibrations de la pensée et le fluide vital dont le cerveau est comme un réservoir... Appliquée aux bêtes féroces, cette force du regard est souveraine.

Elle arrête, refoule, accable, anéantit) la bête meurtrière. Elle n'a pas moins d'action, ni moins d'effet sur les hommes, mais elle doit être bien appliquée et bien dirigée (La Force-pensée).

REGARD MAGNÉTIQUE. COMMENT L'ACQUÉRIR. — Atkinson admet que le regard magnétique n'est point naturel à l'homme et qu'il ne s'acquiert que par l'étude et par l'effort. Lorsqu'il est acquis, s'il est « *concentré sur la personne que l'on veut influencer, il exerce une action analogue à la fascination ou à l'attraction hypnotique... Il est l'expression d'une volonté forte par des yeux dont les muscles et les nerfs ont été développés progressivement, et qui sont arrivés à un degré de fixité et de force exceptionnel* ».

Pour acquérir le regard magnétique, et devenir capable d'influencer par ce moyen ses semblables, selon ses désirs, il est, de toute nécessité, de s'exercer, et même de s'entraîner à réaliser un certain nombre d'exercices, et, surtout, à les exécuter avec fermeté et intelligence, comme pour faire pénétrer son action à l'intérieur. Il faut y mettre beaucoup d'énergie et de persistance, mais tous les efforts doivent se faire intérieurement, sans aucun clignement des paupières, sans la moindre concentration des muscles de la figure, et, même, sans que la moindre tension d'esprit ne se révèle au dehors. La respiration sera régulière, et l'expression du visage calme et tranquille, comme celle que l'on prend naturellement lorsqu'on voit se passer quelque chose d'agréable.

Afin de développer la puissance magnétique de l'œil, je divise les entraînements à faire en exercices préparatoires et en exercices pratiques.

Exercices préparatoires. — I. Prendre une feuille de papier et dessiner au centre un rond noir d'un centimètre de diamètre ; la fixer au mur, à une hauteur de un mètre vingt environ. S'asseoir bien à son aise, à deux mètres de la feuille, bien en face, et fixer le rond noir aussi longtemps que possible, en ne pensant qu'à cela et sans permettre aux yeux de s'en écarter. Si le besoin d'un clignement se fait sentir, il faut lever légèrement la paupière pour l'éviter.

Ceux qui ont l'habitude de magnétiser et ceux qui sont parvenus à s'isoler et à ne penser qu'à ce qu'ils font, comme je l'indique plus loin, feront, de suite, cet exercice sans grande fatigue pendant deux à trois minutes, et ne tarderont pas à le faire facilement, pendant cinq, dix, quinze minutes et, même, davantage. Ceux qui commenceraient leur développement magnétique par cet exercice y parviendraient plus difficilement. Pour éviter un excès de fatigue inutile et même nuisible, ces derniers feront bien de s'habituer à fixer, d'abord, le point noir pendant une minute seulement, à l'expiration de laquelle ils se reposeront, pour recommencer trois à quatre fois de suite. Lorsqu'ils seront parvenus à faire cet exercice avec aisance quatre à cinq fois de suite pendant une minute, ils s'habitueront à le faire pendant deux minutes et à se reposer une minute pour recommencer deux à trois fois, dans les mêmes conditions. Augmenter, ensuite, progressivement la durée de l'exercice pour parvenir à le faire facilement, sans aucun repos, pendant cinq, dix et, même, quinze minutes.

Ceux qui ne parviendraient pas à concentrer leur pensée sur l'unique idée de regarder le point noir pourront, pour s'aider, compter mentalement 1, 2, 3, 4, 5, et ainsi de suite, jusqu'à ce que la fatigue arrive. Ils parviendront assez facilement à compter jusqu'à 100, puis jusqu'à 200, 300 et même 500. Parvenus là, sans avoir cessé de fixer le point noir dans les conditions prescrites, ils s'efforceront ensuite de le fixer en comptant jusqu'à 600, puis jusqu'à 700, et, ainsi de suite, jusqu'à 1.200 ou même 1.500.

Cet exercice ne se fait certainement pas sans ennui et sans fatigue, mais il faut surmonter toutes les difficultés. C'est à ce prix que l'on développe la Puissance magnétique du regard et que l'on augmente l'énergie de la Volonté.

— II. Pour s'habituer à regarder de côté sans en avoir l'air, déplacer la feuille de papier d'un mètre vers la gauche, s'asseoir sur la chaise, dans la position de l'exercice précédent, et fixer le point noir, en dirigeant le regard obliquement, sans que la face s'éloigne de la première position.

Placer la feuille à un mètre à droite de la première position et répéter l'exercice en dirigeant le regard obliquement vers la droite, toujours sans que la face cesse d'être dans la première position.

Répéter ces exercices l'un après l'autre, jusqu'à ce que l'on puisse les exécuter sans fatigue pendant cinq à six minutes.

— III. Remettre la feuille de papier à la place qu'elle occupait lors de la première expérience, s'asseoir en face et regarder fixement le point noir, tout en déplaçant circulairement la face de gauche à droite pendant quelques instants, puis de droite à gauche. Cet exercice assouplit et fortifie les muscles des yeux.

— IV. Remplacer, sur le mur bien éclairé, la feuille de papier par une glace, ou mettre celle-ci sur une table devant soi, à une distance de cinquante à soixante centimètres, et diriger le regard sur son image, à la racine du nez, entre les deux yeux, comme si on voulait voir un point à l'intérieur du cerveau.

Cet exercice est très important, car en dehors de la culture du regard proprement dite, il permet de s'habituer à soutenir le regard des autres et de corriger les imperfections de son expression.

Ces quatre exercices peuvent être pratiqués debout ; et ceux qui ne les trouveraient pas suffisants pour le développement de leur regard magnétique pourraient en imaginer d'autres. Lorsqu'on est parvenu à les faire tous aisément pendant dix à douze minutes, on est fort, bien préparé pour réussir, de suite, presque tous les exercices suivants.

Fig. 23. Culture du regard fixe central.

Exercices pratiques. — I. Etant dans un salon, à l'église, au théâtre ou dans tout autre lieu de réunion où plusieurs personnes sont assises l'une devant l'autre, fixer dans le dos une personne placée devant vous, à une distance de deux et même quatre mètres, en concentrant toute votre énergie sur l'idée d'agir sur elle et de la faire retourner. Si la personne sur laquelle vous agissez est impressionnable et sensitive, le but, sera sûrement atteint en moins d'une minute. Si elle n'est que fort peu impressionnable, il faudra un temps sensiblement plus long, mais il est rare que le résultat, désiré ne soit pas obtenu en trois ou quatre minutes. On voit, d'abord, la personne visée faire quelques mouvements d'épaule et de légers tressaillements, comme si elle éprouvait un petit chatouillement. Cette sensation grandit, devient plus nette, plus gênante et l'oblige, presque toujours, à porter la main au point visé, ou, plus souvent, encore à se retourner comme si, ayant conscience qu'on la touche, elle voulait empêcher celle action.

On peut diriger l'action des deux yeux sur les deux omoplates ou la réunir en un point, par exemple, sur l'une des premières vertèbres dorsales.

— II. Ayant réussi un certain nombre de fois l'expérience précédente lorsque vous-même et le sujet, restez en place, vous pouvez, hardiment, tenter la même expérience lorsque vous êtes en marche, dans la rue par exemple. Pour cela, restez à une distance de deux mètres environ derrière la personne que vous choisissez pour sujet d'expériences, marchez au même pas qu'elle et fixez votre regard dans le dos, avec la même énergie et la même intention. A votre grande surprise, vous verrez que, très souvent, trois à quatre fois sur cinq, la personne visée se retournera au bout de quelques minutes, vous regardera, souvent d'un air accusateur, comme si elle comprenait que c'est vous qui l'incommodez.

— III. Réussissant bien la dernière expérience, on peut, la personne marchant devant vous dans les mêmes conditions, vouloir qu'elle se retourne à droite ou à gauche. En formulant clairement dans sa pensée, l'idée de droite ou gauche, on parvient assez facilement à ce que le sujet se retourne comme on le veut.

— IV. Dans une voiture publique, choisissez une personne assise sur la banquette opposée à la vôtre, mais dont la place se trouve sensiblement à droite ou à gauche de celle qui est directement en face de vous. Simulez, si vous le voulez, de regarder droit devant vous, de façon à lui laisser croire que vous ne la voyez point ; mais regardez-la obliquement, dirigez sur elle un courant mental aussi fort que possible et dites-vous, avec toute l'énergie dont vous êtes capable, que vous voulez qu'elle regarde dans votre direction. Si l'expérience est bien faite, le résultat est invariable : la personne que vous aurez choisie pour sujet vous regardera inévitablement. Parfois, son regard ne semblera pas s'adresser à vous et vous effleurera à peine, mais souvent, ce regard sera vif, concentré et aigu, comme si votre sujet avait conscience de l'influence que vous exercez sur lui. La personne obéissant, ainsi, à votre demande mentale paraîtra, le plus souvent, embarrassée et nerveuse lorsqu'elle rencontrera votre regard ; elle aura le sentiment d'une force qui la domine, d'une volonté qui l'étreint, et son attitude exprimera fort bien ce sentiment (Atkinson).

— V. Mettez-vous à votre fenêtre et regardez une personne qui vient. Si vous la fixez avec une énergie suffisante en exprimant la volonté qu'elle lève la tête et vous regarde, elle le fera presque invariablement. Sept fois sur dix au moins, elle obéira à votre appel mental si votre puissance magnétique est arrivée à un degré de développement suffisant. Ce résultat dépendra, dans une certaine mesure, du choix de votre position. Il sera, par exemple, beaucoup plus sensible et beaucoup plus prompt si vous vous tenez à une fenêtre du premier étage, que si vous étiez au quatrième, par exemple.

L'expérience peut être faite avec le même succès dans des conditions inverses. Le sujet peut être non plus la personne qui passe, mais celle qui est assise à la fenêtre. Dans ce cas, le fluide agit de bas en haut, l'opérateur est en mouvement, tandis que le sujet est assis (Atkinson).

Deux éléments d'action entrent en jeu dans la dernière série d'expériences : la Puissance magnétique du Regard et la Concentration de la Pensée. Lorsque ces expériences ont réussi une fois sur deux seulement, on a conscience que l'on peut dominer les autres et leur imposer sa volonté dans une très large mesure. D'autres expériences sont, alors, faciles à faire pour vérifier ce pouvoir. Que l'on choisisse pour sujet d'expériences un ami ou une personne quelconque et que l'on veuille obtenir de lui un service ou, mieux encore, un objet quelconque dont il ne voudrait pas se séparer. On concentre sa pensée sur l'idée qu'il doit remettre cet objet et, sans qu'il se doute de l'action que l'on veut exercer, on se place en face de lui, et tout en causant de la satisfaction que l'on éprouverait si on avait, l'objet, ne fut-ce que pendant quelques instants, on fixe le sujet de l'expérience, avec douceur et persistance, comme pour faire pénétrer dans son cerveau l'idée de remettre l'objet.

Si la pénétration du regard est suffisamment développée et si la Concentration de la Pensée est assez grande, on remarque, bientôt, que chaque parole exerce sur le sujet une sorte d'effet physique qui va droit au but que l'on veut atteindre. L'interlocuteur, qui ne tarde pas à être subjugué plus ou moins complètement, abdique, et finit par vous abandonner l'objet que vous désirez. Votre expérience est réussie, vous n'avez plus qu'à lui remettre l'objet qu'il vous a abandonné contre son gré. Il ne faut pas renouveler cette expérience souvent, par simple curiosité, car, redoutant votre Pouvoir, on se méfierait de vous.

Les différents auteurs ne sont pas d'accord sur la manière d'exercer le regard magnétique. Atkinson veut qu'on fixe ses yeux dans les yeux de l'interlocuteur, tandis que Turnbull préfère que l'on fixe un point imaginaire, à la racine du nez, entre les deux yeux. C'est ce dernier mode d'action que je préfère, car je le crois plus intense d'abord, et il a certainement ensuite l'immense avantage de ne pas laisser supposer à l'interlocuteur que l'on fait une expérience ; par conséquent, celui-ci n'oppose aucune résistance à votre action.

Si les résultats que je viens d'énoncer peuvent être obtenus — et l'on peut avoir la certitude absolue de les obtenir avec un peu d'entraînement, — on peut facilement comprendre de quelle importance ils sont, même dans les circonstances ordinaires de la vie. En voici un exemple typique que j'emprunte à Turnbull.

Fig. 24. Pour faciliter une entrevue difficile

Prenons le cas, dit-il, où l'on désire faire une bonne impression en dépit des circonstances. Supposez que vous êtes sur le point d'avoir une entrevue avec un homme dont la personnalité semble, toujours, peser sur vous. Supposons encore que cet individu appartient à l'espèce connue de l'homme au regard insolent, aux manières brusques, au cou de taureau : un homme d'importance dans son milieu, mais entièrement dépourvu de sentiments délicats... C'est une torture, comme on peut bien le concevoir, pour une personne de sentiments fins et élevés, d'avoir affaire à un tel individu surtout quand il s'agit de lui demander un service ou une faveur... Vous pouvez, cependant, manier ce type d'individu très aisément... Vous apparaissez devant lui sous un jour modeste et vrai, sentant avec raison que vous pourriez vous présenter sous un jour plus favorable si vous le vouliez. Le fait même d'être conscient de cela, est une force qui se montre sur votre visage malgré vous, et vous aide à influencer ou à repousser la force contraire dont vous allez, bientôt, soutenir le choc... Il faut que votre attitude ne décèle aucun signe d'impatience ou de gêne ; montrez-vous agréable, reposé, sûr de vous-même, et ne soyez ni gauche, ni importun.

Lorsque vous lui parlez, regardez-le bien en face, entre les yeux, c'est-à-dire à l'endroit où le nez prend sa racine (fig. 24). Imaginez que vous êtes à regarder juste là, un point infiniment petit, et que vous voyez le point faible de votre individu, puis parlez comme si vous vous adressiez à ce point, entre les yeux de l'homme. Regardez ce point avec calme, mais sans le fixer et sans froncer les sourcils. Vous vous apercevrez, bientôt, que votre homme paraît gêné et que son regard devient fuyant et incertain. Forcez-le à vous regarder, forcez-le à vous fixer pendant que vous parlez, mais aussitôt qu'il parle à son tour, baissez ou détournez les yeux. Regardez son gilet, tout excepté ses yeux. Ecoutez respectueusement et, lorsque vous recommencez à parler, cherchez encore le petit point entre les yeux. Faites tout cela sans qu'il paraisse, car il ne doit aucunement, soupçonner que vous lui faites subir une épreuve quelconque. Il faut que le calme soit votre note dominante.

Quel que soit le résultat de votre entrevue, soyez convaincu que cet homme se souviendra de vous ; vous lui avez fait une impression plus profonde qu'il ne veut l'admettre lui-même (Cours de Magnétisme personnel).

De l'observation précédente, il résulte que pour exercer toute la Puissance dont on peut être capable, on doit influencer la personne sur laquelle on agit sans qu'elle s'en doute, car elle ferait certainement des efforts pour résister ; au besoin, elle se retirerait, et le but serait manqué. Il faut, en même temps, beaucoup de tact et de prudence.

L'auteur précédent, qui l'a très bien compris, s'exprime, ainsi, en parlant du Regard fixe central :

Ne commettez pas l'erreur de vous en servir, indistinctement, à toutes les occasions. Servez-vous en uniquement pour faire une impression quand vous le désirerez. Il arrive, quelquefois que l'impression qu'on veut faire est trop forte ; ne vous mettez pas dans ce cas. Servez-vous de votre force avec tact et discrétion. Le charme attire : faites, en conséquence, une impression agréable. Lorsque vous essayez de vous rendre aimable dans une compagnie ordinaire, votre physionomie doit exprimer l'intérêt. Rien ne décèle plus le manque de dignité que de sourire perpétuellement ; ayez, donc, une expression naturelle, celle que vous auriez, par exemple, en voyant tranquillement se passer quelque chose qui vous intéresse. Servez-vous constamment du Regard fixe central, mais soutenez-le d'une manière digne et agréable. Vous donnez, ainsi, une impression de bonne humeur doublée de Puissance.

La discrétion est, ici, un devoir absolu. En principe, le développement de l'influence personnelle, surtout celle du regard, et, plus particulièrement, leur application à la domination des autres, doivent être tenus dans le plus grand secret, car vos meilleurs amis se méfieraient de vous, vous craindraient et, même, redouteraient votre présence s'ils vous supposaient capables de les soumettre à votre volonté. D'autre part, raconter à tous ce que l'on fait et ce que l'on veut faire c'est gaspiller inutilement sa force.

Quelques personnes portant des lunettes, peuvent se demander si cet instrument n'est pas susceptible de faire dévier la puissance magnétique de l'œil. Je ne le pense pas. Tout me porte même à admettre que si on voit distinctement le point que l'on vise, elles aident à la concentration sur ce point des rayons magnétiques émanant des yeux ; d'autre part, elles dissimulent, les efforts extérieurs que l'on peut faire, surtout au début, et l'interlocuteur n'en est que moins porté à la méfiance.

Quelques-uns de ceux qui ne comprennent pas les principes du Magnétisme personnel pourraient peut-être induire des dernières expériences que lorsque la Pénétration du regard et la Concentration, de la pensée sont suffisamment développées, on peut, obtenir des autres tout ce que l'on veut, même contre leur propre intérêt ; qu'on pourrait les obliger, par exemple, à vous remettre tout ou partie de leur fortune. C'est une erreur profonde. D'abord, il ne viendra jamais à l'idée d'un magnétiste, développé d'après les principes contenus dans cet ouvrage, de profiter de sa Puissance pour commettre une mauvaise action ; ensuite, si par le fait de circonstances imprévues et exceptionnelles, il en commettait une, il ne tarderait pas à perdre la plus grande partie de la Force qui attire, naturellement, à lui les bonnes choses à l'exclusion des mauvaises et à devenir la première et la principale victime de son indélicatesse.

Que chacun sache bien que l'homme magnétique a,
toujours, présent à l'esprit l'idée de ne jamais faire à
autrui ce qu'il ne voudrait pas qu'on lui fit.

Fig. 25. L'homme développé domine la nature entière
(Extrait du Théosophist)

V. POUR VAINCRE LE DESTIN

L'Idéal. — L'Art de réussir. — Pour être heureux.

Le Destin (du verbe destiner) est, selon les fatalistes, l'enchaînement nécessaire et inévitable des événements qui se succèdent sans interruption.

D'après les anciens, le Destin donne à chaque individu, au moment de sa naissance, la part de bien ou de mal qui lui revient, sans changement possible. Ses conditions étaient réglées d'avance par les grandes divinités. Celles-ci, presque impuissantes à modifier sa marche et ses manifestations, le subissaient aussi dans une certaine mesure : « Zeus lui-même était soumis au destin. »

C'est la personnification de la destinée qui, aujourd'hui encore, selon la croyance populaire, soumet non seulement l'homme à la fatalité, mais la nature entière (fig. 25).

Le Destin, qui est impitoyable pour la plante, l'animal et l'homme inférieur, n'existe presque plus pour l'homme supérieur qui, en apprenant peu à peu à dominer et à diriger les événements, a su conquérir l'empire de la nature.

Les premiers, sans cesse ballottés par les circonstances les plus diverses et, même, les plus opposées, incapables de prévoir et de résister, peuvent être et sont souvent précipités fatalement, au gré de ce que l'on appelle improprement le hasard, sur les récifs de la vie, où ils se brisent, comme un navire désemparé sur les rochers où le jette la tempête. Mais dès que l'homme a appris à prévoir quelques événements, il diminue, déjà, les effets de la fatalité ; et lorsqu'il dirige sérieusement son Evolution, il commence à prendre une place spéciale dans la nature. Au lieu d'être le jouet, des événements, il les dirige dans une certaine mesure. Dans tous les cas, même sans s'en rendre compte, il attire naturellement à lui les bonnes choses de la vie et repousse les mauvaises. Au lieu d'être dominé par les forces brutales de la nature, c'est lui qui commence à les dominer et à les soumettre.

Le Hasard n'existe pas ; c'est un mot qui n'exprime que la somme de notre ignorance. Tout effet à une cause ; et, même avec les connaissances bornées que nous possédons, on peut, très souvent, établir celle-ci, car tout s'enchaîne ; le présent est la conséquence naturelle du passé, comme l'avenir, préparé par le présent est sous sa dépendance. Donc, ce n'est ni le Hasard ni le Destin qui nous condamnent à des malheurs qui semblent inévitables, mais c'est bien évidemment notre imperfection, notre imprévoyance, notre méchanceté et tout l'ensemble des fautes et des mauvaises actions que nous avons commises antérieurement.

Cet état de malchance où l'adversité nous frappe à coups redoublés peut être atténué dans un délai relativement court, par la mise en jeu de notre volonté ; et, avec le temps, nous pouvons en détourner le cours presque complètement ; de malheureux que nous sommes, nous pouvons ainsi devenir heureux.

C'est l'énergie jointe aux qualités du caractère qui décident de notre destinée.

L'homme n'a pas été jeté dans la vie sans armes, dit Atkinson. Il a reçu en don la volonté et, par elle, il est le maître de sa destinée. Par elle, il peut la diriger dans tel ou tel sens, la conduire vers tel ou tel but, lui donner telle ou telle signification.

Quels que soient les milieux que l'on considère et les hommes que l'on interroge, cette vérité apparaît universelle.

En affaires, par exemple, ce sont les qualités de l'esprit, les attributs du caractère, les tendances du tempérament qui déterminent le succès. C'est l'énergie, c'est le courage, c'est la confiance, c'est l'ambition, c'est l'obstination qui conduisent l'homme à travers une alternative de succès et de revers, au but final et lui permettent de résister aux circonstances et aux événements. C'est par toutes ces qualités, qui sont éparses en lui et que la volonté rapproche et coordonne, qu'il peut combattre le mal et en triompher (La Force-pensée).

Pour éviter les conséquences de la fatalité qui pèse réellement sur le plus grand nombre d'entre nous, il est indispensable de développer le Magnétisme personnel, en nous soumettant à une bonne hygiène physique et morale et à des exercices appropriés, pour jouir d'une santé aussi parfaite que possible ; en faisant le bien et en évitant le mal ; en étant sages, prévoyants et en sachant, par une volonté active, diriger constamment le courant de nos pensées vers un Idéal susceptible de nous conduire au but que nous voulons atteindre.

L'idéal est ce que l'on a dans l'Idée, ou tout au moins ce qui tient là une place dominante.

Dans les Beaux-Arts, l'Idéal constitue l'image mentale, le modèle intérieur que le peintre et le statuaire se font d'un objet réel, d'après lequel ils dessinent ou sculptent la représentation artificielle de cet objet, tels qu'ils le voient, ou, tout au moins, tel qu'ils le comprennent. Le romancier et l'auteur dramatique se créent un Idéal des personnages qu'ils veulent mettre en action, des caractères qu'ils veulent leur donner et des paysages qu'ils imaginent pour les encadrer. Selon Victor Cousin, l'Idéal, « c'est l'échelle mystérieuse qui fait monter l'Ame du fini à l'infini ».

Pour établir son Idéal sur des bases solides, il faut y penser sérieusement pendant longtemps. Méditer sur les avantages et les inconvénients qu'il présente, pour ne l'accepter que si les premiers l'emportent sur les seconds. D'ailleurs, nos dispositions et nos goûts nous dirigent, presque toujours, vers l'Idéal qui nous convient et que nous pouvons réaliser. Celui-ci étant définitivement accepté, il faut établir un plan d'exécution aussi complet que possible et le suivre, coûte que coûte, sans se laisser décourager par les obstacles que l'on pourrait, rencontrer sur sa route, pour ne voir que le résultat final, c'est-à-dire le but à atteindre.

Les inconvénients de chaque jour, difficiles à prévoir, obligent, toutefois, d'apporter certaines modifications à ce plan, tout au moins dans ses petits détails.

Rien n'est plus désastreux que de s'engager dans une voie et de la quitter pour en suivre une autre, c'est-à-dire d'abandonner son plan, car on perd un temps considérable et une somme formidable de travail qui conduisent, presque fatalement, à l'insuccès. En voici la raison :

Un architecte, chargé de construire un édifice pour un usage déterminé, établit, d'abord, dans son intellect, un plan très détaillé ; puis, par le dessin, il reproduit ce plan sur plusieurs feuilles de papier. Ces deux plans, intellectuel et physique, sont en même temps, sans qu'il s'en doute, édifiés en un seul dans l'invisible par ses pensées. Ce dernier est plus qu'un plan, c'est un véritable édifice construit avec de la matière astrale qui est aussi réelle que la pierre, le sable et la chaux qu'il emploiera, bientôt, pour exécuter son plan physique.

Ainsi, le monument astral est édifié avant le monument physique. Le premier est plus que le modèle du second ; c'est son « double », existant par lui-même, animé, vivant et exerçant une action directe sur la construction de celui-ci. L'édifice astral, visible pour les hauts sensitifs, est devenu l'Ame de l'édifice physique.

Or, si le plan d'exécution est modifié dans ses grandes lignes, l'édifice astral, en grande partie renversé, ne sera reconstruit qu'avec de longs et pénibles efforts, car son Ame, créée par la Pensée constructive de l'architecte établissant son premier plan, agit sur lui sous forme de puissantes incitations, qui, contrarient, pendant longtemps, l'établissement du second plan. C'est même pour cela que, parfois, ne parvenant pas à l'achever, il revient au premier qui, finalement, lui paraît préférable. Tous les psychistes sont parfaitement d'accord sur ce point.

En effet, on dit constamment que l' « *on revient toujours à sa première idée* » ; et cela est presque toujours vrai. En voici la raison : l'idée, bonne ou mauvaise, que nous avons eue a été fixée dans notre intellect par nos pensées. Cette idée, simple d'abord, en a attiré d'autres semblables ; et, ainsi fortifiée, comme une véritable suggestion étrangère, elle ne cesse pas un seul instant. d'agir sur nous.

Il n'y a pas deux individus qui puissent avoir le même Idéal, car si le but visé est à peu près le même pour tous, il présente des aspects différents pour chacun. Ce but peut être représenté par une montagne éloignée, couronnée de plusieurs sommets dont l'un constitue le véritable but de l'un d'entre nous, tandis qu'un autre le sera pour un second ou un troisième. Ensuite, la réalisation n'est pas la même pour tous, car ils ne suivront pas la même voie pour arriver au même sommet.

Dans l'acception propre du mot, il n'y a pas de modèle à donner à chacun pour l'établissement de son Idéal, mais, seulement, des indications générales pour tous. C'est ce que je vais faire le plus simplement possible.

Un idéal doit être le but de la vie entière. Je dirai même qu'il doit s'étendre à la vie astrale où l'on digère ce que l'on a acquis en celle-ci, et à la vie mentale où l'Ame assimile le produit de cette digestion pour le transformer en facultés avec lesquelles nous renaîtrons dans une prochaine existence terrestre. J'irai plus loin encore en affirmant que l'Idéal doit s'étendre jusqu'à la prochaine incarnation pour laquelle nous devons affiner les divers matériaux qui serviront à la construction de nos différents corps, car non seulement on doit semer pour récolter, mais il faut, faire beaucoup de semailles et beaucoup de récoltes pour parvenir au but final.

Il est, donc, indispensable d'avoir beaucoup de Prévoyance, de Patience, de Persévérance, d'Opiniâtreté, même pour vaincre les difficultés de la route que l'on choisit et, marcher droit au but avec la Confiance la plus absolue.

Pour cela, ne mettre aucune précipitation dans ce que l'on fait, réfléchir des jours, des semaines et même des mois avant de modifier les lignes secondaires de son plan. Au début de ma carrière magnétique, ma nature intrépide me poussait à prendre des résolutions rapides. Il en est résulté de graves inconvénients dont, le plus terrible fut une faillite dont je dus me réhabiliter à grands frais. Cet accident fut peut-être un bienfait, car il m'obligea à réfléchir plus longuement ; et, depuis, sans cesser un seul instant de marcher résolument vers mon but, j'ai réussi au delà de tous mes désirs.

Ceux qui savent penser doivent, avant tout, se faire un Idéal élevé, tendant à orienter leurs Aspirations vers la Perfection ; puis, un Idéal secondaire dirigé vers le professorat, les sciences, la médecine, les arts, ou n'importe quelle profession libérale. Ils obtiendront tout ce que leur raison peut désirer, car leur individualité magnétique étant très développée, ils attirent à eux les bonnes choses de la vie et repoussent naturellement les mauvaises, sans rien faire de spécial pour cela.

Avec le premier Idéal à un degré moins élevé mais visant néanmoins la conquête de certaines grandes facultés de l'Ame, d'autres, moins développées, pourront choisir le commerce et l'industrie, on ils réussiront fort bien, surtout si, ne mettant pas leur intérêt, matériel au premier plan, ils cherchent à faire mieux que leurs concurrents sous tous les rapports.

Enfin, les employés et même les ouvriers intelligents doivent viser à une situation de chef de bureau ou d'atelier, de contremaître, de chef de division ou de directeur, en cherchant, sans cesse, à acquérir les aptitudes indispensables pour diriger raisonnablement leurs inférieurs.

En somme, à tous les degrés de l'échelle sociale. il est indispensable de chercher à s'élever au-dessus de sa situation actuelle en ne pensant qu'à ce que l'on veut devenir.

Ainsi, quoique cela ne soit pas enviable, celui qui veut devenir riche ne doit penser qu'à la richesse, et mettre l'idée de réussite dans toutes ses pensées et dans toutes ses actions.

Celui qui veut un jour commander une armée doit s'inspirer des grands hommes de guerre, surtout de César et de Napoléon. Il doit méditer longuement sur leur caractère et leurs qualités, étudier à fond tous leurs ouvrages, non seulement pour les comprendre parfaitement, mais, aussi, pour lire leur pensée entre les lignes.

Celui qui veut devenir un artiste doit s'inspirer des œuvres de Phidias, de Raphaël, de Michel-Ange, de Rembrandt et des grands peintres et. sculpteurs de tous les temps. Ceux-ci ont développé un Idéal avant d'être capables de le réaliser ; tous se sont exercés à cela pendant de longues années ; enfin, par un travail patient et persévérant, ils sont parvenus au but qu'ils voulaient atteindre.

Le développement de l'individualité qui nous conduit peu à peu vers la perfection n'a pas de limites, car l'éternité s'étend devant nous. Quel que soit le degré de notre développement, quelles que soient les hauteurs où nous nous trouvions, il y a encore et il y aura toujours des sommets plus élevés que nous devons atteindre plus tard. Travaillons, donc, sans cesse, à notre développement, avec la certitude absolue que le plus petit de nos efforts ne sera jamais perdu, et que nous en profiterons dans un avenir plus ou moins éloigné.

Mais beaucoup de personnes malheureuses diront, certainement, que le malheur est trop grand et qu'il dure depuis trop longtemps pour qu'elles puissent le surmonter ; par conséquent, qu'il est inutile de chercher à en sortir. Ce raisonnement est faux. Il paraît, pourtant, évident que si une personne a été très malheureuse pendant soixante ans, par exemple, elle reste presque impuissante, malgré ses efforts, pour améliorer sérieusement les jours qui lui restent à vivre, car ce qu'on appelle improprement le Destin, pèse trop lourdement sur elle. Malgré cela, ses efforts ne seront pas perdus, car rien, ne se perd ; si elle en profite peu pendant le reste de sa vie actuelle, elle en bénéficiera largement plus tard.

Pour bien comprendre cette vérité, il faut admettre que la mort n'est qu'un changement d'état sans être la fin de la vie ; et faire entrer dans son credo la pluralité des existences terrestres. On comprend que nos existences antérieures ont préparé l'existence actuelle, comme celle-ci prépare celles qui viendront plus tard. Nous ne sommes ni récompensés, ni punis de nos bonnes et de nos mauvaises actions comme l'enseigne le christianisme, mais celles-ci sont les causes directes et inévitable de notre bonheur ou de notre malheur ; en un mot, ce sont elles qui font notre Destinée. Comme cette dernière nous appartient en propre, c'est à nous de la diriger, selon nos aptitudes, vers le but que nous désirons atteindre. Nous sommes comme le laboureur qui cultive son champ pour l'ensemencer et faire ensuite sa récolte. Mieux le champ est cultivé, mieux la semence est choisie, plus la récolte est abondante. Sachons, donc, cultiver le champ de notre destinée. Semons de bonnes pensées. Faisons de bonnes actions. Nous récolterons en abondance la Réussite et le Bonheur.

Nous en récolterons presque immédiatement une partie dans cette vie et nous récolterons plus tard le reste dans une autre. C'est cette loi de la Nature qui permet de comprendre pourquoi les uns naissent dans l'aisance avec tous les attributs d'une bonne « *destinée* », tandis que d'autres, déjà marqués au front par un « *destin fatal* », naissent dans le bourbier de la misère dont ils ne pourront sortir qu'avec de longs et pénibles efforts, car, selon l'expression des sages de l'Inde, ils épuisent leur mauvais Karma.

Hâtons-nous, donc, d'abandonner les pensées de malveillance, de haine, de tristesse, de découragement et de maladie, pour les remplacer par celles de Bienveillance, d'Amour, de Gaîté, de Courage, d'Espérance et de Santé, car, nous le savons déjà, les premières, qui sont négatives et destructives, conduisent fatalement au malheur, tandis que les secondes, positives, constructives, assurent la Réussite et le Bonheur.

Depuis l'antiquité la plus reculée, les philosophes admettent à juste raison que l'homme est ce qu'il pense, car il devient peu à peu ce qu'il veut être. C'est en faisant allusion à cette vérité que l'Evangile nous dit « qu'il faut bâtir soi-même sa maison dans les cieux », c'est-à-dire chercher à se faire, dès maintenant, ce que l'on veut devenir. Les cieux ne sont pas dans une partie quelconque de l'espace ; ils sont ici et partout où l'on sait assurer son Bonheur.

Pour se faire une heureuse « *destinée* », les moyens que j'ai indiqués précédemment, ajoutés à ceux qui vont suivre, suffisent amplement à tous ceux qui veulent sérieusement en prendre la direction. Ils ne tarderont pas à constater que leurs forces physiques et morales, ainsi que leurs aptitudes se développent, que leur jugement devient plus sain, que la considération que l'on avait pour eux grandit, que leur intuition les dirige vers des voies plus fécondes ; et ils verront bientôt, avec satisfaction, que les bonnes choses de la vie commencent naturellement à venir à eux.

Quoique la Réussite et le Bonheur soient inséparables de la « *Destinée* », je vais traiter plus amplement de ces deux aspirations.

L'art de réussir. — Depuis qu'on s'intéresse au Magnétisme personnel, un grand nombre d'auteurs, très diversement recommandables, ont développé ce sujet sous ses formes les plus variées.

Ce que je vais dire à ce sujet s'adresse à toutes les classes de la Société : au riche cherchant un Idéal pour occuper ses loisirs, aux gens aisés qui désirent une profession libérale, comme aux gens du peuple qui sont forcés d'embrasser une carrière quelconque, de se livrer à des travaux d'intelligence ou à des travaux manuels, de faire des entreprises desquelles ils attendent, sinon la fortune, tout au moins une large aisance qui leur permettra d'élever leur famille dans de bonnes conditions. Je ne traiterai pas ici des moyens de satisfaire toutes les aspirations ; mais, à titre d'exemple ou de modèle qui servira pour chacune d'elles, en y apportant quelques modifications insignifiantes, je vais traiter plus en détail de la Réussite dans les affaires en général, et des moyens qui me paraissent les plus certains et les plus faciles à mettre en pratique, surtout pour ceux qui sont déjà familiers avec les règles du Magnétisme personnel.

« La Fortune sourit aux audacieux », disaient les anciens ; Garfield a dit depuis : *« on n'attend pas après la Fortune, on marche à elle. »*

L'audace, qui est le résultat d'une volonté brutale et irréfléchie, loin de conduire toujours à la réussite, est souvent, au contraire, susceptible de mener à la ruine l'audacieux qui ne possède pas d'autres qualités à un degré plus ou moins élevé. C'est, tout au plus, si elle est recommandable pendant quelques courts instants, pour enlever une affaire.

Une volonté réfléchie, persistante, est toujours nécessaire pour assurer la Réussite dans la profession que l'on choisit, comme en général dans toutes les affaires commerciales, industrielles ou autres que l'on entreprend.

Pour que le jeune homme puisse réussir dans la profession qu'il choisit, il est indispensable qu'il ait bien étudié ses aptitudes et qu'il se soit demandé, pendant un certain temps, si cette profession lui convient réellement. Pour cela, il lui faut consulter ses goûts, ses tendances, ses forces, ses aptitudes et même ses défauts, car nous avons tous des dispositions spéciales qui nous permettent d'arriver, plus ou moins vite et plus ou moins bien, à une situation enviable, tandis que, malgré notre bonne volonté, nous ne ferions que de végéter dans une autre. C'est ainsi qu'un mauvais médecin, qui ne sait ni guérir ses malades, ni retenir sa clientèle, aurait pu faire fortune dans le commerce ou dans l'industrie ; un avocat qui ne réussit pas au barreau aurait pu faire un excellent médecin, un ingénieur fort ingénieux ou un architecte modèle.

Afin que chacun puisse trouver la bonne place qu'il doit occuper, il faut rompre avec les traditions de famille qui veulent que le fils embrasse la carrière du père, surtout lorsque celle-ci a amené la fortune ou, seulement, le bien-être et l'aisance à la maison. En raison du milieu où il a été élevé, le fils peut avoir les mêmes aptitudes que le père, et faire fortune à son tour ; mais il peut aussi avoir des aptitudes diamétralement opposées et n'être capable, dans la voie suivie par le père, que de dissiper maladroitement son héritage. On observe ces faits partout, dans toutes les classes de la société, et ils parlent assez d'eux-mêmes pour que je me dispense d'en citer des exemples détaillés.

Avant d'embrasser une carrière quelconque : libérale, artistique, littéraire, administrative, commerciale, industrielle ou autre, il faut, d'abord, songer à se mettre à la hauteur de sa tâche, en connaissant celle-ci jusque dans ses moindres détails, car il est évident que si on ignore quelques-uns de ceux-ci, on est, souvent, exposé à se tromper ou à se laisser tromper. Il faut, en même temps, orienter le courant de ses pensées vers le but que l'on veut atteindre. Dès que la voie à suivre est choisie, et que ce but est visé, il est indispensable de ne plus penser qu'à cela, ou tout au moins de ne penser à aucune autre fondation importante. On ne doit regarder ni à droite ni à gauche, et, surtout, ne pas se retourner en arrière, si ce n'est pour constater le chemin que l'on a déjà parcouru.

Pour cela, une condition est absolument nécessaire, c'est de vouloir. Mais il ne suffit pas de dire du bout des lèvres : « *je veux* ». Il faut que la volonté parte des replis les plus profonds de la conscience et qu'elle prenne naissance dans un vif désir du succès ; qu'elle soit calme, constante, uniforme, et que, sans orgueil, mais avec une noble fierté, l'on ait la plus grande confiance en sa valeur personnelle, en l'efficacité des moyens que l'on emploie ou que l'on se propose d'employer, et que l'on ait la certitude, la plus absolue, de la Réussite.

Avec tout cela, il faut encore du Courage, du Bon sens, une certaine Ambition, ne serait-ce que pour satisfaire son amour-propre, de la Constance, de la Persévérance, de la Ténacité, de l'Obstination même. C'est par l'ensemble de ces qualités que le jugement et la volonté coordonnent et rassemblent en un faisceau, comme une lentille convexe rassemble à son foyer les rayons lumineux et magnétiques qui la traversent parallèlement à son axe, que nous devenons capables non seulement de nous diriger, mais de vaincre tous les obstacles pouvant se dresser sur notre chemin, sans jamais nous empêcher de viser le but que nous voulons atteindre.

Il est bien évident pour tous qu'au début de la vie commerciale, industrielle ou autre, ce sont les employés les plus courageux, ceux qui ont le plus de persévérance et qui travaillent le mieux, qui sont les plus recherchés, les mieux payés et les plus susceptibles d'avancement rapide. L'ambition, lorsqu'elle ne dépasse pas l'ensemble des autres qualités, est, ici, une qualité de premier ordre qui est toujours essentiellement utile. Ainsi, le petit employé qui débute à treize ou quatorze ans dans une maison quelconque doit chercher à faire plus et mieux que ses égaux, afin d'être remarqué et désigné le premier pour un emploi plus élevé et mieux rétribué. Il doit avoir l'ambition de devenir un employé modèle parmi ceux qui sont plus anciens que lui. Son désir ne doit pas se limiter là ; il doit viser à devenir chef de rayon, de service ou de bureau. Toujours par son travail et son mérite, il doit viser plus haut encore, et chercher à devenir l'auxiliaire le plus indispensable du patron ou du directeur, et, même, à remplacer celui-ci lorsque l'occasion se présentera. C'est avec ces dispositions ambitieuses et d'autres qui viennent les favoriser, qu'un petit employé peut devenir l'associé et, même, le directeur d'une grande entreprise où l'on fait fortune, et qu'un individu ayant la basse des affaires établit, avec quelques centaines de francs, un commerce minuscule qui grandit rapidement et finit par constituer une maison colossale. Sans parler des milliardaires américains qui sont devenus « les rois » de tel commerce ou de telle industrie, à Paris, Potin avec son épicerie, Ruel avec le Bazar de l'Hôtel de Ville, Chauchard et Boucicaut avec les Grands Magasins du Louvre et du Bon Marché, en sont des exemples frappants.

Pour parvenir à de tels résultats, une instruction supérieure n'est pas nécessaire, mais ce qui est indispensable, c'est une instruction spéciale, extrêmement solide, se rapportant directement et presque exclusivement à la connaissance des articles que l'on veut exploiter. Cette instruction, que l'on acquiert parfois très rapidement comme employé dans d'autres maisons, doit être secondée par le bon sens, par une volonté puissante et d'autres qualités déjà citées.

Avant d'entreprendre une affaire importante, il faut y penser souvent, concentrer ses pensées sur l'objet principal et le méditer pour fixer dans son intellect tous les éléments utiles qui s'y rapportent, et rejeter les mauvais. Dans tous les cas, avec des alternatives de repos et d'activité bien calculées, il est indispensable de ne pas la perdre de vue, ne serait-ce qu'une seule journée. Gœthe prépare sa conception de Faust pendant trente ans ; et c'est en y pensant toujours que Newton vérifie sa découverte de la gravitation universelle.

Lorsqu'après mûre réflexion, un projet d'entreprise est établi, on doit faire un plan d'exécution aussi complet que possible sans être trop compliqué, et l'avoir très fréquemment devant les yeux de l'imagination dans tous ses moindres détails. Nous savons que la Pensée est un acte qui commence. C'est un embryon qui cherche à se développer. En y pensant souvent, cet acte embryonnaire devient un acte réel ; en répétant cet acte, il devient une habitude ; et si cette habitude est maintenue, elle ne tarde pas à faire partie intégrante de nous-mêmes. S'exécutant presque toujours d'une façon automatique, elle exerce une influence considérable sur notre destinée, et décide, souvent, de notre avenir. C'est la Réussite avec le Bonheur, ou la malchance avec le malheur qui nous poursuit jusqu'au delà du trépas.

Il est, donc, de toute nécessité, lorsqu'on a arrêté définitivement un projet et fait le plan de celui-ci, de ne pas l'abandonner pour penser à une autre affaire du même genre ou à une nouvelle entreprise.

Tout en pensant, souvent, à ce plan, comme je l'ai déjà dit, il ne faut pas toujours y penser, car on finirait par se fatiguer, et comme le corps n'est que l'instrument de l'esprit, celui-ci ne pourrait plus employer l'autre utilement. Donc, s'il est indispensable de travailler pour réussir, il est non moins indispensable de se reposer. Quelques heures de promenade à bicyclette ou autrement, où l'on ne pense qu'à se reposer ou à s'amuser, ne sont jamais perdues pour le travail. Nous savons que l'élaboration des pensées se continue dans des conditions bien meilleures, sous la direction de l'inconscient, pendant que l'intelligence est occupée à autre chose, pendant que nous ne pensons à rien, et, surtout, pendant que nous dormons.

Il y a, donc, un très grand avantage, le soir, au lit, de méditer sérieusement pendant vingt à trente minutes, sur le plan de son projet, et à s'endormir en ne pensant à rien, conformément aux principes exposés dans le chapitre traitant de l'ISOLEMENT.

Pour; obtenir le plus grand succès possible dans une affaire quelconque, dit Mulford, pour faire de très grands progrès dans un art, pour favoriser une cause, il est absolument nécessaire, chaque jour, à de certains intervalles de temps, d'oublier totalement tout ce qui se rapporte à cette affaire, à cet art ou à cette cause, afin de reposer l'esprit et d'amasser des forces fraîches pour un nouvel effort.

Ressasser constamment le même projet, la même étude, la même spéculation qu'on doit faire ou ne pas faire, c'est gaspiller cette force sur la roue du moulin qui tourne dans le vide. Nous nous répétons ainsi toujours la même chose. Nous édifions pour la centième fois avec cet invisible élément pensée toujours la même maison, et la deuxième est, déjà, l'inutile répétition de la première.

Celui qui est enclin à penser continuellement au même sujet, à en parler toujours, à ne jamais le perdre

de vue ; qui ne peut, à cause de cela, suivre le ton général d'une conversation ni prendre intérêt à ce qui se dit
autour de lui, et qui ne peut causer que de cela ou bien
alors se taire, celui-là est en grand danger de devenir
un monomane.

Dans la journée, à plusieurs reprises, on peut trouver
un repos d'une grande valeur dans l'isolement répété
une ou deux fois chaque jour, pendant huit à dix minutes. Atkinson trouve ce moyen de repos dans la concentration en pensant à un sujet plus ou moins différent.

L'homme est, par essence, un être limité, dit-il. Le
repos lui est nécessaire. La méthode de concentration le
lui assure et, par là, elle peut ajouter aux bienfaits que
nous avons indiqués. Si vous êtes physiquement épuisé
par un long effort ou par un labeur excessif, il vous suffira de vous asseoir sur une chaise ou dans un bon fauteuil et de vous détendre. Vous en recueillerez un bénéfice immédiat. Vos muscles se détendront, vos nerfs
s'apaiseront et tout votre être sera comme noyé de langueur. Mais, en même temps, votre pensée, en se ra-
massant sur un des objets que vous avez en vue, sur un
des desseins que vous poursuivez, vous facilitera la tâche du lendemain et en assurera le succès. Vous serez
moins exposé aux accidents, aux aventures et aux abî-
mes où l'homme peut si facilement rouler, et votre marche se poursuivra sans encombre. C'est, ainsi, que vous
aurez, à la fois, travaillé à votre repos et à votre intérêt,
puisque, sans fatigues nouvelles, vous aurez préparé les
efforts ultérieurs et les étapes successives qu'il vous
reste à accomplir. Comme l'homme se récrée d'une occupation par une autre, vous serez récréé d'une pensée
par une autre. Chaque pensée, en effet, qui agit affecte
une cellule du cerveau. Si l'action qu'elle exerce sur
celle-ci se prolonge, la cellule ne tarde pas à connaître
non seulement la fatigue, mais l'épuisement. Il importe
donc que les pensées se succèdent pour que les cellules

cérébrales alternent dans leur fonctionnement. Il se peut que l'une des cellules que vous avez affectées ait une tendance à poursuivre son travail, mais si vous êtes capable de vous concentrer, vous n'aurez aucune peine à la retenir, à l'immobiliser, et, au bout de quelque temps, il y aura pour elle complète détente, c'est-à-dire repos complet. C'est exactement ce qui se passe lorsqu'après une longue journée d'efforts ou de soucis, vous prenez, pour vous distraire, un roman intéressant. La lecture de ce roman ne va évidemment pas sans fatigue, mais cette fatigue affecte non pas les cellules cérébrales que vous voulez relever, mais celles auxquelles vous n'avez rien demandé. De sorte que celles-là se reposent et se détendent pendant que celles-ci se fatiguent. Et le résultat final est une sorte d'équilibre, une sorte d'harmonie physique qui crée le bien-être et le repos (p. 93).

Une des conditions les plus indispensables pour agir dans la plénitude de sa force, c'est d'être calme, car l'agitation irraisonnée porte à faire beaucoup d'actes auxquels on n'aurait jamais dû songer.

Les puissants, dit l'auteur précédent, sont ceux qui ne se départissent jamais de leur sang-froid, que rien n'émeut que rien n'irrite et qui montrent, en toute circonstance, une physionomie souriante et un front serein (p. 54).

A ce sujet, en dissertant sur les avantages de la méditation, Payot, recteur de l'Université de Chambéry, nous dit ce qui suit :

L'agité a besoin d'agir ; son activité se traduit par l'action fréquente, incohérente, au jour le jour. Mais comme tous les succès de la vie ne s'obtiennent que par la continuité des efforts dans une même direction, cette agitation bourdonnante fait beaucoup de bruit, mais peu de besogne, surtout de bonne besogne, peu ou point. L'activité orientée sûre d'elle-même, implique la méditation approfondie. Et tous les grands actifs comme Henri IV et Napoléon ont, avant d'agir, longuement réfléchi, soit par eux-mêmes, soit par leurs ministres. Qui ne médite pas, qui n'a pas toujours présent à la mémoire le but général à poursuivre, qui ne cherche assidûment les meilleurs moyens pour atteindre les fins partielles, devient nécessairement le jouet des circonstances ; l'imprévu le trouble et l'oblige, à chaque instant, à donner des coups de barre qui finissent par lui faire perdre la direction générale à suivre. Toutefois, nous le verrons, l'action doit, toujours, suivre la réflexion méditative : toute seule, celle-ci ne suffit point, quoiqu'elle soit la condition nécessaire de toute vie féconde (Education de la volonté, 1905, p. 109).

Le même auteur compare, avec juste raison, le calme nécessaire à la réussite, avec la condition la plus indispensable à la cristallisation.

En chimie, dit-il, si dans une solution contenant plusieurs corps en saturation, on plonge un cristal, des profondeurs de la solution, les molécules de même nature que le cristal, mues par une attraction mystérieuse, viennent se grouper, lentement autour de lui. Le cristal s'accroît peu à peu, et si le calme a duré des mois, on obtient ces admirables cristaux, qui, par leur volume et leur beauté, font la joie et l'orgueil d'un laboratoire. Trouble-t-on à chaque instant le travail en agitant le liquide ? Le dépôt se fait irrégulièrement, le cristal est mal venu et demeure très petit. II en va de même en psychologie. Maintient-on au premier plan de la conscience un état psychologique quel qu'il soit, insensiblement, par une affinité nom moins mystérieuse que l'autre, les états intellectuels et les états affectifs de même nature viennent se grouper autour de lui. Si cet état est maintenu pendant longtemps, il peut organiser autour de lui une masse considérable de puissances, acquérir d'une façon décisive, une souveraineté presque absolue sur la conscience, et faire taire tout ce qui n'est pas lui. Si cette « cristallisation » s'est opérée lentement, sans à-coups, sans interruption, elle prend un caractère de solidité remarquable. Le groupe ainsi organisé a quelque chose de puissant, de calme, de définitif. Et notez qu'il n'est peut-être pas une idée qui ne puisse, si nous voulons, se créer en nous en un « clan » très considérable. Les idées religieuses, le sentiment maternel, et même les sentiments misérables, honteux, comme l'amour de l'argent pour l'argent, peuvent monter en nous à la toute puissance (Education de la volonté, p. 94).

Dans son Cours de Magnétisme personnel, Turnbull est, encore, plus affirmatif :

L'homme, dont la force volonté, dit-il, est la plus efficace n'est point celui qui serre les dents, roule ses yeux, prend un air menaçant, endurcit ses muscles et se met brutalement à l'oeuvre. Il peut réussir, mais il gaspille son énergie et ne peut lutter avec l'homme calme, tranquille et confiant en lui-même. Celui-ci se met résolument à l'oeuvre. Il accueille l'insuccès avec un sourire et recommence avec patience parce qu'il a foi dans sa propre puissance pour réussir. Il ne transforme pas cette force en combat comme l'autre individu le fait ; il n'y voit simplement qu'une manifestation d'activité intelligente, dont le résultat ne peut être que le succès.

En visant, toujours, le but qu'il veut atteindre, le commerçant, l'industriel, comme tous ceux qui possèdent l'influence personnelle ou qui travaillent à l'acquérir, doit toujours être de la plus scrupuleuse honnêteté et faire tout son possible pour ne jamais nuire à autrui. Atkinson insiste, en ces termes, sur ce point :

Nous y insistons d'autant plus que nous avons en vue l'intérêt de l'opérateur, aussi bien que l'intérêt de son sujet. Il n'est pas douteux, en effet, que si l'opérateur réservait ses moyens d'influence à des fins condamnables, il compromettrait infailliblement, non seulement son autorité et son prestige, mais la source même de sa puissance. Il pourrait réussir provisoirement mais son échec final serait inévitable. Nous pourrions le démontrer rationnellement, si cette démonstration me nous paraissait pas inutile. Nos lecteurs n'ont, certainement pas besoin qu'on leur prouve qu'une puissance qui a été donnée à l'homme pour des fins supérieures, ne peut pas être mise au service de bas intérêts ou de villes passions. Mais il n'est pas défendu de la faire servir à des intérêts légitimes et à des desseins honorables.

L'opérateur peut fort bien, par exemple, l'affecter à un but commercial. S'il traite avec quelqu'un et si ce quelqu'un n'entre pas dans ses intérêts et dans ses vues, il lui sera parfaitement permis d'user de sa puissance magnétique pour réduire l'hostilité qu'il rencontre ou avoir raison de la résistance qu'on lui oppose. Toutefois, dans ce cas encore, l'opérateur ne doit jamais poursuivre qu'un but honorable. La probité est un devoir, surtout en affaires, et le vol n'a jamais d'excuses. Si, donc, la puissance magnétique était affectée à quelque dessein malhonnête, l'opérateur serait parfaitement répréhensible et il aurait à souffrir quelque jour du mal qu'il aurait commis en proportion même de ce mal. C'est cette pensée que traduit, sous une autre forme, le vieux diction : On ne récolte que ce que l'on a semé. Du reste, nous parlons, ici, hors de propos, car l'expérience a démontré que ceux qui ont acquis, dans toute son étendue et dans sa pleine efficacité, la puissance de la volonté, ne sont jamais tentés d'en faire un mauvais usage. Instinctivement, ils la destinent à des fins élevées et à un but moral (La Force-pensée).

Mulford en explique parfaitement la raison dans un chapitre intitulé la Loi du Succès :

Lorsqu'on est dans un état d'esprit confiant, décidé, calme, et qu'on a en vue un projet déterminé basé sur le droit et la justice, on met en mouvement un silencieux courant extrêmement puissant qui attire les personnes dont la coopération est nécessaire. Si votre projet n'est pas basé sur le droit et la justice, vous mettrez encore en mouvement cette même force silencieuse, mais qui, cette fois, n'amènera pas de résultats bénéfiques.

Il est impossible d'obtenir de succès durable par fourberie et par ruse : car on attire à soi, en vertu de la même loi, les fourberies et la malhonnêteté des autres. On œuvre, alors, avec les malhonnêtes gens, car ceux-ci, en vertu d'une loi naturelle, s'assemblent toujours. Mais, tôt ou tard, ils se nuiront mutuellement d'une manière quelconque.

L'argent est indispensable à la satisfaction de nos besoins matériels. Quoiqu'il soit méprisable par lui-même, il faut, donc, l'aimer dans une certaine mesure, mais ne jamais le mettre au premier plan de son idéal, car il ne fait presque jamais le bonheur. On doit, avant tout, viser un but humanitaire. Pour vendre beaucoup, le commerçant doit vendre meilleur et moins cher que ses concurrents ; l'industriel doit, toujours, livrer des produits de qualité supérieure, en ayant, l'un et l'autre la certitude absolue que s'ils réussissent, comme l'affirme le proverbe, « l'argent leur viendra par surcroît ».

Il est une qualité nécessaire dont je n'ai pas encore parlé d'une façon suffisante : c'est l'Espérance. Kant l'appelait la bienfaitrice de la vie. Si l'espérance est aussi salutaire, c'est parce qu'elle est la plus douce des passions expansives et en même temps, la plus constante, car elle n'abandonne jamais celui qui souffre. Elle reste au fond de la boîte qu'Epiméthée eut l'imprudence d'ouvrir. Elle berce l'homme, même sur ses vieux jours, et l'accompagne jusqu'au terme de la vie. Aussi l'a-t-on appelée à juste titre « la nourrice de la vieillesse ».

C'est cette noble qualité qui fît dire à l'auteur de la Henriade :

> *Du Dieu qui nous créa, la clémence infinie,*
> *Pour adoucir les maux de cette courte vie,*
> *A placé parmi nous deux êtres bienfaisants,*
> *De la terre à jamais aimables habitants.*
> *Soutiens dans les travaux, trésors dans l'indulgence :*
> *L'un est le doux sommeil, et, l'autre l'espérance !*

Pour terminer cette étude relative à l' « *Art de réussir* », je fais encore appel à l'autorité d'Atkinson pour exposer les effets désastreux de la crainte et de la haine.

La crainte détruit l'énergie, la haine « *déshumanise* » l'homme. L'une l'épuisé, l'autre le perd. Par la première, il tombe, de degré en degré, dans l'abattement, le désespoir, l'impuissance. Par la seconde, il se dépouille de son humanité ; il se rabaisse au niveau des bêtes ; il étouffe en lui tout germe moral ; il détruit de ses propres mains les dons que Dieu lui a donnés (La Force-pensée).

La crainte paralyse l'initiative, amollit le caractère, endort l'énergie, dégrade tout l'individu. Des milliers de gens voient leur carrière brisée par elle. Ils avaient tout pour réussir : l'intelligence, l'ambition, la santé, mais une double force leur a manqué : le courage de vouloir et la force d'agir. S'affranchir de la crainte est, donc, pour l'homme qui veut réussir, une nécessité impérieuse. C'est par cette libération qu'il se préparera à tous les devoirs qui lui incombent, à toutes les responsabilités qui pèsent sur lui. Libre de déployer toutes ses ressources d'intelligence, d'énergie et de vigueur, il se trouvera, en toute circonstance, à la hauteur de sa tâche. Il ne craindra pas d'agir, il ne s'effraiera pas d'avancer. Il se souviendra que la vie n'est, en somme, qu'une longue ascension vers un but un peu vague et que l'homme qui demeure en chemin ne remplit ni sa tâche ni son devoir.

Mais ce n'est pas, seulement, contre le devoir que la crainte conspire, c'est aussi, contre le bonheur. L'homme, dont l'esprit est sans cesse assailli d'inquiétudes ne peut jouir de rien. Possède-t-il quelque chose ? Il craint de le perdre. En désire-t-il une autre ? Il désespère de l'obtenir. Sa vie n'est qu'un long cauchemar, et ses nuits, comme ses jours, sont peuplés de fantômes (p. 81).

Pour achever de se débarrasser de ces deux entraves à la Réussite, je l'ai déjà dit, il ne faut pas les attaquer de front, en affirmant : *« Je ne veux plus rien craindre »*, *« je n'aurai plus de haine pour personne »* ; mais il faut, en appelant à son aide l'autosuggestion, avec absorption de l'énergie, la concentration, la transformation des forces, mettre à la place deux qualités opposées et se considérer comme si on les possédait déjà.

POUR ÊTRE HEUREUX. — Qu'est-ce que le Bonheur, qu'est-ce que le Malheur ? Voilà deux mots qui ne sont pas définis et qui ne donnent qu'une idée très imparfaite de ce qu'on veut leur faire dire.

Le bonheur et le malheur n'existent pas par eux-mêmes. Ils indiquent deux conditions de l'existence qui sont, en apparence, très différentes l'une de l'autre, mais qui dépendent des circonstances et des individus, car ce qui fait le bonheur de l'un, fait, parfois, le malheur de l'autre. Ces conditions sont, donc, en nous et non pas hors de nous. Elles sont établies par notre manière de les concevoir, par nos habitudes, notre caractère, et, aussi, par notre santé physique et morale. C'est, ainsi, que certains individus se considèrent comme très heureux dans une modeste situation, tandis que certains autres sont réellement malheureux tout en possédant la fortune, l'estime et la considération de leurs concitoyens.

Entre le riche efféminé, superbement vêtu, qui ne pense qu'à des plaisirs égoïstes et le pauvre couvert de haillons, quoique honnête encore, le contraste est frappant.

Enervé par ses excès, souvent mécontent, le premier ne tarde pas à être blasé sur tout et à ne plus s'intéresser à rien. Obligé d'être de toutes les premières qu'il n'apprécie pas, et de passer une partie de ses nuits dans des réceptions somptueuses qu'il donne ou auxquelles il doit prendre part, il n'a pas le repos suffisant. Il possède une galerie de tableaux dont il ne comprend pas la valeur, et les automobiles les plus luxueuses se succèdent dans les garages de son palais. Il est accablé par une hiérarchie de domestiques qui, malgré leurs politesses, sont plus empressés à se servir eux-mêmes qu'à s'occuper utilement de lui. Fatigué des préparations savantes de son cuisinier qui est un habile chimiste, il fréquente les plus grands restaurants et paie au poids de l'or les mets les plus recherchés et les vins les plus exquis auxquels il goûte à peine, car son estomac étant aussi malade que son système nerveux, il manque d'appétit. Bâillant d'ennui, d'inquiétude, de malaise et « de misère dorée », il appelle à son secours les « princes de la science » qui sont impuissants à le soulager, car il ne peut se soumettre au régime qui constituerait la base de son traitement.

L'autre, sans domicile fixe, dort où il peut trouver un abri. N'ayant que des besoins très limités, il s'alimente avec des choses insignifiantes qui se trouvent assez facilement ; et quand, une fois par hasard, il rencontre le moyen de s'offrir honnêtement un véritable repas, il jouit réellement d'un certain bonheur. Si cet état de misère se prolonge pendant des mois et des années, il finit par le supporter avec une certaine patience, tout en espérant des jours meilleurs pour l'avenir.

Cet espoir vivifiant manque au premier, car la fortune qu'il dépense sottement domine toutes ses ambitions et ne lui permet plus d'espérer quoi que ce soit. Il s'est abaissé lui-même et c'est cet abaissement qui le confond avec le pauvre loqueteux dans une aspiration commune : la recherche du Bonheur.

Comparons, maintenant, ce malheureux riche — que l'on considère, pourtant, comme *« un heureux de la terre »* — avec un ouvrier intelligent et économe, gagnant, seulement, un modeste salaire. Il trouve le moyen d'élever honorablement sa famille, de faire quelques économies pour les mauvais jours et, même, de s'amuser convenablement de temps en temps.

Fort et, bien portant, il travaille facilement, en fredonnant de gais refrains ; et si, après des semaines bien employées, désirant se distraire un soir, il dit à sa femme : « Laissons là le pot-au-feu, et pour changer un peu, allons dîner au restaurant », alors, avec la petite somme qu'il gagne quotidiennement, ils font là, ensemble, un délicieux repas, car ils savourent, de très bon appétit, tout ce qui leur est servi. Veulent-ils aller passer une soirée au café-concert ? Ils applaudiront le jeu des artistes et jouiront du spectacle qui les comblera de joie. En rentrant, ils seront parfaitement heureux ; le travailleur sera reposé, et, le lendemain, il se remettra courageusement au travail.

Il me semble que cette comparaison suffit amplement pour faire comprendre lequel des deux est le plus heureux.

Le riche avare est-il plus heureux que celui qui ne recherche que les plaisirs mondains ? —Evidemment non ! Il n'est, en réalité, qu'un pauvre homme.

Accablé lui-même sous des richesses qu'il n'use ni ne permet d'user, une sorte de chien humain auprès de sa mangeoire, qui dépense toutes ses forces à faire le guet et à grogner sur une pâtée qu'il ne mange ni ne veut qu'on mange et qui, à la fin, est tué par la génération continuelle en lui-même des pensées empoisonnées de son grognement et de son avarice (Mulford).

La fortune, le lieu que l'on habite, l'estime et la considération dont on jouit ne suffisent, donc, pas au bonheur. La force, la jeunesse, la beauté, qui sont passagères, l'intelligence même telle qu'on la conçoit ordinairement, ne suffisent pas non plus.

Peu d'entre nous savent être heureux. Jouets des passions qui les gouvernent, les malheureux sont, sans cesse, attirés ou repoussés par des courants d'influence, dont ils ignorent l'existence ; et, comme des aveugles abandonnés au milieu du tumulte, ils sont constamment, ballottés, agités, entraînés, sans même penser à la résistance. Ils ignorent que la source des biens dont nous jouissons, comme celle des maux que nous endurons, est en nous et non pas hors de nous, que nous avons ce que nous attirons et que nous n'attirons que ce que nous méritons.

Pour prendre le Bonheur où il se trouve, c'est-à-dire

en nous, il est, d'abord, indispensable de bien comprendre qu'il n'existe pas ailleurs el qu'il est, toujours, proportionnel au nombre et à l'importance des qualités que nous possédons.

Quelques individus suffisamment évolués possèdent naturellement assez de qualités pour être relativement heureux, même dans la pauvreté et en traversant certaines périodes difficiles de la vie. Le plus grand nombre des autres peuvent les acquérir en développant en eux le Magnétisme personnel qui, en les faisant évoluer plus rapidement, leur permet de vaincre les tentations et les désirs de mauvais aloi qui les assaillent, et de remplacer leurs défauts par des qualités.

Lorsqu'on possède les qualités requises, on peut être heureux partout, aussi bien dans la mansarde que dans le palais le plus somptueux ; dans la pauvreté comme dans l'opulence ; à la caserne, à l'atelier où l'on gagne peu, comme dans certaines professions libérales, industrielles ou commerciales, où l'on gagne beaucoup d'argent.

Il y a beaucoup de qualités à posséder ou de conditions à remplir pour être heureux ; mais comme l'une n'est, souvent, que la conséquence de l'autre, on peut les ramener à un très petit nombre. C'est ce que je vais faire, en classant les principales d'après l'importance que je leur attribue :

— I. La plus importante des conditions susceptibles d'assurer le Bonheur se trouve exclusivement dans la manière de le concevoir.

Il faut se rappeler, d'abord, que l'on n'occupe généralement que la situation que l'on mérite, et que celle-ci est, toujours, la conséquence naturelle et inévitable des pensées que nous avons émises et des actes que nous avons accomplis. Ensuite, quelle que soit la situation que l'on possède, on doit se contenter de ce que l'on a sans jamais convoiter le bien des autres. Ne pas vouloir paraître plus grand que l'on est, dans l'intention de se faire remarquer et de jouir d'une considération que l'on ne mérite pas, car l'envie nous cause de nombreuses privations qui sont, toujours, suivies et, souvent même, accompagnées de poignantes douleurs.

Que celui qui est favorisé par la fortune ne perde pas de vue qu'il ne doit pas s'y attacher outre mesure, car il ne l'emportera pas en quittant ce monde ; et qu'en attendant, elle constitue pour lui une lourde responsabilité morale, s'il ne l'administre pas sagement, c'est-à-dire prendre son nécessaire et distribuer intelligemment le reste à ceux qui en ont le plus besoin. En se donnant un confortable suffisant, il doit éviter le grand luxe et ne pas se couvrir de parures qui ne sont que des excitants de la vanité. La table ne doit pas être pour lui un objet de jouissances : il doit savoir que s'il est obligé de manger pour vivre, il ne doit pas vivre pour manger.

Que celui qui est momentanément dans le besoin garde toute sa sérénité et ne se lamente pas sur son sort, car son découragement, son désespoir et ses lamentations ne serviraient qu'à aggraver son état. Qu'il espère, au contraire, une situation meilleure, qu'il cherche à l'obtenir, qu'il la demande comme une chose qui lui est due ; et si cette demande est légitime et raisonnable, il ne tardera pas à l'obtenir, car il possède le pouvoir de la réaliser. Qu'il pense au bonheur futur, il l'attirera à lui ; et en attendant, quelle que soit sa détresse, qu'il comprenne bien qu'autour de lui, il y a des détresses plus grandes encore.

Cette manière de considérer le malheur et de le transformer en Bonheur constitue une grande partie de la science de l'Esprit qui donne l'intuition et permet de voir clairement ce que la masse du public n'aperçoit pas. C'est de là que jaillit la source intarissable où puisent constamment, même sans s'en douter, tous ceux qui réussissent.

— II. La seconde condition, c'est d'avoir la Santé.

Bien portant, le riche peut s'amuser si tel est son désir ; le pauvre peut travailler et subvenir honorablement à ses besoins ; tous les deux, à défaut d'autres conditions, peuvent, déjà, à leur façon, goûter un certain bonheur.

Il est, donc, nécessaire de faire tout ce qu'il faut pour la garder si on la possède ; et lorsqu'on ne l'a pas, chercher par tous les moyens raisonnables, surtout par l'hygiène, à la recouvrer.

La santé, toute importante qu'elle soit, n'est pas, comme on le pense généralement, la plus importante des conditions du bonheur, car il y a un certain nombre de malades qui, malgré leurs souffrances, reconnaissent qu'ils ne sont pas malheureux. Cela tient à leur résignation, à leur patience, à leur courage, à leur gaîté ; en un mot, à leur « manière de concevoir le bonheur ».

— III. La Bonté est une des conditions les plus indispensables au bonheur. Tendant sa main fraternelle à tous les humains, au riche comme au pauvre, sans distinction de croyance, d'âge et de sexe, elle domine les consciences élevées et les pénètre complètement. Celui qui est bon jouit constamment d'un immense bonheur qui grandit encore à chaque fois qu'il ajoute un bienfait aux bienfaits qu'il a déjà prodigués. On peut, ainsi, affirmer que la bonté fait éclore le bonheur sous nos pas, et que plus nous sommes bons, plus nous sommes heureux; plus nous sommes méchants, plus nous sommes malheureux. Etre bon pour les autres, c'est semer du

Bonheur, lors même qu'on ne récolterait que de l'ingratitude, car la vraie Bonté nous met au-dessus de ceux que nous obligeons ; ils peuvent oublier les services que nous leur avons rendus, mais le bonheur que nous avons goûté en les obligeant ne s'efface point.

On a dit que la bonté n'est pas accessible à tous, car on l'apporte en naissant. Evidemment nous naissons avec des Aptitudes, des Facultés, des Qualités ou des Défauts qui sont la conséquence inévitable des actes bons ou mauvais que nous avons accomplis dans nos existences précédentes. Mais comme, avec les progrès de l'Evolution, tous les individus se perfectionnent et doivent devenir bons, la bonté réside à l'état latent au fond de toutes les consciences, mêmes les plus infimes ; et, comme, toutes les facultés, on peut la cultiver et la développer.

— VI. On comprend, maintenant, que le Bonheur ne se trouve pas complètement dans la fortune, dans les plaisirs mondains, ni, même, dans la santé, mais qu'il réside, surtout, dans la manière de le concevoir. Il dépend de la Bonté, de la paix du cœur, du calme de l'esprit, d'une modeste aisance, d'une vie simple et exempte des soucis que l'on se crée soi-même.

L'occupation de l'esprit par des pensées et des projets utiles aux autres, même le travail manuel sont utiles à tous, car c'est dans le Travail et dans la satisfaction du devoir accompli que l'on trouve une des sources principales du bonheur. C'est ce que veut dire le proverbe latin : « Le travail de l'homme est la première vertu. »

On doit Méditer pour discerner ce qui est possible de ce qui ne l'est pas, et limiter ses aspirations afin d'être sûr, à l'avance, de pouvoir les réaliser.

— V. Dans l'état actuel de notre Evolution, la Souffrance est un mal nécessaire. C'est l'ombre qui fait ressortir les beautés de la lumière.

Il y a peu d'hommes parmi ceux qui sont arrivés au but qu'ils ont visé, qui n'aient pas souffert de déboires, de privations, de misère. Questionnez-les ! Tous vous diront que la souffrance qu'ils ont endurée leur fait comprendre, aujourd'hui, toute l'importance de leur Bonheur. Toute médaille a son revers ; il n'y a pas de véritable joie sans amertume. Le plaisir amollit, la joie prolongée épuise ; au contraire, la douleur—qui ne tue jamais les âmes bien trempées — fortifie le caractère et ouvre à la destinée des horizons nouveaux.

Ne recherchons pas la souffrance, mais lorsqu'elle arrive, acceptons-la courageusement comme une chose que nous avons méritée. Comparons-nous, alors, avec ceux qui sont accablés sous le poids de souffrances plus grandes. Et, tout en attendant patiemment que le calme reparaisse, considérons-nous comme suffisamment heureux.

— VI. Placés dans le même milieu, tous les individus ne voient pas ce qui s'y trouve de la même manière. Certains individus peuvent regarder le mal sans le voir, tandis que d'autres le voient partout, même où il n'est pas, et le bien comme le beau leur échappent plus ou moins complètement. Les premiers, qui ont déjà atteint un certain degré d'Evolution, sont heureux ; les seconds, plus arriérés, ne connaissent pas le vrai Bonheur.

Ce n'est pas ce que nous regardons qui nous impressionne, c'est ce que nous sommes susceptibles de percevoir et, surtout, de comprendre. Que les malheureux cherchent à diriger le courant de leurs pensées vers le travail, vers le bien, vers l'utile, vers le beau. Ils y parviendront peu à peu, et le Bonheur qui les fuyait viendra à eux, car ils deviendront capables de l'apprécier et, surtout, de le mériter.

— VII. Si nous voulons être heureux ne manquons aucune occasion de faire le bien. Conduisons-nous un peu d'après notre raison, mais, surtout, d'après l'Intuition que donne la réflexion méditative, et non d'après notre sentiment, car celui-ci nous rend esclave des personnes et des choses qui nous entourent.

Evitons donc la Sentimentalité. En les encourageant, portons secours au malade et au blessé ; faisons l'aumône au pauvre avant même qu'il nous tende la main, puis, éloignons-nous et n'y pensons plus, car en nous apitoyant sur leur sort, nous dépenserions de la force, tout en leur étant plus nuisibles qu'utiles.

— VIII. Pour conclure, voici une juste appréciation de Leadbeater :

Une loi divine de justice absolue gouverne le monde, de telle sorte que chaque homme est, en réalité, son propre juge, l'arbitre de sa destinée, se dispensant à soi-même gloire ou obscurité, récompense ou châtiment. Chaque pensée, chaque parole, chaque action produit un résultat défini, résultat qui n'est point une récompense ou une punition... mais une conséquence forcée de l'acte lui-même, ayant, avec lui, une relation d'effet à cause, cette cause et cet effet, n'étant, en réalité, que deux parties inséparables d'un tout complet.

Il est nécessaire à l'homme de se rendre absolument maître de lui-même, afin de pouvoir gouverner sa vie avec intelligence et conformément à la loi divine (Esquisse de Théosophie).

Je termine ce chapitre en offrant au lecteur un bouquet de pensées qui se sont épanouies sous la plume de quelques penseurs plus autorisés que moi. J'espère que le suave parfum qu'elles répandent embaumera son Ame et achèvera de graver dans sa mémoire les affirmations que j'ai vécues avant de les lui présenter.

L'art d'être heureux, c'est de s'enrichir chaque jour par un bienfait ; il n'y a pas de bonheur plus grand que la bonté.

Juliette Adam.

La science du bonheur est d'aimer son devoir et d'y chercher son plaisir.

Comtesse Dash.

On a beaucoup disserté sur le moyen de se faire la vie heureuse. La formule est, pourtant, bien simple : il faut savoir se faire aimer.

H. de la Pommeraye.

Le bonheur appartient à qui fait des heureux.

Delille.

Vous serez content de la vie si vous en faites un bon usage.

Renan.

On ne fait son bonheur qu'en s'occupant de
celui des autres.
Bernardin de Saint-Pierre.

Le bonheur n'est qu'un sentiment du bien.
Volney.

Le bonheur n'est que la santé de l'âme.
Barthélémy.

Le véritable bonheur est, nécessairement,
le partage exclusif de la véritable vertu.
Cabanis.

Tout bonheur est fait de courage et de travail.
Balzac.

Le bonheur n'est pas de posséder beaucoup, mais d'espérer et d'aimer beaucoup.

Lamennais.

Le grand secret du bonheur, c'est d'être bien avec soi-même.
J. Janin.

Le bonheur, c'est de sentir son âme bonne.
J. Joubert.

Le bonheur est moins dépendant des circonstances que du caractère.
E. de Girardin.

Le bonheur est un effet de la sagesse plutôt qu'un présent de la destinée.
L. Veuillot.

Le bonheur ne consiste pas à acquérir et à jouir, mais à ne pas désirer, car il consiste à être libre.
Epictète.

C'est jouir du bonheur que de voir sans envie le bonheur des autres et avec satisfaction le bonheur commun.

Bossuet.

C'est en vain qu'on cherche au loin son
bonheur, quand on néglige de le cultiver en
soi-même, car il a beau venir du dehors, il
ne peut se rendre sensible qu'autant qu'il
trouve au-dedans une âme propre à le goûter.

J.-J. Rousseau.

Il n'est point de route plus sûre pour aller
au bonheur que celle de la vertu.

J.-J. Rousseau.

Le plaisir peut s'appuyer sur l'illusion,
mais le bonheur repose sur la vérité.

Champfort.

Ni l'or ni la grandeur ne nous rendent heureux.

La Fontaine.

Dans le bonheur d'autrui, je cherche mon bonheur.

Corneille.

Demande à la vertu le secret du bonheur.

V. Hugo.

VI. TRANSFORMATION DES FORCES

On sait, maintenant, que les forces physiques ne sont que des manifestations de l'Energie, car la présence de l'une, se manifestant dans certaines conditions, suffit pour déterminer le développement d'une ou même de plusieurs autres ; en un mot, elles sont engendrées l'une par l'autre et chacune d'elles peut se transformer en toutes les autres.

Ainsi l'électricité donne naissance au mouvement mécanique, à la chaleur, à la lumière, à l'aimantation (magnétisme propre à l'aimant), aux décompositions chimiques.

La chaleur fait naître le mouvement mécanique, la lumière et les courants électriques avec lesquels on obtient l'aimantation.

La lumière, dans ses différences qualitatives, présente les couleurs et, dans celles-ci, nous observons des actions calorifiques et des actions chimiques.

L'aimant, lorsqu'il est en mouvement à proximité d'un circuit, fait naître, dans celui-ci, un courant électrique qui peut se transformer en chaleur, en lumière, en mouvement mécanique, en décompositions chimiques.

Et, ce que les physiciens ignorent complètement, toutes ces forces se transforment encore en un Magnétisme analogue à celui que l'on observe dans le corps humain. (Voir à ce sujet ma Physique magnétique).

Une quantité de chaleur peut reproduire l'équivalent du mouvement mécanique qui l'a produite. La calorie, quantité de chaleur nécessaire pour élever d'un degré la température d'un kilogramme d'eau, équivaut à 424 kilogrammètres. (Le kilogrammètre représente les travail mécanique capable d'élever un poids d'un kilogramme à un mètre de hauteur.)

Les phénomènes ainsi rapportés à une seule et même cause : le mouvement mécanique, donnent la certitude de la corrélation de l'Unité des forces physiques.

Les forces psychiques ou morales, qui sont aussi réelles que les forces physiques, se transforment également les unes dans les autres ; elles ont, aussi, leur corrélation et leurs équivalences qui seront, certainement, déterminées un jour d'une façon précise.

Ainsi, selon l'élévation morale des individus qui en sont les témoins, la vue d'un crime provoque l'horreur du crime, la pitié ou la haine envers le criminel, et, même, l'incitation à commettre un crime analogue.

On remarque également, mais sans y attacher d'importance, que, dans un grand nombre de cas, une force morale ou psychique, se transforme en force physique et réciproquement.

Ainsi, on observe très souvent qu'un chagrin, peine morale, détermine une maladie physique ; et que l'Espérance, la Foi, le Désir, la Volonté aident, toujours, au rétablissement de la santé. Si ces derniers sentiments, que l'on désigne généralement sous le terme vague d'Imagination, sont très intenses, ils peuvent même la rétablir presque instantanément. Ils constituent les seules et uniques causes des guérisons dites miraculeuses qui se produisent réellement à Lourdes et ailleurs. C'est également en eux que se trouvaient la Puissance occulte et la Magie des temps passés.

On ne doit pas s'étonner de ces transformations, car on sait maintenant que le Désir et la Volonté peuvent décupler les forces physiques au moment du danger et, même, tenir la mort en échec pendant plusieurs jours.

Une émotion soudaine, très violente, comme la frayeur, détermine, toujours, des accidents physiques chez les gens impressionnables, accidents qui se traduisent, souvent, par des névroses telles que la chorée, l'hystérie, l'épilepsie, la catalepsie; par des paralysies, des affections cardiaques qui deviennent, parfois mortelles ; la folie incurable et, même. la mort immédiate, par suite d'apoplexie cérébrale.

Si ces transformations sont aussi réelles qu'apparentes, ce qui paraît absolument certain, on doit, avec quelques hardis penseurs, admettre l'unité des forces de la nature, soit qu'elles appartiennent à la physique générale, à la physiologie ou à la psychologie. Prenant naissance dans un agent unique, l'éther ou un fluide analogue, toujours en vibration, elles ne seraient que des manifestations de l'Energie universelle.

Notre être physique, notre être astral, sont si bien accordés l'un sur l'autre, que si on émet une note en faisant vibrer une corde de l'un, la même note résonne, immédiatement, sur l'autre.

Les forces physiques paraissent échelonnées les unes sur les autres comme les couleurs d'un faisceau de lumière solaire décomposée, ou, mieux encore, comme les notes de la gamme musicale, et les forces psychiques prennent naissance au-dessus, en représentant, probablement, les mêmes notes, mais à une octave supérieure.

D'après l'ordre physique, d'après un tableau que W. Crookes établit en 1897 (voir à ce sujet ma Physique magnétique) le premier échelon est occupé par le son, avec des vibrations de trente-deux à trente-deux mille environ par seconde. Entre ces deux limites extrêmes prennent naissance les sons les plus graves et les plus aigus qui sont susceptibles d'être perçus par l'oreille humaine. Au-dessus de trente-deux mille vibrations par seconde, la vitesse augmente rapidement pour atteindre des limites qui effraient l'imagination. On voit, alors, paraître l'électricité, puis une lacune qu'on ne rattache à aucune force connue ; la chaleur vient après, puis la lumière, une seconde lacune et, enfin, les rayons X, qui comptent plus de deux quintillions de vibrations par seconde, nombre fantastique, qui ne s'écrit pas avec moins de dix-neuf chiffres. Ainsi, telles vibrations font naître l'électricité ; telles autres, plus rapides, la chaleur, puis la lumière, etc.

Dans une communication que Blondlot fit à l'Académie des Sciences en 1904, sur les rayons N qu'il venait de découvrir, rayons très proches parents de ceux qui donnent naissance au Magnétisme humain, le savant professeur affirme que leur vitesse est sensiblement plus grande que celle de la lumière, ce qui permet de combler avec eux la seconde lacune de Crookes, entre la lumière et les rayons X.

On ne sait absolument rien de la vitesse des vibrations qui donnent naissance aux forces psychiques, si ce n'est qu'elles sont considérablement plus rapides encore que celles qui font naître les forces physiques.

En admettant que l'ensemble de ces forces sont, dans certaines limites, corrélatives et équivalentes, comment peut-on transformer volontairement la force musculaire, par exemple, en force psychique ? Pour augmenter le capital de celle-ci et nous permettre de vaincre certaines résistances, comme pour se débarrasser d'une passion tenace ayant résisté à l'action de mettre une idée à la place d'une autre, à l'autosuggestion et, même, à l'Absorption de l'énergie décrites précédemment, on peut, avec une certaine facilité, employer la méthode de Turnbull que je résume ainsi :

— L'auteur reconnaît que toutes les forces qui ont leur point d'appui dans le corps humain sont de même essence, aussi bien la Pensée, le Désir et toutes les Forces dites psychiques que les forces nerveuse ou musculaire, et qu'elles ne diffèrent l'une de l'autre que par la forme qu'elles prennent pour se manifester.

En se basant sur cette théorie, pour transformer la force musculaire en force psychique, il faut s'asseoir commodément dans un fauteuil, ou, mieux encore, s'étendre complètement sur une chaise-longue ou sur un lit, s'isoler pendant quatre à cinq minutes, et, tout en se figurant avoir besoin de faire un effort musculaire considérable, on ferme les poings et l'on contracte tous ses muscles le plus énergiquement possible.

Dans cet état de contraction, on se trouve évidemment en possession d'une force physique que l'on a développée, mais qui n'est pas employée. Pour la transformer, il est, alors, nécessaire de fixer très fortement sa pensée sur la résolution que l'on veut prendre, ouvrir les mains qui s'appliquent naturellement sur les cuisses, et se détendre doucement, en voulant de toute Son énergie que cette résolution s'accomplisse complètement.

On doit s'assurer, en même temps, que la force-expression physique se transforme en une force-expression mentale. Il importe de retenir dans son esprit cette idée : tandis que la force s'échappe de ses muselés fatigués, elle se retire sous la forme mentale de son désir et agit sous cette forme sur les personnes ou conditions intéressées (Cours de Magnétisme personnel).

Dans les séances de Magnétisme où je traite en commun un certain nombre de malades, j'emploie, pour calmer les uns et exciter les autres, une méthode qui me paraît plus simple et plus pratique. Elle consiste à me mettre dans un grand état de calme physique, pour calmer le malade excité, et dans un tel état d'excitation, pour exciter celui qui est trop calme et rétablir, chez l'un comme chez l'autre, les fonctions organiques à leur état normal.

On comprend facilement qu'une émotion violente, comme la colère qui est une force brutale faisant, toujours, du mal au coléreux comme à celui qui en reçoit les effets, peut se transformer en une force bienfaisante équivalente qui rendra les plus grands services.

Pour arriver à cela, il ne faut qu'un peu de Maîtrise de soi. Se mettre artificiellement dans une violente colère, en évoquant un souvenir capable de la déterminer ; et lorsque cette émotion est arrivée à son point le plus élevé, la transformer, en pensant fortement à l'utiliser pour la réalisation d'une Idée.

Il ne faut pas répéter ces exercices plusieurs fois de suite, car ils sont très fatigants. Après avoir pratiqué l'un ou l'autre une fois, il est conseillé d'avoir recours à l'Absorption de l'énergie, pour achever de fixer l'idée que l'on a voulu s'imposer.

Ainsi associées l'une à l'autre, la Transformation des forces et l'Absorption de l'énergie permettront certainement, à tous ceux qui possèdent encore un peu de volonté, de se débarrasser des idées fixes les plus tenaces et des passions les plus violentes, même de l'amour physique le plus déréglé, de l'ivrognerie, de la morphinonianie et autres manies analogues, en les répétant régulièrement deux à trois fois par jour, pendant un temps qui restera proportionné à l'énergie et à l'adresse que l'on dépensera pour cela.

VII. L'AMOUR DE SON PROCHAIN

Aimons-nous les uns les autres, et ne faisons jamais à autrui ce que nous ne voudrions pas qu'il nous fût fait 'à nous-mêmes.

Ce précepte évangélique, qui n'est guère appliqué, quoiqu'il soit connu de chacun de nous, n'aurait pas besoin d'être commenté pour être suffisamment compris ; et les trois lignes qui précèdent pourraient rigoureusement être considérées comme un chapitre entier.

Malgré cela, je vais y ajouter quelques considérations qui, en les complétant, feront comprendre tout l'intérêt qu'il y a, non seulement de ne nuire à personne, mais de faire du bien, même à ceux qui nous font du mal.

Celui qui aime ses semblables et ne leur fait jamais que ce qu'il voudrait qu'on lui fît, possède, naturellement, l'Influence personnelle à un degré plus ou moins élevé. Il donne de la bonté et, conformément aux lois psychiques exposées dans la première partie, il reçoit de la bonté sous différentes formes et ne saurait rien recevoir de mauvais. En thèse générale, plus il dépense de bonté, à la condition que cette dépense soit faite avec un désintéressement absolu, plus il reçoit.

S'il en est ainsi, dans une très large mesure, travailler pour les autres, être bon pour eux, c'est travailler dans son propre intérêt ; tandis qu'être méchant pour les autres, c'est être méchant pour soi ; leur faire du mal, c'est s'en faire à soi-même. Il n'est pas nécessaire de posséder une haute intelligence, d'avoir une instruction classique très développée et, même, d'être bien éduqué, dans le sens propre du mot, pour comprendre cette vérité qui est à la portée de chacun de nous. Il est donc indispensable que tous ceux qui veulent être plus heureux deviennent meilleurs.

Nous devons penser, souvent, au bien qu'on nous a fait et faire tout notre possible pour oublier le mal, les offenses, les tracasseries dont nous avons été victimes. Si nous pensons, malgré nous, au mal qu'on a pu nous faire, il est de toute nécessité de ne pas songer à la vengeance et de n'envoyer à l'offenseur que des pensées de paix et des souhaits de bonheur. Mulford, que l'on peut considérer comme un grand moraliste, nous en donne la raison en ces termes dans son remarquable ouvrage : Les Lois du succès.

Lorsqu'on émet des pensées de tourment, d'irritation, de haine ou de tristesse, on met en œuvre des forces nuisibles, à la fois, au corps et à l'esprit. La faculté d'oublier implique celle de chasser les pensées déplaisantes et pénibles et de les remplacer par un élément profitable destiné à édifier au lieu de détruire.

La nature des pensées que nous émettons influe favorablement ou défavorablement sur nos affaires, et influence les autres en notre faveur ou contre nous. C'est une force que les autres ressentent agréablement ou désagréablement, leur inspirant confiance ou méfiance.

...C'est un sage égoïsme que de travailler pour les autres en même temps que pour nous-mêmes, parce que nous sommes tous unis en esprit. Nous sommes des forces qui agissent et réagissent l'une sur l'autre, en bien ou en mal, à travers ce que l'ignorance appelle l'espace vide. Il existe des nerfs invisibles reliant les uns aux autres les hommes et les êtres. C'est dans ce sens qu'on peut dire que toutes les formes de la vie sont solidaires. Nous sommes tous membres d'un même corps. Une mauvaise pensée ou une mauvaise action est une pulsation douloureuse vibrant à travers des myriades d'organismes. Une pensée aimable et une bonne action produisent exactement l'effet contraire. C'est donc une loi de la nature et de la science que le bien ou le mal que nous ferons à autrui retombera sur nous-mêmes...

Toute pensée discordante est un glaive qui appelle le glaive contre nous... La créature, homme ou femme, la plus antipathique, la plus hypocrite, la plus venimeuse, a besoin de votre pitié et du secours de tous, car en émettant des pensées mauvaises, elle s'attire, en même temps, du chagrin et de la douleur. Celui qui nourrit, de mauvais sentiments à l'égard d'une personne dont il a reçu une insulte, ou éprouvé une injustice ou un dommage, et qui les garde en soi pendant des heures et, même des journées entières, finit par s'en fatiguer et, pourtant, ne peut plus les chasser. Ces pensées l'ennuient, le fatiguent et l'affaiblissent, et il ne peut s'empêcher de les ressasser...

Ceci provient de ce qu'on a attiré sur soi la pensée hostile de l'autre personne. Elle pense de vous ce que vous pensez d'elle et vous envoie une vague de pensée hostile. C'est, ainsi que l'un et l'autre vous donnez et recevez les coups d'une force invisible. Et si cette guerre silencieuse se produit pendant plusieurs semaines, les deux adversaires s'en ressentent...

Donc, s'efforcer d'oublier ses ennemis, ou ne diriger vers eux que des pensées de paix est un acte protecteur tout comme étendre la main pour parer un coup. La persistance de la pensée bienveillante détourne les mauvaises intentions et les rend inoffensives. L'injonction du Christ de faire du bien à nos ennemis est basée sur une loi naturelle. Cela indique que la bienveillance l'emporte sur la malveillance et qu'elle en détourne les mauvais effets.

II ne faut donc avoir, même pour ses ennemis, que de bonnes dispositions et des pensées d'amour.

La haine, continue le même auteur, c'est simplement de la force dépensée à se mettre soi-même en pièces, car la haine est une force destructive. Le bon vouloir envers tous est constructeur ; il rend de plus en plus fort. La haine abat. La bonne volonté envers tous attire de tous ceux avec lesquels on entre en contact des éléments salutaires et édificateurs. Si vous pouviez voir les éléments actifs volant d'eux à vous, dans leur sympathie pour vous, ils vous paraîtraient comme de fins ruisselets de vie. Au contraire, les éléments haineux que vous pouvez exciter chez les autres apparaîtraient s'élancer vers vous sous la forme de sombres rayons d'une substance nuisible et venimeuse.

En envoyant, à celui qui vous déteste, une pensée de haine, on ne fait qu'accroître la puissance de cet élément, parce que ces deux éléments opposés et dangereux se rencontrent et se mêlent, agissent et réagissent sur ceux qui les ont émis, alimentent sans cesse leur force de combativité, jusqu'à ce que l'un et l'autre soient épuisés. L'intérêt, seul, devrait empêcher les gens de se haïr.

Celui qui est mauvais, qui n'aime personne et qui déteste beaucoup de monde, peut-il changer ce sentiment et devenir bon et aimant ? — Oui, il le peut, en y mettant de la bonne volonté, de la patience et du temps ; car les qualités morales peuvent, comme la force musculaire, être développées par un exercice spécial régulièrement suivi. Leroy Berrier s'exprime à ce sujet ainsi qu'il suit dans son Magnétisme personnel, en traitant de l'Amour et de la Bonté.

Laissez fréquemment, dit-il, l'amour et la bonté se manifester dans vos pensées, dans vos paroles, dans vos actes, et ces capacités grandiront. Faites intervenir votre volonté et appliquez-vous à aimer tout ce qui vous entoure. Quand vous serrez la main d'une personne, ayez le sentiment que l'amour et la bonté affluent vers cette étreinte, émanent de votre être. Persévérez et votre pouvoir d'aimer grandira. Envisagez et recherchez tout ce qui est bon et aimable chez autrui et votre amour se développera.

Si vous désirez attirer les choses inanimées, aimez-les si ardemment que votre amour réagira sur vous-même. Aimez-les d'un tel élan que vous ferez connaître votre amour à ceux qui sont autour de vous. Aimez un idéal avec assez de force pour le réaliser...

L'amour est une force puissante. C'est, dit Mulford :

> *« un élément aussi réel que l'air et que l'eau. C'est une force active, toujours en mouvement, vivante ; et, dans ce monde dans lequel nous travaillons, elle se meut comme les vagues de la mer et en courants semblables à ceux de l'Océan, quoique nos sens ne la perçoivent pas. »*

La cause du mal que nous éprouvons est en nous et non pas hors de nous. Annie Besant l'explique ainsi :

Le mal qui nous vient de l'extérieur n'est que la réaction de ce qu'il y a en nous d'agressif. Nous sommes les ennemis des autres, voilà pourquoi ils sont, à leur tour, nos ennemis. Nous allons par le monde infligeant le mal, voilà pourquoi les êtres vivants nous font le mal en retour. Nous qui devrions aimer tous les êtres, nous promenons, partout, la destruction, la tyrannie et la haine, recherchant nos semblables pour les tyranniser et non pour les former... Et nous sommes surpris que les créatures vivantes fuient; que dans le monde, nous soyons accueillis par la crainte des faibles, par la haine des forts ! Nous ignorons, dans notre aveuglement, que toute la haine du monde extérieur est le reflet du mal qui est en nous et, que, pour le cœur aimant, il n'est rien de haïssable... L'homme en qui est l'amour peut marcher sans danger à travers la jungle ; il peut entrer sans être attaqué dans le repaire des fauves ou prendre le serpent entre ses mains. Car le cœur où tout est amour ne voit de haine nulle part. L'amour qui envoie ses rayons dans le monde et attire à lui toutes choses pour les servir et non pour leur faire du mal, éveille en toutes choses, par cette attraction, l'amour et non la haine. Voilà pourquoi le tigre se roule, en ami, aux pieds du Yogi ; aux pieds du saint, la bête la plus sauvage dépose ses petits, lui demandant abri et secours. Voilà pourquoi tous les êtres vivants viennent à l'homme qui aime, car, tous, sont d'origine divine. Le Divin est Amour, et quand ce principe est devenu parfait dans l'homme, il attire à lui toutes choses.

Aimez, donc, la nature entière. De tout votre cœur, aimez vos semblables. Aimez les animaux, les arbres, les forêts, les montagnes, les vagues de la mer. Aimez, même, l'ivrogne, le voleur et l'assassin, car ils sont embourbés dans les bas-fonds de l'Evolution. Sur leur propre niveau, ils sont aussi intéressants que le saint qui achève d'apprendre les leçons les plus hautes que la nature puisse nous donner. Nous agissons tous selon notre degré d'Evolution ; les premiers balbutient seulement les premières lettres de l'alphabet de la vie et ont besoin de tout apprendre, tandis que l'autre, avec son instruction supérieure, se prépare à quitter l'enseignement.

Il n'est peut-être pas très facile à ceux qui ont tendance à *« rendre œil pour œil, dent pour dent »*, d'envoyer des pensées bienveillantes à ceux qui leur font du mal, mais il n'y a qu'une habitude à prendre, et les moins évolués d'entre nous pourront la prendre avec d'autant plus de facilité qu'ils comprendront mieux qu'ils seront les premiers à en profiter.

S'ils éprouvaient quelque difficulté pour prendre cette habitude, les exercices déjà indiqués, surtout la concentration, la méditation et l'autosuggestion leur permettraient de vaincre les derniers obstacles.

En attendant, que tous ceux qui veulent s'élever sur l'échelle de la perfection pour acquérir l'Influence personnelle n'oublient pas un seul instant cette vérité pratique : *« Aimons ceux qui nous détestent et faisons du bien à ceux qui nous font du mal. »*

VIII. NE PENSER QU'A CE QUE L'ON FAIT

On demandait un jour à Newton quels étaient les moyens qu'il avait employés pour faire tant de découvertes extraordinaires. — « C'est en y pensant toujours », répondit l'illustre physicien.

Comme l'ont affirmé les stoïciens et les cartésiens, la Volonté est une puissance absolue. C'est par elle que nous nous gouvernons et que nous devenons apte à gouverner les autres. C'est elle qui fonde notre responsabilité. Mais il est une puissance plus grande encore : c'est la pensée.

La Pensée est l'unique force créatrice de la Nature. C'est le seul facteur à l'aide duquel nous formons, nous façonnons, nous construisons notre caractère. C'est elle qui prépare la route que l'Ame suit au cours de son évolution. Nous sommes ce que notre Pensée nous a faits et nous deviendrons ce que notre Pensée nous fera. Elle constitue la loi inéluctable qui nous conduit à la Maîtrise de nous-même, et, de là, à la conquête de la Liberté qui nous permettra d'arriver au Bonheur parfait.

La caractéristique d'une Volonté puissante, c'est la force morale qui forme ce que l'on appelle *« l'homme de caractère »*, *« l'homme fort »*, capable de surmonter toutes les difficultés qui peuvent s'opposer à l'accomplissement de ses desseins.

L'éducation de la Pensée et le développement de la Volonté sont, donc, les facteurs les plus indispensables au perfectionnement physique, intellectuel et moral de l'homme. Mais, pour faire promptement cette éducation et parvenir à ce que l'on veut, il faut savoir penser et vouloir ; et, généralement, pour savoir, il faut apprendre. En somme, penser et vouloir, vouloir et penser, sont les deux termes de la proposition dans laquelle se résume la tâche que nous nous imposons.

Nous savons, déjà, par expérience, que la Pensée est une force réelle, et que pour agir il faut penser, mais on agit d'autant mieux que l'on ne pense qu'à ce que l'on fait, autrement dit, il ne faut pas penser à deux choses à la fois.

Pendant que vous accomplissez un acte physique, dit Mulford, si vous pensez à autre chose, vous gaspillez votre force et votre pensée. Avant de piquer une épingle sur un coussin, vous avez projeté hors de vous en pensée, en substance, un plan pour piquer cette épingle. Ce plan est une force. Vous dirigez cette force sur votre corps qui en est l'instrument. Vous ne devez pas mélanger ce plan avec un autre projet pour faire autre chose, pendant que votre main plantera cette épingle. Si vous le faites, vous envoyez votre force — ou vous essayez de l'envoyer — dans deux directions à la fois. Vous confondez le plan et la force d'un acte avec le plan et la force d'un autre acte. Chaque pensée ou chaque acte d'impatience, si petits qu'ils soient, vous coûtent une perte de force, sans profit. Si, parfois, vous êtes fatigué de marcher, pendant que votre cerveau a travaillé, s'est tracassé, a fait des projets, si, alors, vous chassez toutes ces pensées et si vous mettez toute votre intelligence, toute votre attention, toute votre force dans vos jambes, vous serez surpris de sentir la vigueur revenir et la fatigue vous quitter. Chaque acte physique nous coûte une pensée et chaque pensée est une dépense de force. Chaque pas que vous faites implique un plan pour le diriger. Si vous pensez à d'autres choses en marchant, vous expédiez de la force dans plusieurs directions à la fois. Croyez-vous qu'un acrobate pourrait monter si facilement à la corde s'il n'appliquait toute son intelligence en même temps que sa force à cet acte ? Ou qu'un orateur pourrait parler à son auditoire tout en faisant tourner une meule ?...

Cette loi est la même pour tous les actes de la vie. Ne désirez-vous pas pouvoir oublier vos ennuis, vos désappointements, vos fatigues en concentrant toute votre pensée sur quelque chose d'autre et en vous y absorbant assez pour oublier tout le reste.

C'est là une possibilité mentale qui est bien digne de nos efforts. Elle peut être réalisée par la pratique de la concentration, ou, en d'autres termes, en mettant toute notre capacité mentale dans l'accomplissement des choses dites triviales ; chaque seconde consacrée à cette pratique nous approche du résultat. Chaque effort, nous apporte un atome de gain, soit en général, soit pour un acte particulier. Cet atome gagné n'est jamais perdu. Vous l'utiliserez à chaque instant de votre travail quotidien. Vous en aurez besoin pour empêcher votre mental de chercher autre chose au lieu de conclure une bonne affaire...

Entraînez-vous à la concentration pour un seul acte et vous vous entraînerez à déverser la plénitude de votre intelligence sur tous les actes. Entraînez-vous à mettre toute votre pensée dans chaque action, empêchez cette pensée de se dissiper sur autre chose et vous vous entraînerez à diriger la plénitude de vos forces sur votre discours quand vous parlerez, sur votre adresse quand vous travaillerez de vos mains, sur votre voix quand vous chanterez, sur vos doigts quand vous leur demanderez quelque ouvrage délicat et sur tous les organes et sur toutes les fonctions de votre être que vous aurez l'occasion d'exercer.

Si nous cultivons ce pouvoir de localiser nos forces

sur un seul acte, mous cultivons, aussi, la faculté de transporter toute notre intelligence d'un sujet à l'autre. C'est-à-dire que, alors, nous pouvons transporter notre mental d'une préoccupation ennuyeuse à un plaisir et oublier une affliction dans un travail joyeux.

Le même auteur cite un bel exemple de Maîtrise de soi appliqué à ne penser qu'à ce que l'on fait et même qu'à ce que l'on doit faire. Il s'agit d'une célèbre artiste anglaise qui, sur la scène, à l'instant où elle devait se mettre à ourler un mouchoir, s'aperçoit que le machiniste a oublié d'apporter le mouchoir, le fil et l'aiguille. Ne pensant qu'à ce qu'elle devait faire, et sans la moindre hésitation, elle s'assit à la place qu'elle devait occuper et imita les mouvements et la manière d'une femme en train de coudre, et cela, si naturellement, si posément, que la plupart des spectateurs ne s'aperçurent même pas de la supercherie.

On voit quelle importance l'auteur précédent donne à la pensée localisée sur le même sujet, au lieu de la laisser vagabonder inutilement. Je vais indiquer comment on s'habitue à ne penser qu'au travail que l'on fait présentement ou à la résolution que l'on veut prendre pour l'avenir.

Pour parvenir à ne penser qu'à ce que l'on fait, il n'y a pas d'acte insignifiant que l'on ne puisse et même que l'on ne doive faire. Lorsqu'il est accompli exclusivement pour cela, le plus petit acte exerce, discipline et développe la volonté ; et je dirai même qu'il la développe d'autant plus et d'autant mieux qu'il est plus trivial, plus ridicule et qu'il paraît nul pour tout autre objet.

Si on donnait pour tâche à un mécanicien intelligent et instruit l'étude d'une belle machine construite d'après un principe récemment découverte il s'y intéresserait beaucoup, s'instruirait facilement, mais ne ferait aucun effort pour développer son vouloir. Il n'en serait pas de même s'il s'astreignait à considérer un objet très simple, inutile et qui, dans tous les cas, ne présenterait pour lui aucun intérêt. Il serait obligé de faire des efforts d'autant plus grands que cet objet l'intéresserait moins ; et ces efforts répétés parviendraient précisément à discipliner sa Pensée et à développer sa Volonté.

Mais, l'objet le plus simple, le plus rudimentaire, le plus inutile, peut encore présenter quelque intérêt à un point de vue quelconque. On peut philosopher longtemps sur un bout de papier que l'on ramasse dans la rue et si l'on s'y intéresse quelque peu, on ne fait guère d'efforts pour fixer sa Pensée et développer sa Volonté. A mon avis, il vaut mieux se donner pour tâche d'accomplir un acte de nulle valeur, un acte insignifiant, ridicule même, en se rendant bien compte que son accomplissement va demander du temps et qu'il ne saurait être de la moindre utilité pour tout autre objet. C'est une action physique qui n'a pas d'autre utilité que celle de soutenir le moral pour lui permettre d'accomplir sa tâche sans distraction. Cette action remplit le rôle du chapelet que l'Eglise recommande aux dévots pour les aider à fixer leur attention sur la prière.

Pour l'accomplissement de cette tâche, il faut y mettre toute sa pensée, toute son énergie, toute son ardeur, toute sa volonté, rien que pour se donner la satisfaction de l'accomplir, et ne cesser que lorsqu'on y est parvenu avec une certaine facilité. En s'entraînant à accomplir successivement plusieurs actes différents, on parvient à fixer facilement sa pensée sur l'objet du travail présent, et l'effort nécessité pour cela développe rapidement le pouvoir de la volonté.

En principe, lorsqu'on réussit, à accomplir un acte quelconque qui n'est pas habituel et qui présente des difficultés, on s'enhardit, on se donne du courage, on s'inspire confiance, on acquiert de la force ; tandis que si l'on n'y parvient pas, on enlève une grande partie de son assurance, on entretient le doute, on perd confiance en soi et l'on diminue ses moyens d'action. Il faut, donc, je le répète, prendre pour tâche de parvenir à faire convenablement, pendant cinq à dix minutes, un certain nombre d'exercices ; et l'on y parviendra plus ou moins facilement.

Annie Besant reconnaît, ainsi, l'importance de la Pensée exclusivement fixée sur ce que l'on fait, quelque trivial que puisse être le travail que l'on accomplit, :

...Il suffit de nous appliquer à faire toujours une seule chose à la fois, jusqu'à ce que notre cerveau obéisse docilement à notre volonté ; il suffit d'accomplir chacun de nos devoirs avec toute la force de notre intelligence concentrée sur un point unique. Vous objecterez, sans doute, que la plupart de vos occupations sont triviales. Peu importe. L'entraînement qui fera de vous un disciple ne tient pas à la nature même des choses que vous faites, mais seulement à la manière dont vous les faites. Ce qu'il faut prendre en considération ce n'est pas le genre de travail qui vous est dévolu dans le monde : c'est la méthode que vous apportez à ce travail, la pensée que vous y consacrez, les forces que vous y appliquez, l'entraînement que vous en retirez. Encore une fois, peu importe ce qu'est votre vie : vous pouvez la faire servir, telle quelle, à votre entraînement. Quelque triviale que puisse être à vos yeux, l'occupation du moment, vous pouvez l'employer comme un terrain d'entraînement pour votre pensée... Souvenez-vous qu'une fois la faculté acquise, vous serez libres de l'appliquer comme bon vous semblera. Dès que vous aurez à tenir votre pensée en main, vous pourrez l'orienter à volonté et choisir librement l'objet sur lequel ses forces seront concentrées.

Pour arriver à ne penser qu'à ce que l'on fait, les exercices sont nombreux ; on peut en imaginer tant que l'on voudra. Je vais en indiquer quelques-uns seulement parmi ceux qui me paraissent les plus susceptibles de développer rapidement le pouvoir de la Volonté pour ne pas laisser divaguer la Pensée.

Avant de commencer tout exercice, il est bon de se recueillir pour se mettre dans un état de calme aussi grand que possible, et, ensuite, étant assis ou étendu sur une chaise-longue ou sur un lit, de se mettre bien à son aise et de détendre ses muscles en cherchant, à ne penser à rien.

— I. Faire une sorte de collier avec une centaine de perles quelconques, qui ne soient pas serrées les unes contre les autres. Ce collier étant fait, prendre pour tâche, en le tenant dans les deux mains, de déplacer chaque perle à gauche, à droite en les comptant. Porter sur cet acte toute son attention, toute sa volonté pour ne pas penser à autre chose, et tâcher de déplacer le plus grand nombre possible de perles en un temps donné. Moins on laissera errer la pensée, plus on déplacera de perles pendant ce temps. Il est bon de compter cinq à six cents déplacements, par exemple, de se rendre compte du temps que l'on y met, et de chercher, à chaque fois, à en mettre le moins possible.

Ce procédé, on ne peut plus insignifiant pour toute autre chose, exerce puissamment la Volonté.

— II. Etant tranquillement placé à table, les avant-bras appuyés, s'entre-croiser les doigts des deux mains et tourner très lentement les pouces l'un autour de l'autre, tantôt dans un sens, tantôt dans l'autre, aussi longtemps que possible. Au bout de quelques instants, le mouvement s'arrête dès que l'on pense à autre chose. Il

faut, donc, porter toute son attention sur ce mouvement et chercher à savoir pendant combien de temps
on peut l'exécuter sans s'arrêter. Tâcher d'augmenter
progressivement la durée de ce temps.

Comme le précédent, cet exercice, qui n'est pas fatigant, contribue très puissamment à faire prendre l'habitude de ne penser qu'à ce qu'on fait.

— III. Se mettre à table comme précédemment, placer les mains sur la table, les poings fermés, la face pal-
maire en dessous. Déployer très lentement le pouce en
surveillant le mouvement avec la plus grande attention
; ensuite, déployer l'index, puis le médius, l'annulaire
et, enfin, l'auriculaire. Refaire la même série de mouvements en sens inverse, c'est-à-dire en refermant lentement les doigts les uns après les autres. Commencer
l'exercice avec une main, puis avec l'autre et, ensuite,
avec les deux à la fois, et le continuer jusqu'à ce que l'on
puisse le faire avec souplesse, aisance et rapidité. La
durée des premiers exercices doit être de quatre à cinq
minutes, que l'on prolongera peu à peu jusqu'à huit,
neuf et même dix minutes.

Cet exercice est très fatigant au début ; mais on ne
doit pas l'abandonner sous prétexte de fatigue. La persévérance et l'esprit de méthode sont, ici, comme en
toutes choses d'ailleurs, absolument nécessaires (Atkinson).

— IV. Etant assis, placer la main droite sur le genou
droit, les doigts fermés, sauf l'index qui doit être allongé et dirigé dans la direction de la cuisse. Remuer ce
doigt de droite à gauche et de gauche à droite en surveillant le mouvement avec la plus grande attention
(Atkinson). Faire cet exercice pendant quatre à cinq
minutes au début, puis le prolonger jusqu'à huit et
même dix minutes, en tâchant de l'exécuter sans un

moment d'arrêt.

Ces quatre exercices bien dirigés permettent de devenir maître de sa pensée dans une très large mesure et de pouvoir l'orienter vers le but de ses désirs. S'ils étaient insuffisants, on pourrait en imaginer d'autres.

Dès que l'on est parvenu à les faire avec une grande facilité, on doit les abandonner, car on parviendrait à les faire automatiquement en pensant à autre chose, et le but serait manqué. C'est, ainsi, que les femmes qui tricotent ou font de la dentelle depuis longtemps bavardent en travaillant, sans que cela nuise beaucoup à leur travail.

La portée de ces exercices est considérable. On comprend facilement que si l'on parvient à éloigner toute Pensée quelle qu'elle soit pour se donner la satisfaction d'accomplir des actes qui n'ont par eux-mêmes, aucune utilité, on pourra fixer sa Pensée sur une qualité que l'on veut acquérir ou développer ; éloigner les mauvaises pensées et en mettre des bonnes à la place, comme par exemple, de chasser des idées de tristesse pour les remplacer par des idées de Gaîté ; remplacer des pensées de crainte par des pensées d'Espoir et de Confiance, des sentiments de haine par des sentiments d'Amour, etc., etc...

Dès que le plus résultat pratique est obtenu dans ce sens, qu'une bonne pensée peut prendre la place d'une mauvaise et s'y maintenir, en raison de la loi psychique que nous connaissons, cette bonne pensée en attire d'autres de même nature et repousse les mauvaises. C'est le début du développement de la personnalité magnétique qui, pour les plus favorisés, devient appréciable au bout de quelques jours.

Une fois acquise expérimentalement, même d'une

façon incomplète, cette habitude de ne penser qu'à ce que l'on fait, doit être appliquée pratiquement. Ainsi, lorsqu'on remplit une tâche, lorsque l'on accomplit un acte quel qu'il soit, noble ou trivial, on doit non seulement y mettre toute son énergie, toute son intelligence, mais faire que sa pensée ne vagabonde pas vers un autre sujet. L'action de ne penser qu'à ce que l'on fait. est complétée par la concentration.

IX. CONCENTRATION DE LA PENSÉE

La concentration est l'art de s'isoler des impressions extérieures pour forcer l'attention, vaincre l'indifférence et dominer, en même temps, les forces physiques et les forces psychiques. Se concentrer, c'est diminuer le volume de son rayonnement en le localisant sur un sujet, non pas un sujet simple, une pensée unique, par exemple, mais sur un ensemble de pensées se rapportant au même sujet.

Se concentrer, c'est ramener à leur centre ses forces dispersées, rassembler son énergie, faire appel à toute son intelligence et à toute sa volonté pour vaincre plus sûrement les obstacle qui pourraient nous empêcher d'arriver au but que nous voulons atteindre. C'est se donner corps et âme à ce que l'on fait pour le faire mieux et plus vite.

La Concentration est la résultante de l'Attention, de la Persévérance et de la Maîtrise de soi. La première fixe l'esprit d'une façon complète sur un objet déterminé ; la seconde maintient cette attention et la dernière ne permet pas à la Pensée de se détourner de cet objet.

La Concentration de la Pensée joue un rôle extrêmement important dans toutes les grandes circonstances de la vie. C'est par elle que les fakirs de l'Inde et des Indiens de l'Amérique du Nord résistent à la douleur et ne la perçoivent même pas. C'est par des pensées dérivées et maintenues sur un Idéal élevé que les martyrs du christianisme supportaient sans douleur les supplices les plus atroces, et que nos soldats horriblement blessés

sur le champ de bataille, n'ont, parfois, même pas conscience de leurs blessures.

Elle est naturelle chez quelques rares individus ; les
autres ont besoin de la développer. Napoléon la possédait naturellement à un degré extraordinairement
élevé, car il passait, avec la plus grande facilité, d'un
travail à l'autre, sans se laisser impressionner par l'idée
de celui qu'il venait de terminer, ou de celui qu'il devait
faire après. Sa journée terminée, il s'étendait, même sur
l'affût d'un canon, et s'endormait aussitôt, pour se réveiller quelques heures après avec la même instantanéité et parfaitement reposé. Beethoven, devenu sourd
à vingt ans, ne composa plus que des œuvres splendi-
des, en grande partie dues à la Concentration qu'il avait
acquise par le fait même de sa surdité.

A la prise de Syracuse par les Romains, Archimède
dessinait avec sa canne sur le sable un plan qu'il devait
exécuter pour la défense de la ville. La Concentration
de sa pensée était telle que, malgré le tumulte et les cris
de détresse de ses concitoyens, ne voyant pas que l'armée victorieuse était, à quelques pas derrière lui, il fut
tué par un ennemi sans même l'avoir aperçu.

Le Génie et même les grandes facultés de l'esprit sont
constitués par la puissance de la Concentration. Un
morceau de bois constamment, exposé au soleil le plus
ardent ne s'enflamme pas ; mais, si on interpose entre
la surface du bois et le soleil, une lentille convexe, de
telle façon que son foyer corresponde à un point, de
cette surface, on voit, bientôt, ce point noircir, fumer et
s'enflammer. La Concentration nous représente la lentille localisant exclusivement notre énergie sur le travail
que nous exécutons.

Celui qui sait concentrer sa pensée et la diriger vers
le but qu'il veut atteindre sans la laisser dévier, sans

rien perdre, décuple, de ce fait seul, sa puissance et ses moyens d'action.

L'homme, dit Atkinson, qui sait prendre un intérêt dans son travail et trouver un plaisir véritable dans sa lâche de chaque jour est, évidemment, celui qui produit le plus et qui vit le plus heureux. Il ne connaît ni l'ennui, ni la lassitude, ni le dégoût, ni l'abêtissement. L'homme qui a, sans cesse, les yeux sur la pendule ou qui suspend constamment son pic dans l'attente de la cloche, n'est qu'une pauvre et misérable machine à qui sont également défendues les joies de l'action et les satisfactions du devoir.

En se livrant quotidiennement, pendant quelques mois, à des exercices spéciaux ayant un double but. : 1° concentrer sa pensée sur une idée sans la laisser divaguer ; 2° développer son endurance et ses forces physiques, on se dégage, de plus en plus, de la vie extérieure, on se soustrait aux distractions qui sollicitent constamment l'esprit, et l'on augmente, dans une très large mesure, son habileté au travail quel qu'il soit, ses aptitudes générales et spéciales et ses moyens d'action.

Quoique Annie Besant cherche plutôt à préparer l'homme pour la vie future, elle tient, aussi, à son développement dans la vie présente. Voici ce qu'elle dit à ce sujet dans le Sentier du Disciple, p. 75, relativement à la Concentration.

Afin de vous mettre en état de lutter contre cette tendance moderne à gaspiller ses pensées, vous devez contracter l'habitude journalière de penser d'une façon suivie et de concentrer votre attention, pendant un certain temps, sur le même sujet. En guise d'exercice pour l'éducation de votre mental, prenez l'habitude de lire chaque jour quelques pages d'un livre traitant des côtés importants de la vie, de ce qui est éternel plutôt que de ce qui est transitoire, et concentrez votre mental sur ce que vous lisez. Ne lui permettez pas d'errer et de se dépenser en pure perte ; s'il s'éloigne, rappelez-le, imposez-lui, de nouveau, la même idée et, de cette façon, vous le fortifierez et commencerez à vous en rendre maîtres. Vous apprendrez, par un exercice constant, à exercer un contrôle sur lui et à lui faire suivre la voie que vous lui avez choisie. Même pour les choses de ce monde, cette faculté confère de grands avantages. Non seulement elle vous prépare à la vie supérieure qui s'ouvre devant vous, mais, encore, l'homme capable de concentrer sa pensée sur un but est celui qui réussit le mieux dans les choses de la vie. L'homme qui est en état de penser d'une manière suivie, claire et précise est celui qui saura se frayer son chemin, même dans le monde matériel. Cette constante éducation du mental vous sera, donc, utile dans ce qui est insignifiant, comme dans les choses d'un ordre plus élevé, et vous développerez peu à peu cette puissance de contrôle qui doit être l'une des qualités de l'Aspirant-Disciple.

Exerçant, ainsi, votre mental, vous atteindrez peut-être un autre résultat : la méditation.

L'éducation du mental aide certainement à la Concentration de la Pensée, mais le plus grand nombre d'entre nous feront cette éducation avec d'autant plus de facilité qu'ils se seront, déjà, rendus Maîtres de leurs mouvements physiques. J'estime qu'il est même très utile de pratiquer l'Isolement avant de commencer n'importe quelle série d'exercices. Tous les exercices de gymnastique sont bons, car en développant la force, les forces physiques, on développe dans une large mesure la faculté de se concentrer. S'il en est ainsi, je n'exposerai que ceux qui suivent. Les trois premiers sont décrits par Atkinson.

— I. — Tenez-vous droit sur votre chaise, la tête

ferme, le menton développé et les épaules aussi effacées que possible. Elevez latéralement le bras droit jusqu'à la hauteur de l'épaule, tournez la tête à droite en regardant le bout des doigts, et en maintenant le bras dans sa position horizontale pendant une minute au moins. Faites la même expérience avec le bras gauche, et quand vous serez arrivé à des mouvements aisés et précis, augmentez la durée de jour en jour. Accroissez-en le temps de une à deux minutes, puis de deux à trois et, ainsi, jusqu'à cinq.

— II. Prenez un verre d'eau, tenez-le entre les doigts et tendez le bras droit bien en face de vous. Immobilisez-le autant que possible, de manière à éviter à votre verre toute trépidation. Augmentez la durée de l'expérience de la même manière et dans la proportion indiquée précédemment.

— III. Prenez un crayon, et donnez-vous tout entier à cet objet. Considérez-le, retournez-le, pesez-le ; demandez-vous quel en est l'usage, quelle en est l'utilité, quelle en est la matière première, quel en est le mode de préparation, etc... Ne vous laissez distraire par rien... Imaginez-vous que vous ne sauriez donner à votre vie un meilleur emploi ni un plus noble but que l'étude de ce crayon. Imaginez-vous même que le monde entier se trouve résumé dans cet objet et que l'univers ne contient que lui et vous. Attachez-vous à cette fusion, persistez-y, immobilisez-vous à cela, et votre expérience réussira. Mais il ne faut point croire que son extrême simplicité soit un gage de succès. Il vous sera, au contraire, d'autant plus malaisé de la mener à bien qu'elle est plus élémentaire. On fixe difficilement toute sa force intellectuelle à un objet misérable et, la vôtre cherchera sans cesse à briser les limites dans lesquelles vous l'aurez enserrée. Mais, pour réussir, ayez de l'énergie, de la volonté, de la persévérance, et ce succès sera pour vous une victoire plus appréciable que vous ne le pensez.

— IV. En vous promenant, examinez attentivement les personnes que vous rencontrez, et notez, le plus exactement possible, la coupe et la couleur de leurs vêtements, de leurs chaussures et de leur coiffure, le teint et la forme de leur visage, la couleur et l'épaisseur de leur chevelure, leur attitude; leurs gestes, leurs manières, etc... Faites-en autant pour les choses, et vous acquerrez vite la faculté de voir rapidement, mais, aussi, celle de vous souvenir longtemps de ce que vous avez vu.

Les résultats obtenus par la mise en pratique de ces exercices répétés jusqu'à l'entraînement, sont considérables pour ceux qui se donnent la peine de les pratiquer consciencieusement. Ils peuvent, alors, maîtriser leurs pensées et leur imprimer un mouvement déterminé selon leurs goûts, leurs désirs, leurs tendances, leurs besoins. Ils sont beaucoup plus forts, mieux équilibrés au physique et au moral, plus complètement maîtres de leur corps et de leur esprit. Ils peuvent faire leur travail habituel mieux et plus vite, se reposer quand ils veulent, aussi bien le jour que la nuit, et sentir que leur personnalité magnétique se développe et grandit rapidement.

Deux exemples choisis parmi les plus simples et les plus familiers vont faire comprendre l'utilité de ce développement.

— Une ménagère qui ne peut pas fixer sa pensée sur ce qu'elle fait, fait toujours mal son ouvrage.

Son couvert, par exemple, n'est qu'à moitié placé ; et à chaque instant du repas, l'un s'aperçoit qu'il lui manque un couteau, un autre une fourchette ; et tous manquent de ceci ou de cela : on se plaint ; et la ménagère, qui n'a pas mauvaise volonté, s'excuse en disant simplement : Ma foi ce n'est pas de ma faute ; je l'ai encore oublié.

Rien ne sera plus oublié à l'avenir si elle suit les prescriptions indiquées ; car, sachant ce qu'elle doit faire, elle le fera parfaitement, sans aucun effort, étant devenue capable de concentrer sa pensée sur la seule idée de placer son couvert, au lieu de la laisser vagabonder. La mémoire étant, ainsi, toujours en éveil, l'oubli ne sera plus possible.

— En se promenant pour se distraire et se reposer, beaucoup de gens gesticulent, remuent les lèvres comme s'ils parlaient, parlent même à demi-voix, comme s'ils s'entraînaient avec des êtres invisibles ; et, en effet, ils sont encore à leurs affaires, discutant et même se disputant avec un concurrent, avec un client, avec un fournisseur. Agités, énervés, voyant à peine ceux qui les coudoient, ils courent d'un pas automatique après des chimères, se fatiguent encore, se fatiguent toujours ; et, peu à peu, l'épuisement arrive.

Il n'en sera plus ainsi pour le plus distrait qui s'astreindra à mettre en pratique les exercices indiqués, car il acquerra rapidement le pouvoir de concentrer sa pensée sur un seul objet, et, au point de vue où nous nous plaçons ici : sur la promenade qui le reposera au lieu de le fatiguer.

X. MEDITATION

La méditation est un état de Concentration dans lequel entre notre esprit pour réfléchir sur un sujet quelconque, l'examiner sérieusement, l'approfondir et chercher à le connaître aussi complètement que possible.

C'est dans les grandes Méditations, où toutes les facultés de l'Ame sont concentrées par le Désir et la Volonté sur un sujet, unique, que les saints de toutes les religions tombent en extase, se dédoublent et sont vus en plusieurs endroits à la fois et, même, que leur corps physique, malgré les lois de la pesanteur, peut s'élever au-dessus du sol et flotter dans l'air. Au temps de la sorcellerie on a, souvent, observé le dédoublement des sorciers qui se rendaient au loin pour accomplir leurs méfaits ou qui croyaient se rendre au sabbat. Dans le Fantôme des Vivants, je cite des exemples frappants de ces phénomènes étranges.

C'est dans la Méditation que l'on cherche l'inspiration, c'est-à-dire, d'après la définition de ce mot au point de vue philosophique, que l'on met en activité toutes ses facultés intellectuelles pour découvrir quelque chose de bien, de beau et d'utile.

Si l'action de ne penser qu'à ce que l'on fait est complétée par la Concentration de la pensée sur un objet physique, la Méditation permet de fixer toute notre attention sur un sujet abstrait, philosophique ou autre, que nous voulons étudier à fond.

La Méditation consiste à conserver l'idée d'un sujet, en l'empêchant de traverser trop vite le champ de la conscience, pour l'obliger à éveiller en nous les idées et les sentiments qu'il est susceptible de donner ; à repousser les pensées et les sentiments défavorables qui pourraient encore nous assaillir ; à porter sur les diverses circonstances de la vie un regard pénétrant pour en saisir jusqu'aux moindres détails ; à utiliser fructueusement les ressources qui sont à notre disposition et éviter les dangers auxquels nous sommes constamment exposés. Elle permet d'acquérir la force, l'endurance, la vertu qui caractérisent les âmes élevées ; et, comme le dit judicieusement Atkinson, elle *« assure le moyen de s'équiper pour le présent et de se préparer pour l'avenir »*.

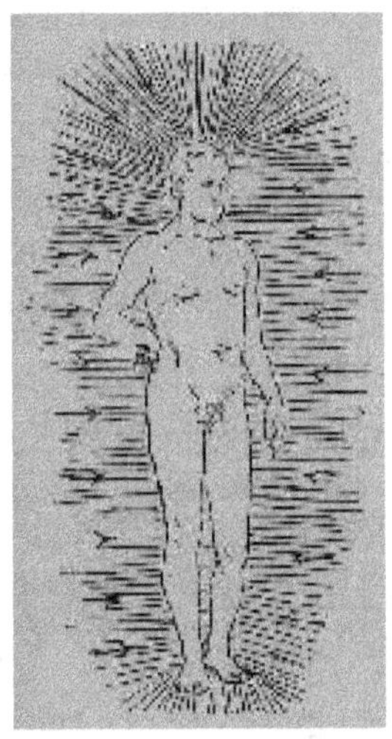

Fig. 26. La conscience est ouverte pour recevoir.

Pour méditer utilement, il faut être dans de bonnes dispositions physiques et morales, et se préparer par l'Isolement pendant cinq à six minutes au moins. Ouvrir, ensuite, complètement le champ de la conscience pour recevoir toutes les influences, toutes les pensées, toutes les idées, tous les sentiments qui peuvent, y pénétrer ; les discuter, garder les bons, repousser les mauvais, et concentrer son énergie sur les résolutions que l'on veut prendre. La figure 26 fait bien comprendre ce qui se passe dans l'état méditatif ; on reçoit de toutes parts des intuitions, des pensées et des forces que l'on utilisera selon ses besoins.

Si on ne fixe pas son attention sur un sujet spécial, on cherche à évoquer les idées du beau, du bien, du bon, de l'utile ; à faire naître en soi des sentiments d'intérêt général, à éveiller des mouvements d'affection, à découvrir une voie nouvelle que l'on puisse suivre avec succès, à chercher à établir des règles de conduite.

Fixant, au contraire, son attention sur un sujet déterminé, on cherche à le considérer dans tous ses détails, sous tous ses aspects, dans le but de balancer les avantages et les inconvénients ; on raisonne sur les uns et sur les autres pour calculer les chances de réussite et parvenir, le plus sûrement, au but que l'on veut atteindre.

Au point de vue où nous nous plaçons, nous pouvons prendre comme sujet de méditation le développement de notre personnalité magnétique, en analysant toutes les impressions qui ne manqueront pas de se faire sentir, et en cherchant à bien comprendre les avantages qu'il y a à ne rien négliger pour y parvenir. On peut, ensuite, prendre un sujet particulier : vouloir, par exemple, se débarrasser d'un défaut et développer plus particulièrement telle ou telle qualité que l'on désire mettre à la place.

Presque tous, nous avons plus ou moins conscience

qu'il y a en nous, c'est-à-dire en notre corps physique, comme je l'ai déjà expliqué, deux principes ; l'un qui régit nos facultés instinctives, c'est l'Astral, le Subconscient ; l'autre qui régit nos facultés morales, c'est le Mental, l'Ame, le Moi des philosophes. Mais cette idée est plus ou moins confuse, et il arrive, souvent, qu'en voulant la comprendre mieux on la laisse échapper.

Dans la méditation, en rapportant tout à soi-même, en se considérant comme le centre de la vie extérieure, on parvient non seulement à comprendre assez facilement le mécanisme de notre triple individualité, mais, aussi, la grandeur du but que chacun de nous doit atteindre.

En parlant de l'individu qui cherche son moi, Atkinson s'exprime ainsi :

...Qu'il se dépouille, pour un instant de sa personnalité physique, qu'il s'isole complètement de la vie extérieure, qu'il se réduise à une simple abstraction et se dise : « Où est et que représente mon individualité ? » Il en saisira, le plus souvent, l'idée que nous en avons mous-même, que nous ne pouvons définir — tant elle est abstraite — et que nous voudrions donner — tant elle importe à la conduite et au bonheur de l'homme. S'il arrive que cette idée ne se dégage pas des premières expériences, d'autres essais devront être tentés jusqu'à son complet rayonnement. Quand il sera arrivé à ce résultat, un sentiment de joie immense le pénétrera. Il aura compris le problème de ses origines et de sa fin, saisi, dans sa signification, supérieure, l'idée de la vie et de sa propre destinée, pénétré l'au-

delà et se sera élevé jusqu'aux horizons cé-
lestes. Il aura, enfin, compris l'éternité et
saura, désormais, que si son être physique
est misérable, si son être intellectuel est
provisoire et borné, son être moral, du
moins, est éternel et infini. L'œuvre de la
création lui apparaîtra dans toute sa ma-
gnificence et lui, si petit, si borné, si fugitif,
se verra dans la chaîne des siècles et dans
l'immense univers comme le trait impéris-
sable et sublime qui relie les générations du
passé à celles de l'avenir (La Force-
pensée).

On peut méditer partout : dans les champs, dans les bois, à toute heure du jour ou de la nuit; mais c'est, sur-tout, dans la solitude que l'on en profite le mieux. Ceux qui sont peu sensitifs méditent très bien au clair de lune, ou près d'une cascade. A mon avis, la meilleure méditation est celle que l'on fait en se couchant, à la condition de s'endormir sur la résolution que l'on vient de prendre, c'est-à-dire en pensant doucement faire à l'avenir telle ou telle chose ou éviter telle ou telle action.

Il y a un écueil à éviter, c'est de s'abandonner à la rê-verie ; car, dans cet état, l'attention sommeille, laissant les trames d'idées et de sentiments se jouer librement dans le champ de la conscience et s'enchaîner sous l'ac-tion des influences les plus insignifiantes et, parfois, les plus imprévues. La rêverie sentimentale, qui mène trop facilement aux idées attendrissantes, est particulière-ment nuisible au développement de la personnalité ma-gnétique, car elle est susceptible de nous faire perdre notre énergie.

Bien dirigée, la méditation devient l'un des facteurs les plus importants du développement de l'Individualité magnétique. Dans l'éducation de la volonté, Payot, qui ne la considère qu'au point de vue philosophique, s'exprime ainsi :

Elle donne naissance à de puissants mouvements affectueux. Elle transforme en résolutions énergiques les velléités. Elle neutralise l'influence des suggestions du langage et de la passion. Elle permet de plonger dans l'avenir un regard lucide et de prévoir les dangers d'origine interne, d'éviter que les circonstances extérieures donnent des secours à notre paresse native...

Elle permet de dégager de l'expérience de chaque jour des règles, d'abord, provisoires, qui vont se confirmant, se précisant, et finissent par acquérir l'autorité des principes directeurs de la conduite (1905, p.123).

Elle nous fait percevoir, par les sens de l'Ame, des impressions que les sens du corps ne saisissent pas. En dehors de cela, elle nous apporte des résolutions sérieuses, des forces morales, dos forces intellectuelles et, même, des forces physiques.

XI. L'ISOLEMENT

L'organisme humain, d'ailleurs comme tous les organismes vivants, est, naturellement, soumis à des périodes d'activité pendant lesquelles il dépense de la force, et à des périodes de repos, dans lesquelles il récupère les forces perdues. Ces deux périodes, bien différentes l'une de l'autre, sont l'état de veille pendant lequel on travaille, et le sommeil pendant lequel on se repose. Le corps est l'instrument de l'Ame ; c'est un réservoir naturel de force mentale qui a besoin d'être en bon état pour travailler utilement. S'il est fatigué, l'Ame, qui est obligée de dépenser plus de force pour l'entretenir qu'elle n'en dépense normalement, se fatigue, et, même, s'épuise.

L'enfant, qui travaille, surtout, au développement de son corps physique, a besoin de dormir au moins la moitié du temps ; et l'adulte, quoique le corps physique soit formé, a encore besoin de dormir environ le tiers du temps. S'il ne dort pas assez, ses forces physiques, comme ses forces morales, ne sont plus suffisamment renouvelées; il y a fatigue d'abord, épuisement ensuite, et la neurasthénie, avec son triste cortège d'incapacités, ne tarde pas à se déclarer.

Si les pensées sont des choses et si leur manifestation est accompagnée d'une émission de force, comme je l'ai démontré, il est indispensable de savoir penser, de régler convenablement le cours de ses pensées ; et, surtout, à certains moments, de ne penser a rien.

Pendant la veille, surtout lorsque nous pensons à plusieurs choses à la fois, nous envoyons de la force dans plusieurs directions, et nous nous fatiguons vite. Etant fatigués, si nous pouvions arrêter cette dépense de force et rappeler à leur centre, c'est-à-dire à nous-mêmes, tous les efforts éparpillés, nous reprendrions très rapidement nos forces perdues. Nous serions aptes à livrer chaque jour beaucoup plus de travail, à le faire mieux et avec plus de facilité.

Napoléon possédait ce pouvoir à un degré très élevé. A un moment donné, il pouvait s'isoler et récupérer très rapidement les forces qu'il avait perdues ; aussi dormait-il peu. De plus, il s'endormait et se réveillait à peu près complètement avec une instantanéité qui a étonné tous les psychologues ; et, parfaitement reposé, il était, alors, frais et dispos.

C'est un pouvoir que tout le monde peut acquérir en se donnant la peine de s'entraîner progressivement à faire un exercice, ennuyeux, et fatigant les premiers jours, mais qui ne tarde pas à donner les résultats les plus encourageants. Cet exercice a pour but d'apprendre à s'isoler du monde extérieur, à conserver à soi les forces que la pensée vagabonde et indisciplinée envoie inutilement de tous côtés et à ne pas les laisser s'enfuir. C'est la retraite du silence de turnbull.

L'Isolement peut être pratiqué partout ; chez soi comme dehors, le jour comme la nuit, assis ou couché. Mais, pour le débutant, il vaut mieux se retirer dans une chambre à demi-obscure, loin du bruit, pour ne pas s'exposer à être dérangé. Il faut se placer confortablement, assis dans un fauteuil, ou, mieux encore, étendu sur une chaise-longue ou sur un lit, les paupières abaissées sans efforts sur les globes oculaires et les poings à demi-fermés. Là, détendre complètement ses nerfs, relâcher ses muscles de la façon la plus absolue; et, dans le plus grand calme, faire un effort mental, d'abord pour attirer à soi les forces du dehors, ensuite pour arrêter l'émission de ses pensées.

La bouche doit être fermée sans que les lèvres soient serrées et la respiration doit se faire lentement par le nez seulement. Le champ de la conscience doit être entièrement fermé et il faut repousser, dès qu'elle paraît, toute pensée quelle qu'elle soit ; en un mot, ne penser à rien.

Cela est extrêmement difficile, surtout au début, mais lorsqu'on a vaincu toutes les difficultés, l'Isolement est l'exercice le plus agréable que l'on puisse faire.

Il est, donc, indispensable à ceux qui veulent acquérir de grands pouvoirs et goûter à la joie et à la satisfaction que procure le résultat du travail accompli, de se soumettre le plus régulièrement possible à des exercices rigoureux, deux à trois fois par jour, pendant quatre à cinq minutes d'abord, puis, ensuite, pendant un temps plus long, au fur et à mesure que la fatigue disparaît, jusqu'à ce que l'on soit parvenu à un entraînement suffisant.

En continuant à développer cette faculté, on parvient à s'isoler assez du monde extérieur pour pouvoir se livrer à cet exercice au milieu du bruit et pendant que les siens vont et viennent autour de soi. Les bruits du dehors, même lorsqu'ils sont intenses, ne sont, bientôt, plus perçus que très faiblement. La sensibilité diminue de telle façon que, si une mouche vient à se poser sur le nez, par exemple, elle ne vous gêne pas, et vous ne pensez pas à faire le plus petit mouvement pour la chasser. Les membres s'alourdissent ; il semble que vous auriez de la peine à les soulever, et vous restez là avec la plus grande satisfaction.

Lorsque l'entraînement est encore plus grand, au bout de huit à dix minutes d'un isolement à peu près complet, on se trouve dans une délicieuse langueur. On perçoit les bruits du dehors, mais ils sont complètement indifférents ; et, chose digne de remarque, on les entend à une distance considérablement plus grande que d'habitude. On a conscience que l'on est extériorisé et que l'on a tendance à se dédoubler, car il semble que l'être réel plane au-dessus du corps ; dans tous les cas, on comprend que le dédoublement conscient est possible, c'est-à-dire qu'en dehors du sommeil, l'Ame peut abandonner le corps physique et pénétrer dans l'astral pour y recueillir des impressions et des connaissances.

Au sortir de cet état, qui cesse à peu près instantanément dès qu'on l'a décidé, on est transformé au point de vue physique. S'il a duré, seulement, vingt à vingt-cinq minutes, on est presque aussi bien reposé qu'après une nuit d'ecellent sommeil.

Pour obtenir les meilleurs résultats, il est bon d'observer certaines conditions physiques ; par exemple, de se placer toujours en position hétéronome avec le courant magnétique de la terre. Ainsi, étant assis, se tourner la face au nord ou à l'ouest ; couché, la tête au nord et les pieds au sud, ou en cas d'impossibilité, la tête à l'est et les pieds à l'ouest, comme je l'explique dans ma Physique magnétique.

En dehors du repos qu'il procure très rapidement, l'isolement permet de travailler mieux et plus longtemps, et, au besoin, de diminuer le nombre des heures consacrées au sommeil. Il fortifie considérablement l'énergie de la Volonté et rend complètement maître de ses pensées celui qui l'atteint à un très haut degré. Pratiqué le soir au lit, il permet de vaincre l'insomnie la plus rebelle. En donnant la possibilité de former le champ de la conscience, il procure la tranquillité la plus parfaite à ceux qui sont tourmentés par une imagination déréglée. Cette particularité permet, même, d'es-

pérer la guérison de l'obsession et des idées fixes, surtout si ceux qui en sont affligés se soumettent à l'action
d'un puissant magnétiseur sachant s'isoler lui-même.

XII. SUGGESTION ET AUTOSUGGESTION

Théorie. — Pratique. — L'Autosuggestion pendant le sommeil. — Auto magnétisation. — L'Attitude, les gestes et les mouvements. — Absorption de l'énergie. — Cherchez et vous trouverez. — La Suggestion. — Suggestion mentale. — Pour éviter les suggestions des autres.

Pour les gens du monde, la Suggestion est, le principal et même l'unique moyen d'action employé par l'hypnotiseur pour faire manger à ses sujets des pommes de terre crues pour des fruits délicieux, leur faire commettre des crimes imaginaires et obtenir d'eux tout ce qu'il désire pour l'ébahissement des badauds. Pour le plus grand nombre des médecins et des hypnotiseurs, elle peut guérir, parfois instantanément, presque toutes les maladies. Tout cela est vrai ; et si on savait la pratiquer convenablement, on obtiendrait bien plus encore.

Si la suggestion joue le rôle prépondérant dans les phénomènes de l'hypnotisme, elle est presque sans importance dans ceux du Magnétisme physique ; et l'on peut même affirmer, sans crainte d'être démenti par tout observateur impartial, que neuf fois sur dix au moins, la suggestion des hypnotiseurs n'y exerce pas la plus petite action.

Je n'entends, en aucune façon, parler ici de l'hypnotisme, que je considère comme l'ombre du magnétisme, le revers de la médaille, le mauvais côté sur lequel sont naturellement groupés les inconvénients que les magnétiseurs ont su éviter, car ces inconvénients peuvent devenir dangereux entre des mains impures ou, seulement, inexpérimentées. Je me contenterai de dire que, contrairement à ce que soutiennent presque tous les hypnotiseurs, on observe deux ordres de phénomènes bien distincts : d'une part, le magnétisme, dont le principal agent est un fluide, ou un mouvement vibratoire se communiquant, par ondulations, du magnétiseur au magnétisé ; d'autre part, l'hypnotisme, qui n'admet d'autre moyen d'action que la suggestion mettant en jeu l'imagination de l'hypnotisé.

Au figuré, la suggestion peut être considérée comme l'ivraie de l'Evangile, contenant plus ou moins de bon grain. L'ivraie seule, c'est le mal que peut faire l'hypnotiseur en suggérant des mauvaises idées et en faisant des expériences, amusantes peut-être pour le public, mais toujours fatigantes et, souvent, nuisibles pour le sujet, car elles sont susceptibles de laisser chez lui des impressions pénibles plus ou moins durables. Même tout en voulant être utile, en suggérant constamment de bonnes idées, l'hypnotiseur peut nuire, car toute suggestion a tendance à transformer le sujet en automate, qui perd, ainsi, peu à peu, le pouvoir de se diriger convenablement lui-même. Il se trouve, alors, dans un état analogue à celui de la pendule qui doit toujours être remontée au bout d'un certain temps.

Le bon grain pouvant être extrait de l'ivraie représente les avantages que la suggestion, bien comprise et parfaitement appliquée dans un but louable et désintéressé, peut donner à celui qui veut bien la recevoir.

Ne voulant rien perdre, je vais tâcher de séparer le bon grain du mauvais, d'abandonner celui-ci et de donner à l'autre toute l'importance qu'il mérite.

La suggestion est l'art de faire réagir le moral sur le physique, d'imposer une idée et d'en assurer l'exécution.

Les Pensées et les associations de pensées que l'on appelle des Idées sont des forces extraordinairement puissantes, car d'elles-mêmes, elles créent de toutes pièces ce que l'on veut avec persévérance, et même ce que l'on ne voudrait pas. C'est une arme à deux tranchants ; car toute idée acceptée par le cerveau se transforme en acte à une échéance d'autant plus rapprochée qu'elle revient plus souvent dans le champ de la conscience.

A l'époque de Charcot et de l'Ecole hypnotique de Nancy, la suggestion se pratiquait exclusivement pendant l'hypnose ; maintenant, les hypnotiseurs suggèrent presque aussi bien à l'état de veille qu'à l'état de sommeil ; il ne leur faut pour cela que le consentement du sujet. Ces praticiens ont parfaitement raison, car il est évident que nous sommes tous plus où moins aptes à recevoir les idées des autres et à imiter leurs exemples.

Toutes les idées qui nous sont imposées verbalement dans un but quelconque, constituent la Suggestion. Mais, les idées viennent encore très souvent par d'autres moyens, pour s'imposer plus ou moins à notre attention. C'est ce qui a lieu souvent dans la conversation ou lorsqu'on écoute un conférencier éloquent et sympathique. Dans un cas comme dans l'autre, elle se produit toujours de celui qui parle à celui qui écoute et d'autant mieux que celui-ci écoute plus passivement, surtout lorsqu'il est moins évolué que le premier.

La suggestion peut encore se faire mentalement, c'est-à-dire sans le secours de la parole et, même, sans aucun geste extérieur, rien qu'en formulant intérieurement sa pensée, son désir, sa volonté, pour la transmettre à travers le milieu ambiant. C'est la Suggestion mentale, ou vulgairement transmission de pensée. Certains praticiens entraînés à cela font, avec des sujets également entraînés, des expériences fort intéressantes.

La transmission de pensée se fait, aussi, d'elle-même, sans qu'on le veuille, et, cela, beaucoup plus souvent qu'on ne le pense. Ainsi, vous pensez à une personne et au bout de quelques instants, on frappe à, votre porte ; vous ouvrez, et vous êtes tout surpris de voir la personne à laquelle vous venez de penser. Que s'est-il passé ? — La réponse est simple ; la pensée active de votre visiteur était dirigée vers vous ; et à quelques centaines de mètres de votre domicile, elle s'est communiquée à vous. Cette transmission se fait même à des distances très éloignées. En voici un exemple : — Un parent ou un ami éloigné pense à vous et vous écrit ; à cet instant, précis, vous pensez à lui en vous disant : « J'aurai, bientôt, de ses nouvelles. » En effet, le prochain courrier vous apporte, presque toujours, une lettre de lui.

Voici un fait qui n'est pas aussi commun, mais qui n'en est pas moins évident pour tous. Une mère a, souvent, conscience de l'accident qui vient, à l'instant même, d'arriver à son enfant éloigné de plusieurs milliers de kilomètres. Le prochain courrier, qui n'arrivera parfois que dans trois ou même quatre semaines, lui confirmera le bien fondé de cette action télé psychique.

L'apparition simultanée d'une idée nouvelle, soit d'ordre politique, littéraire, scientifique ou industriel, dans plusieurs localités éloignées l'une de l'autre, n'est pas due au hasard, mais à la pensée constante d'un individu travaillant sans relâche à l'élaboration de son idée ou de son invention, idée qui rayonne autour de lui et se communique à d'autres individus qui la travaillent et qui parviennent à la réaliser. On donne une explication très rationnelle de ce phénomène en disant : celle idée est dans l'air, ce qui veut dire qu'étant née quelque part, elle s'est répandue partout. C'est, ainsi, que s'expliquent les progrès extraordinairement rapides de l'aviation, dont la possibilité était discutée partout depuis longtemps. Avant même qu'en Amérique les frères Wright eussent terminé en secret leurs premiers essais, des constructeurs d'aéroplanes surgirent partout, en France et ailleurs, car les inventeurs, qui seuls étaient susceptibles de recevoir cette idée « qui était dans l'air », se mirent à la tâche et donnèrent bientôt, isolément, des modèles nouveaux.

La transmission de la pensée suggestive se fait constamment d'un milieu dans un autre. La lecture d'un roman ou d'un simple article de journal, la pluie ou le beau temps, le thermomètre qui monte ou qui descend, le vent qui souffle, la mode, et ce que l'on appelle les usages et les convenances modifient, à chaque instant nos dispositions à faire ceci ou cela ; et, à notre insu, c'est presque toujours sur les résolutions des autres que nous agissons. Nous sommes les esclaves de nos passions et de nos besoins ; et ceux-ci sont, toujours, inconstants, car ils sont sans cesse modifiés par une idée qui, presque toujours, nous vient du dehors. Certaines circonstances nous font désirer une chose à un moment donné, quand, quelques instants après, d'autres circonstances imprévues substituent ce désir à un autre.

On sait que la vue d'un objet qui nous plaît éveille en nous l'idée de le posséder. Notre appétit s'ouvre réellement en voyant nos semblables devant une table bien garnie. La vue d'une jolie femme tente un homme jeune et fort, comme réciproquement, la vue d'un beau garçon éveille la tentation chez la femme ; et la tentation est un acte qui commence. Elle justifie parfaitement ce proverbe : l'occasion fait le larron.

En somme, tout ce qui frappe nos sens, agit sur nous à la façon d'une suggestion, souvent très légère, c'est vrai, mais, si nous lui donnons de l'importance, elle peut devenir énergique et nous faire beaucoup de bien ou beaucoup de mal; en un mot, la suggestion est en tout et partout.

Tous les psychologues sont d'accord pour affirmer que les idées et les impressions qui nous viennent du dehors constituent la Suggestion ; et que, lorsque ces idées et impressions viennent de nous, comme les résolutions que nous croyons prendre librement, il y a autosuggestion. Ce mot est un mot hybride, qui vient du grec autos, soi-même, et du latin suggerere, placer dessous, faire impression, c'est-à-dire impression qu'on se fait à soi-même, ou, plus exactement, impression qui naît dans notre esprit.

Mais, les limites qui séparent la suggestion de l'autosuggestion sont tellement vagues, que l'on peut dire qu'elles n'existent pas. Dans tous les cas, il importe peu que ce soit l'une ou l'autre qui nous impressionne, car toute suggestion pour se réaliser, doit être acceptée par le suggestionné ; et si, après l'avoir acceptée, celui-ci la développe et la cultive, elle devient une véritable autosuggestion, qui est beaucoup plus puissante que la simple suggestion.

Telle que la comprennent, maintenant, les psychistes les plus avancés, l'Autosuggestion est La forme de la Pensée la plus puissante que l'homme ait à sa disposition.

La Prière et la Foi, qui nous sont des formes supérieures de la Pensée, produisent ce qu'on appelle improprement le miracle, tandis que l'imagination, forme inférieure de la même pensée, indépendamment des mille et un méfaits qu'elle nous cause, nous rend malades beaucoup plus souvent qu'on ne le pense et peut même nous tuer à l'instant précis que l'on aura fixé d'avance. J'en donne des preuves évidentes dans le chapitre traitant de la Thérapeutique psychique. C'est une arme à deux tranchants, qui produit en nous le bien et le mal ; et, comme le plus grand nombre d'entre nous sont encore fort loin d'être affranchis de ce dernier, il en résulte que le mal s'obtient beaucoup plus facilement que le bien. C'est pour cela que le miracle est fort rare et que la mélancolie, les idées fixes et l'obsession sont extraordinairement fréquentes.

Théorie. — Le corps physique n'est que l'instrument de l'astral et du mental. C'est la pioche entre les mains de deux terrassiers qui se remplacent tour à tour pour faire un travail qui n'exige pas constamment les mêmes aptitudes.

Comme j'ai tâché de le faire comprendre dans la première partie de cet ouvrage, les suggestions sont des actes exécutés par l'astral, la conscience inférieure ou subconscience, l'être impulsif ou subjectif, qui dirige complètement les fonctions physiques pendant le sommeil, et plus ou moins complètement dans tout autre état voisin dans lequel le mental, la conscience ordinaire, l'être objectif n'exerce pas une surveillance active.

Dans le sommeil hypnotique, le mental, qui se repose complètement, qui est même absent, ne gouverne pas l'organisme et la suggestion pénètre directement sous l'influence de la volonté de l'hypnotiseur, non pas dans la conscience ordinaire, mais dans l'inférieure, et s'exécute presque fatalement, à l'insu même du mental qui l'a toujours ignoré. Dans tout autre état voisin, où le mental, sans être absent, ne gouverne pas complètement, comme dans la rêverie, par exemple, elle pénètre, en quelque sorte, par surprise et a tendance plus ou moins grande à être exécutée, car le mental, qui la connaît à peine, n'y oppose qu'une faible résistance. A l'état de conscience pleine et entière, la suggestion peut encore pénétrer dans la conscience inférieure, si celle-ci est volontairement ouverte, comme lorsque le sujet demande à être suggéré dans un but quelconque, ou lorsqu'il veut s'autosuggérer. Dans ce dernier cas, la suggestion pratiquée à l'état de veille, pénètre dans la conscience ordinaire ou conscience de veille et se transforme en autosuggestion.

Considérées sous un autre aspect, les fonctions du mental et de l'astral forment à peu près ce que les philosophes appellent l'entendement, c'est-à-dire l'intelligence et la sensation confondues ensemble. Séparées l'une de l'autre comme je le fais ici, elles constituent la fonction active, qui appartient au mental et la fonction passive qui est celle de l'astral.

Ces deux fonctions existent toujours ensemble chez tous les individus, mais à des degrés très différents. L'homme fort, résolu, volontaire, de prompte exécution est, surtout, gouverné à l'état de veille par la fonction active qui domine l'autre ; l'irrésolu, qui obéit instinctivement, d'une façon automatique, est, au contraire, gouverné, le plus souvent, par la fonction passive.

Le premier est l'homme capable de suggérer, d'imposer sa volonté et qui ne reçoit que peu de suggestions ; le second est, toujours, plus disposé à recevoir les suggestions qu'à les donner, à obéir qu'à commander. Mais, l'un et l'autre reçoivent ou repoussent constamment, selon leur degré d'activité, des incitations suggestives plus ou moins nombreuses qui leur viennent du dehors.

Quelle que soit, d'ailleurs, la théorie de la suggestion

— du moment qu'elle désigne maintenant tous les actes de la subconscience, — il est évident qu'elle s'exerce à des degrés très divers chez le plus grand nombre d'entre nous, à l'étal de veille, surtout lorsque nous y pensons le moins. S'il en est ainsi, nous devons la connaître, autant pour profiter des avantages qu'elle peut nous donner que pour éviter les dangers auxquels elle nous expose.

Dans l'Education rationnelle de la volonté, P.-E. Lévy attache une si grande importance à l'autosuggestion qu'il la considère comme l'unique base de son système d'éducation. Mais il nous la représente comme un fait grossier, matériel, qu'il ne raisonne pas au point de vue spiritualiste. Il impose brutalement une idée. Il y a quelque chose d'aride, d'incomplet qui vous laisse froid ; on sent qu'il ne s'adresse au présent que pour améliorer un avenir trop limité. Malgré cela, sa méthode est claire et certainement susceptible de donner de bons résultats. Les auteurs américains que j'ai cités en première ligne, plus particulièrement Mulford, Atkinson et Turnbull sont beaucoup plus pratiques, et leur méthode doit être préférée comme étant susceptible de donner de meilleurs résultats, surtout en ce qui concerne le développement de l'individualité. Avec ces derniers, on a conscience que l'on avance d'un pas assuré, d'étape en étape, vers les profondeurs infinies de l'avenir, et que rien de ce que l'on fait en ce moment ne sera jamais perdu. Néanmoins, en indiquant sommairement les conditions qui me paraissent les plus avantageuses pour obtenir le plus facilement, de l'autosuggestion, ce qu'elle est susceptible donner, je vais m'inspirer des uns et des autres.

Je viens de dire que la suggestion pratiquée dans le sommeil hypnotique pénètre dans la subconscience et que la suggestion donnée à l'état de veille s'incorpore dans la conscience ordinaire, plus élevée. L'Autosuggestion simple appartient, également, à la conscience ordinaire, mais, lorsqu'elle est pratiquée souvent, avec un grand désir et une volonté douce mais inébranlable, elle s'élève jusqu'à la surconscience et devient, alors, une faculté supérieure de l'Ame, qui est capable de produire tous les résultats cherchés.

Elevée à ce degré, l'Autosuggestion peut, très facilement, vaincre la crainte et la timidité, faire naître l'Assurance et la Confiance en soi, augmenter l'Endurance, développer la Mémoire, donner le Courage et l'Energie. Elle constitue le plus puissant moyen à employer pour la construction du Caractère et l'Evolution de l'Etre psychique ; pour abandonner ses mauvaises habitudes et en prendre de bonnes, pour vaincre les passions telles que l'habitude de fumer, l'ivrognerie, la morphinomanie et autres manies du même genre ; pour la guérison de la mélancolie, des idées fixes, de l'obsession, de l'envoûtement, et de toutes les maladies les plus incurables. L'envoûtement, l'obsession, les idées fixes et la mélancolie disparaîtront facilement si le malade peut admettre que c'est sa pensée, concentrée sans cesse sur ses malaises, qui a déterminé, peu à peu, la terrible maladie devant laquelle la médecine officielle reste toujours impuissante. Et ces divers résultats sont obtenus d'autant plus facilement que l'on possède plus complètement la Maîtrise de soi.

Pour les malaises passagers et les simples douleurs, quelques autosuggestions suffisent, mais, lorsqu'il s'agit de maladies incurables et des divers cas que je viens d'énumérer, il est indispensable qu'elles soient presque constantes le jour et la nuit, ou, tout au moins, qu'elles soient répétées très souvent et qu'elles occupent la plus large place dans la conscience. Dans tous les cas, on peut d'avance avoir la certitude la plus absolue que l'on obtiendra toujours des résultats proportionnels à la somme de Pensée, de Désir, de Confiance et de Bonne volonté que l'on aura dépensée pour cela.

Pratique directe. — Pour pratiquer l'Autosuggestion avec certitude d'un succès rapide, il faut procéder avec beaucoup de méthode. Il est, d'abord, nécessaire de détendre ses nerfs et de relâcher ses muscles ; puis, de concentrer sa pensée sur les avantages que donnent les qualités que l'on veut acquérir et bien se figurer que l'on possède, déjà, ces qualités.

Il ne faut pas transformer la tâche que l'on entreprend en un combat, qui rend, toujours, l'insuccès pénible ; ne pas contracter les muscles, ni serrer les dents, ni prendre un air menaçant ; mais se raisonner avec calme, le plus souvent mentalement ou à demi-voix, et ne mettre la volonté en jeu que pour maintenir l'attention. Etant placé bien à son aise, soit assis, soit couché, une sorte de relâchement est nécessaire pour que la fonction passive puisse prendre le gouvernement de l'organisme. En se reportant à la théorie qui précède, on comprend que la volonté pourrait être, ici, plus nuisible qu'utile, car elle est une fonction du mental, et celui-ci n'a rien à faire avec les suggestions qui sont reçues et exécutées par l'astral.

Il faut, ensuite, remplacer dans son esprit les mots par les choses qu'ils représentent ; autrement dit, matérialiser sa pensée, en lui donnant un corps avec des formes aussi bien définies que possible ; mettre ce corps en mouvement, le voir sous tous les aspects qu'il peut, présenter ; et, pour me servir d'une expression empruntée au langage philosophique, rendre concret ce corps créé par la pensée. Il faut faire comme, l'artiste qui entre dans la peau du personnage qu'il représente, car, ici, l'illusion joue un rôle créateur très important.

Je le répète : il est indispensable de se représenter comme si l'on était, déjà, ce que l'on veut devenir ; se figurer que l'on possède réellement les habitudes que l'on veut prendre, les avantages que l'on veut obtenir. Donner une forme à chacun d'eux en « *pensant concret* ».

Ainsi, pour faire cesser la crainte et obtenir l'Assurance et la Confiance en soi, il ne faut pas dire : je ne veux plus avoir de crainte ; je veux avoir en moi toute confiance et réussir ce que je vais entreprendre ; car la volonté, seule, n'est susceptible de parvenir à cela que chez les individus d'une très grande énergie, c'est-à-dire lorsque la fonction active est devenue assez puissante pour dominer complètement la fonction passive. Il vaut mieux, pour tous ceux qui n'ont pas une volonté assez énergique, que celle-ci s'efface, pour laisser, pendant le temps qu'on se livre à l'autosuggestion, la direction de l'organisme à la fonction passive. Pour cela, employer l'affirmation pure et se dire, en se donnant cette conviction : JE SUIS SANS CRAINTE ; MA TIMIDITE A DISPARU ; J'AI TOUTE CONFIANCE EN MOI, CAR J'AI TOUT CE QU'IL FAUT POUR RÉUSSIR.

Même si nous n'y ajoutions pas, tout d'abord, la moindre foi, dit Lévy, ces formules répétées machinalement finiront par amener peu à peu à leur suite l'idée qu'elles représentent. Puis nous nous attacherons à préciser cette idée, à lui donner des contours mieux accusés, une forme plus concrète, plus vivante. Nous nous représenterons, nous nous verrons tels que nous voudrons être, vigoureux, robustes, pleins de santé. Plus l'idée gagnera en précision et en relief, plus elle deviendra image, plus sa réalisation sera sûre. Ce que l'on concevra bien se réalisera aisément.

Souvent, on pourra faire une observation curieuse. Il s'agissait, par exemple, de phénomènes douloureux à dissiper. L'autosuggestion vient d'être faite, la douleur persiste aussi vive ; il semble que le résultat soit nul.

Quelque temps après, le hasard y ramène la pensée ; on s'aperçoit avec surprise que la douleur a disparu. On serait tenté de conclure à une simple coïncidence, si l'on ne se rappelait fort bien maintenant l'intensité de la douleur primitive, si, raison plus convaincante encore, le fait ne se reproduisait très fréquemment. Que s'est-il, donc, passé ? L'idée déposée dans l'esprit, une fois que l'attention consciente s'en est détournée, n'y a pas moins continué son chemin à notre insu ; peu à peu, elle a entamé le symptôme que l'on voulait combattre et, finalement, en a complètement triomphé. En réalité, la douleur avait été si bien dissipée que le souvenir même s'en était effacé : preuve nouvelle, s'il en était besoin, que l'idée d'une douleur et cette douleur elle-même se confondent. Supposons, maintenant, que la pensée n'eut pas été ramenée fortuitement sur la suggestion qu'on s'était faite. On serait demeuré dans sa conviction première, que l'autosuggestion avait échoué. Il y a là, on le comprend, un écueil, et ces faits doivent être bien connus et soigneusement, contrôlés à l'occasion par qui veut bien se pénétrer de la réalité et de l'efficacité de l'autosuggestion.

Commentant et voulant, ensuite, appliquer les idées de Pavot sur la méditation, le même auteur ajoute :

Le recueillement, c'est bien là l'état de l'esprit qui s'isole de toutes choses, de toutes sensations, de toutes pensées, pour se replier tout entier sur un coin de lui-même, qui, dams le calme, sans tension, sans efforts, sans fatigue, vivifie et féconde quelques idées préalablement choisies, par l'attention purement, contemplative qu'il leur accorde.

...On saura colorer, échauffer l'idée en se représentant le plaisir qu'on éprouve à se dominer soi-même, l'usage que l'on pourra faire de la santé recouvrée, etc... Nous nous peindrons énergiquement les joies calmes

du travail, l'avantage qu'il y a de régler harmonieuse-
ment sa vie, la satisfaction que ressentiront de nos succès les personnes qui s'intéressent à nous, etc. Tous ces
sentiments attirés progressivement de la pénombre à la
pleine lumière de l'attention que nous projetons sur
eux, atténueront peu à peu l'éclat des sentiments opposés, puis finiront par amener leur complet effacement.

L'autosuggestion n'est, pas aussi facile à pratiquer
qu'on se le figure tout d'abord. Pleins d'une noble ardeur, il en est beaucoup qui vont se mettre hardiment à
la tâche, la pratiquer convenablement pendant quelques jours et n'en retirer que fort peu d'avantages.
Mais, au bout de huit à dix jours, sans savoir pourquoi
ni comment, on se surprend à ne plus rien faire, car on
n'y pense pas.

Or, continue Lévy, c'est là le point essentiel : il faut
que le sujet s'habitue à penser a l'autosuggestion. Cette
tâche lui sera facilitée par l'observation rigoureuse de la
règle suivante : dès le premier jour, pratiquer très régulièrement deux autosuggestions, l'une le matin, au
réveil ; l'autre, le soir, au moment de s'endormir. Ces
deux suggestions serviront, en quelque sorte, de point
de repère ; elles ne seront négligées sous aucun prétexte, qu'on en sente ou non la nécessité, quelque hâte
que l'on ait de se lever ou de se livrer au sommeil. Et ce
sera, déjà, un excellent exercice de volonté que cette
violence régulièrement faite à notre paresse naturelle,
que cet arrêt imposé par nous à toutes autres pensées, à
toutes autres préoccupations. On procédera, tout
d'abord, à une sorte d'examen de conscience physique
et moral, critique de la journée passée, préparation de
la journée à venir, récapitulation des modifications que
l'on désire apporter à sa manière d'être présente, des
qualités que l'on veut implanter en soi, maintenir ou
développer. Puis viendra l'autosuggestion proprement
dite..., en s'appliquant très soigneusement à se confor-

mer aux règles indiquées. Elle sera, autant que possible, continuée jusqu'à ce que les paroles prononcées le soient en toute sincérité, autrement dit, aient complètement éveillé les idées correspondantes...

L'habitude de se suggestionner s'affermit peu à peu. Les échecs même deviennent un enseignement, pour le sujet ; car ils lui procurent la nécessité de bien imprégner son esprit des procédés divers, qui lui permettent de varier ou de renforcer l'action de l'autosuggestion. Il devient, ainsi, plus expert dans l'art de se suggestionner. Il se laisse moins aisément subjuguer par ses sensations, par ses passions : il s'apprend même, parfois, à s'en faire des auxiliaires...

Les procédés recommandés par Atkinson peuvent avantageusement compléter ceux de l'auteur précédent :

Etendez-vous, dit-il, sur une chaise-longue ou sur un fauteuil de façon à avoir le plus d'aise et de confort possible ; et, dans cette position, détendez-vous, allongez-vous, amollissez-vous comme si vous vouliez vous affranchir, vous dégager de votre enveloppe charnelle. Cela fait, respirez avec autant de lenteur et de profondeur que possible et ne cessez ces exercices de respiration que lorsque vous aurez acquis cet état d'esprit qui est le parfait repos et l'absolue sérénité.

Concentrez votre attention sur vous-même et maintenez-vous dans cet état de recueillement aussi longtemps que possible.

Fixez, alors, votre pensée sur ces deux mots : sans crainte et cherchez à vous en représenter la forme graphique. Puis passez de l'image à la signification et représentez-vous ce que peuvent être les caractéristiques d'une personne qui est dans cet état.

Imaginez-vous en possession de la qualité que vous voulez acquérir et, agissant sous l'empire de cette qualité, considérez-vous, dans cet état, en relation avec les autres hommes et cherchez à analyser ces relations ; en un mot, soyez dans l'état d'esprit d'un homme qui après avoir fait un rêve, le vit, et se donne, pour agrandir sa vie et ennoblir sa nature, de hautes impressions, de fortes sensations et de grands sentiments. Il arrivera, presque toujours, que votre état général se transformera et, que votre personnalité se dégagera du milieu gris et terne qui l'enveloppe. Vous serez, alors, tel que vous aurez rêvé d'être et votre moi aura pris la forme précise et la structure morale que vous aurez ambitionnées pour lui.

Répétez ces exercices aussi souvent que possible. Chacun d'eux est comme la goutte d'eau qui tombe sur la pierre. Leur action, lente mais sûre, finit toujours par avoir raison des vieilles habitudes et des tendances rebelles. Pratiquez ces exercices de préférence le soir, au moment où vous arrivez dans notre chambre, ou la nuit à vos heures d'insomnie, ou de demi-réveil, lorsque votre esprit, replié pour ainsi dire sur lui-même et à demi assoupi, est prêt à recevoir toutes les empreintes et toutes les suggestions. Ne craignez point que ces exercices vous fatiguent ; ils vous faciliteront, au contraire, le repos. En calmant vos nerfs, en apaisant votre esprit, ils vous conduiront doucement au sommeil...

...Il faut bien se garder de croire que ces deux mots, sans crainte, soient les seuls dont on puisse faire usage. En réalité le mot qui convient est celui qui exprime la qualité que l'on veut acquérir. Etes-vous, par exemple, indolent, apathique et voulez-vous changer votre nature ? Vous avez recours au mot énergie, et, pendant toute la durée de vos expériences, vos pensées devront se fixer sur ce mot et en imaginer, pour s'y mieux tenir comme une forme graphique. Nous dirons autant des mots bonté, courage, désintéressement, qui pourront, selon les défauts de votre caractère, intervenir dans l'expérience. Dans tous ces exercices, ne vous laissez point dominer par les défauts qui vous accablent, et ne pensez qu'aux qualités que vous voulez acquérir. Quand une chambre est pleine de ténèbres, vous n'en saisissez pas l'obscurité comme un bloc et vous ne la jetez pas dehors. Vous appelez, simplement, la lumière qui pousse l'ombre devant elle, l'expulse de partout et répand la clarté. Il en est de même pour l'esprit...

Est-il besoin de dire que ce résultat ne sera pas instantané et qu'il exigera, au contraire, de lents efforts et des expériences variées. Vous ne devrez pas, toutefois, vous effrayer et c'est de toute votre énergie, de toute votre intelligence, de toute votre volonté que vous travaillerez à votre émancipation (La Force-pensée).

Pour acquérir l'Assurance et la Confiance en soi, Turnbull recommande un procédé qui donne les meilleurs résultats. Vous avez, par exemple, une affaire délicate à traiter demain avec un personnage que vous connaissez pour être intraitable, ou que vous supposez être tel sans le connaître, vous pouvez faciliter cette entrevue et la rendre plus avantageuse pour vous qu'elle ne semble l'être. Pour cela, placé dans un endroit quelconque où l'on ne risque pas d'être dérangé, dans sa chambre, par exemple, on s'exerce sur un personnage imaginaire que l'on crée tel qu'on le connaît, ou tel qu'on le suppose être ; on le place debout, ou, mieux encore, assis dans l'attitude qu'il doit naturellement prendre à cette entrevue, et l'on procède de la façon suivante :

D'abord, dit-il, respirez lentement et longuement pendant cinq minutes ; aspirez l'air de toute la force de vos poumons, puis exhalez l'haleine d'une manière lente et uniforme. Dressez-vous, alors, vivement sur vos pieds et parlez à cette personne imaginaire que vous supposez se trouver vis-à-vis de, vous. Vous pouvez à l'occasion, vous servir de votre propre image, dans un miroir, ou vous fier uniquement à votre imagination, quant à la personne supposée. Parlez d'une manière naturelle sur n'importe quel sujet, tout extraordinaire qu'il soit, mais préparez à l'avance chaque phrase de votre conversation. Adressez-vous, alors, à la personne imaginaire d'une voix forte, pleine et assurée. Accentuez bien chaque syllabe et arrêtez-vous y un peu. Il faut que vos paroles résonnent et sortent directement, de votre poitrine. Parcourez la chambre à grands pas, menacez du doigt, gesticulez d'une manière tragique comme l'indique la fig. 27) ; enfin, dites et faites tout ce que vous auriez désiré dire et faire si la personne à qui vous parlez était réellement là...

FIG. 27. Pour acquérir de l'assurance.

(Quinze à vingt minutes de cet exercice lorsque vous vous sentez abattu ou que vous voulez augmenter votre confiance en vous-même, produisent un effet surprenant. Il est, souvent utile de se servir, ainsi, du pouvoir de l'autosuggestion au moyen de la parole parlée en toute sa force, pour obtenir un résultat matériel et défini. Demandez ce dont vous avez besoin ; demandez-le comme quelque chose qui vous appartient et qui vous est dû (Cours de magnétisme personnel).

Ce procédé, que l'on peut varier plus ou moins selon les circonstances, est susceptible de rendre de grands services dans beaucoup de cas. A la veille d'un examen, par exemple, en se figurant être devant l'examinateur posant les questions du programme que l'on connaît le moins, on cherche à répondre à celles-ci dans tous leurs détails avec la hardiesse et l'assurance que l'on aurait si on les connaissait parfaitement. Il en est de même pour le conférencier ou l'orateur qui doit parler sur un sujet déterminé. En se représentant devant soi l'auditoire tout entier, plus ou moins disposé à vous entendre, on parle à haute et intelligible voix, en faisant tous les gestes que l'on doit faire pour donner plus de force à son discours. Tout en se figurant être devant ses auditeurs, on peut se placer devant, une glace et observer ses gestes pour corriger ceux qui sembleraient défectueux. Ce procédé, qui peut paraître banal pour ceux qui ne savent pas quelles conditions doivent remplir ceux qui parlent en public, est constamment employé par certains grands orateurs politiques qu'il est inutile de nommer ici.

Pour devenir meilleur, il faut résister à ses passions et ne pas se laisser gouverner par ses instincts. Si, par exemple, on se met facilement en colère, on trouble plus ou moins les fonctions physiques et morales, et au bout d'un temps plus ou moins long tout semble rentrer à peu près dans l'ordre ; mais il reste une disposition plus grande à l'irritabilité, et l'on se mettra plus facilement en colère à la moindre contrariété. Si, au contraire, on résiste à ce mouvement de colère, l'organisme n'est pas troublé ; dans tous les cas, il l'est considérablement moins, et si l'on ne cède jamais on finit peu à peu par perdre l'irritabilité et la colère n'a plus de prise. C'est l'application d'une loi morale que l'on peut formuler ainsi :

> *« Chaque fois que l'on cède à une passion, la résistance devient plus difficile lorsqu'une occasion analogue se produit ; chaque effort qui tend, au contraire, à la réprimer rend la victoire suivante plus facile. »*

Lévy, qui a fort bien compris cette vérité, s'exprime, ainsi, à son sujet :

Si chacune de nos pensées, de nos sensations, chacun de nos sentiments, de nos mouvements, de nos actes, n'était qu'un fait passager, simple réponse de l'organisme à une sollicitation, extérieure, disparaissant avec la cause même qui l'a provoqué, la vie ne serait qu'un perpétuel recommencement ; ou, pour mieux dire, à peine serait-elle possible, l'homme restant aussi ignorant de toutes choses, aussi inhabile à se conduire qu'il l'est au jour de sa naissance. En réalité, il n'est pas un seul phénomène produit ou subi par nous qui meure tout entier. Tout fait physique ou psychique, si léger qu'il soit, nous marque de son empreinte, dépose en nous un résidu. Ce résidu, c'est une tendance à vivre, désormais, sous une excitation moindre. C'est, en somme, déjà constitué par ce premier fait, un commencement d'habitude. — Le même fait vient-il à se répéter ? La tendance à la reviviscence s'accentue. Mais en même temps, et par une conséquence toute naturelle, nécessitant, pour se produire, un effort, une somme d'attention moindre, le phénomène perd de son relief, il s'obscurcit progressivement dans la conscience. Enfin, au degré le plus élevé, l'habitude s'affermit, s'enracine si profondément dans l'individu que, désormais, elle fait, à son insu, corps avec lui-même. Non seulement l'acte tend à se produire spontanément, mais tandis que jusque-là il fallait un effort pour le faire, maintenant il faudrait un effort pour en empêcher la production. L'habitude est devenue un besoin qui veut absolument se satisfaire, une sorte d'instinct, inconscient et impérieux, à la façon des instincts déposés en nous, par l'hérédité.

C'est grâce à l'habitude que les phénomènes de conscience, une fois produits, demeurent emmagasinés en nous, ignorés de nous-mêmes, mais prêts à revivre sous l'influence d'une circonstance favorable, d'un plus puissant effort d'attention, pour fournir à l'intelligence les matériaux qu'elle disposera, combinera, élaborera à sa guise.

Voulant donner des exemples, le même autour ajoute :

> *Le sujet qui résiste aux premières nausées produites par le tabac, crée en lui l'habitude de fumer. Dès lors, aux sensations pénibles d'abord éprouvées, il substitue, peu à peu, une jouissance, effet, non du tabac, mais de la satisfaction donnée à l'habitude créée. Plus tard, l'habitude devient besoin de fumer, sorte de tic d'où tout plaisir est banni ; tout au moins ce plaisir, inconscient dans la possession, ne devient-il conscient, et cruellement conscient, que s'il y a privation. De même le plaisir du buveur s'émousse de plus en plus ; mais le besoin de boire s'accentue sans cesse : le goût pour la boisson est devenu dipsomanie. Le morphinomane passe par les mêmes phases ; il s'est, d'abord piqué par nécessité,*

puis par plaisir. Bientôt, le plaisir n'existe même plus, mais le besoin de morphine n'en devient que plus vif et plus exigeant.

De même, enfui, il est une foule de manifestations morbides qui s'expliquent tout naturellement à la lumière de cette théorie... soit des palpitations, soit, une syncope, une crampe d'estomac, une crise de diarrhée, Un tic, un tremblement, un spasme, etc... Ces phénomènes sont survenus sous l'influence d'une secousse morale ou physique violente. Ultérieurement, il suffira, pour les faire réapparaître, d'émotions progressivement moindres. Enfin la production en deviendra tellement aisée qu'ils sembleront naître d'eux-mêmes, la cause provocatrice devenant si faible qu'elle n'est même plus perçue.

Il est évident pour tous que l'habitude crée chez nous une sorte d'automatisme qui nous pousse à accomplir, presque inconsciemment, des actes que notre raison réprouve, tels que l'ivrognerie, l'abus du tabac, la morphinomanie et toutes les manies qui sont susceptibles de s'enraciner en nous. C'est l'avis d'Annie Besant, qui s'exprime ainsi à ce sujet :

L'habitude, dit-elle, crée un accroissement du pouvoir émotionnel qu'elle représente par la somme de matière qu'elle attire. Il y a quelque chose d'analogue au travail que fait un muscle sous l'action, répétée de l'exercice ; il prend des éléments nouveaux et provoque l'élimination des parties inutiles.

L'homme est plus souvent gouverné par ses passions, ses instincts et ses habitudes que par sa raison, c'est-à-dire par l'être subjectif qui est en lui. On peut, même, affirmer que le plus grand nombre des gens qui sont doués d'une certaine énergie, qui croient agir dans leur propre intérêt, volontairement, y sont plus ou moins soumis. Celle remarque n'a pas échappé à Papus, qui l'expose avec beaucoup d'à-propos.

Supposons qu'après des atermoiements successifs, dit-il, après des crises de paresse et de pessimisme, vous soyez, enfin, attelé à votre travail de réalisation intellectuelle. Vous vous figurez que l'effort, de volonté que vous avez dépensé pour en arriver là est le seul nécessaire et que, maintenant, tout va marcher sans encombre. Mais à peine êtes-vous sur le point d'écrire ou de dessiner qu'un immense besoin de sortir et de marcher s'empare de votre être. Il vous semble que, dehors, l'idée actuellement quelque peu obscure va se préciser. Ce besoin, bientôt, prend une telle importance que, si vous n'êtes pas habitué, vous vous levez, vous laissez là votre travail et vous sortez. Vous avez succombé au piège tendu par l'être impulsif, que le repos physique accablait, et bien entendu votre idée n'est pas plus claire qu'auparavant, loin de là. Dans ce cas, c'est le centre instinctif, dont la marche est le moyen d'action caractéristique, qui a trompé votre vigilance.

Supposons, cependant, que vous connaissiez, déjà, ce piège et qu'au lieu de céder, votre volonté se tende, au contraire, vers l'effort à accomplir. Alors, l'être impulsif se manifeste d'une autre façon.

Le besoin d'action disparaît comme par enchantement et une soif assez vive se fait sentir progressivement, à mesure que le travail cérébral s'accentue. Encore un piège du centre instinctif ; car chaque gorgée de liquide absorbée entraîne une partie de la force nerveuse en ce moment dans le cerveau et reculera d'un peu la réalisation projetée.

Mais vous dominez encore cette sensation et la plume écrit, enfin, sur le papier. C'est, alors, que les autres centres impulsifs entrent en action. Les besoins physiques se taisent mais les émotions sentimentales viennent les remplacer. Les images des luttes passées, des affections d'autrefois, des ambitions de demain se dessinent peu à peu, et une force en apparence invincible vous pousse à laisser tomber la plume, à vous renverser en arrière et à laisser aller votre esprit à la douceur mélancolique ou à l'ardeur impétueuse des rêveries qui s'ébauchent. Combien de jeunes réalisateurs peu aguerris se laissent prendre à la tentation, et combien de fois l'œuvre reste-t-elle encore en suspens ! Et nous ne parlons pas de l'action combinée du besoin d'activité et des sentiments qui s'ajoute, souvent, à ces deux impulsions isolées. Ce sont là des réactions que chaque auteur croit personnelles et qui ne sont dominées que par une habitude instinctive de régularité très grande dans le travail ou par l'âge.

La cause de cette action impulsive qui fait valoir les dispositions de notre paresse native étant connue, on peut, généralement, en éviter les effets par la volonté seule. Mais, si la volonté était insuffisante, on en viendrait facilement à bout en employant les procédés d'autosuggestion que je viens de décrire. Après s'être recueilli dans l'isolement et avoir médité pendant cinq à six minutes sur les avantages qu'il y a pour nous de travailler sérieusement, on fixerait sa pensée sur ce seul mot : travail ; et, en se donnant une tâche, on prendrait l'engagement formel de l'accomplir. On ferait tout son possible pour se donner des habitudes d'ordre et de travail qui, petit à petit, feraient oublier les habitudes de flânerie et d'irrégularité. On s'aiderait beaucoup à cela en se persuadant que si nos croyances, notre manière d'être, nos habitudes se cramponnent à nous, c'est parce que nous nous cramponnons à elles. Pensons, donc, toujours a prendre de bonnes habitudes, et celles-ci ne tarderont pas à se « cramponner » a nous pour ne plus nous quitter.

Les plus grands ennuis de l'homme sont certainement l'ennui, la paresse, la tristesse, le découragement. Ces sentiments paralysent l'initiative de l'individu, abaissent et même dégradent sa personnalité, ruinent son énergie et lui font toujours craindre des maux qui n'auront peut-être pas le temps de lui arriver. L'abîme appelle l'abîme, dit un vieux proverbe qui nous vient des latins. Rien n'est plus vrai, et l'on pourrait même ajouter que, lorsqu'on est pénétré de ces sentiments, on tombe presque toujours de Charybde en Scylla, c'est-à-dire d'un mal dans un mal plus grand. La raison de ce phénomène est expliquée dans la théorie exposée dans la première partie du volume ; on peut la résumer en quelques mots. — Les pensées d'ennui, de tristesse, de découragement que nous émettons rayonnent autour de nous, attirent des pensées analogues qui viennent entretenir les nôtres et augmenter encore leur énergie. Ainsi, en se tourmentant, en se chagrinant, en redoutant, une perte, en pensant, sans cesse que ceci ou cela ne doit pas réussir comme on le voudrait, on crée des forces destructives, qui agissent tout autour de nous, diminuent notre énergie, nous fatiguent et nous rebutent, des affaires, nous font désespérer de tout, nous affaiblissent. et nous disposent à la maladie, nous rendent désagréables et antipathiques aux autres, éloignent les quelques amis sérieux qui peuvent, nous rester et achèvent, de nous précipiter dans le malheur. Une bonne action, une bonne pensée se font sentir autour de nous comme une série d'ondulations agréables qui attirent à nous les bonnes choses de la vie sans que nous fassions quoi que ce soit pour cela, assurent notre santé, nous rendent plus sympathiques aux autres et contribuent très largement à notre bonheur.

L'homme triste et découragé est, presque toujours paresseux ; le travail le fatigue, la vie le dégoûte, la réalité le blesse. S'il manque de tout et qu'on lui vienne en aide, cela lui paraît mauvais ou insuffisant ; et poursuivant, sans cesse, des chimères, il ne désire que ce qu'il ne peut pas obtenir.

On ne parvient a se créer une situation indépendante que par le travail ; et, pour cela, il faut être courageux, plein d'espoir, satisfait du sort que l'on a momentanément, tout en ayant la certitude que l'on parviendra, bientôt, à l'améliorer.

En cherchant à s'élever dans les régions sereines de la Pensée, on doit faire tout son possible pour comprendre que l'univers est en voie d'Evolution, que nous faisons partie de cet univers ; que nous parviendrons tous à la Perfection et au Bonheur parfait qui en sont les conséquences ; et qu'en employant les divers moyens que j'indique, on peut y parvenir beaucoup plus rapidement que les autres.

On évoquera, donc, des idées d'Activité, de Gaîté, d'Espérance. On se figurera accomplir quelque acte de Courage, être parvenu à la situation que l'on désire et posséder tout le Bonheur dont on voudrait jouir. Ces idées feront naître des états d'âme correspondants qui, en s'affermissant, prendront, peu à peu, la place de leurs antagonistes.

Je l'ai déjà dit, cela est d'une importance capitale ; la volonté de se débarrasser d'une passion est un moyen héroïque qui ne réussit que bien rarement lorsqu'on l'oppose directement à la passion même, car celle-ci devient, presque toujours, plus active ; et si on la comprime, ainsi, trop violemment, des réactions dangereuses sont à craindre. Il ne faut pas attaquer de front, mais tourner la difficulté, canaliser la force de cette passion en lui opposant un antagoniste ; et celui qui me paraît le plus puissant, est de mettre à la place d'une passion, la vertu opposée.

Ainsi, la prodigalité peut être facilement transformée en idées d'Ordre et d'Economie, surtout si l'on raisonne sur les avantages que cette transformation peut donner. L'amour sexuel exagéré, qui est, toujours, égoïste, peut être transformé en Amour de l'humanité.

C'est l'avis des théosophes et des psychologues qui ont compris l'importance des principes servant de base au magnétisme personnel.

Dans son ouvrage traitant, des Lois de la Destinée, page 58, le docteur Pascal s'exprime, ainsi, à ce sujet :

De même que dans le monde physique, les fluides électriques positifs et négatifs se neutralisent, de même que l'on peut détruire une force subtile quelconque, lumière, chaleur, électricité, en superposant les monts et les vaux de ses ondes. Ainsi, dans le monde moral, en opposant à un vice la vertu qui lui est opposée, on détruit le vice. L'amour et la haine sont, les monts et les vaux de la force abstraite inconsciente, qui est leur racine commune. Or, la source de toutes les erreurs, de tous les vices, c'est l'égoïsme... et le foyer de toutes les forces du bien brûle dans le cœur, par l'Amour qui purifie toutes choses, unit tout, fait tout vivre.

Un désir isolé ne meurt, pas, dit Frantz Hartmann, mais il devient une passion, et les passions comprimées deviennent de plus en plus violentes. L'énergie accumulée ne peut être annihilée, elle doit être transférée en d'autres modes de mouvement, elle ne peut, pas rester inactive. Il est parfaitement inutile d'essayer de résister à une passion qu'on ne peut contrôler. Si son énergie accumulée m'est pas canalisée et, dirigée sur un autre courant, elle croîtra et deviendra plus forte que la raison. Pour la contrôler, il faut la diriger vers un but plus élevé. De même, l'amour pour quelque chose de vil peut être transformé en un Amour pour quelque chose de plus élevé, et le vice peut devenir vertu par le changement de son but. La passion est aveugle, elle va où on la mène, et elle a besoin de la raison pour la guider...

Les anciens ont dit que la « Nature a horreur du vide ». Nous ne pouvons détruire ou annihiler une passion. Si une passion est chassée, elle est remplacée par une autre. Nous ne devons pas, en conséquence, nous efforcer de détruire ce qui est inférieur mais il faut l'obliger à céder la place à ce qui est supérieur ; la vertu au lieu du vice et le savoir au lieu de la superstition (La Magie blanche et noire, p. 169).

L'AUTOSUGGESTION PENDANT LE SOMMEIL. — Puisque j'ai parlé d'un effet que l'on peut facilement obtenir pendant le sommeil, il est bon de dire, ici, ce que l'autosuggestion est susceptible de donner dans cet état.

Si on a bien compris que l'astral, l'être subjectif, l'inconscient gouverne complètement l'organisme pendant le sommeil, on comprendra facilement que si on s'impose une tâche à accomplir dans cet état, si on fixe sérieusement une idée dans l'inconscient, cette idée devra forcément s'élaborer. En effet, l'idée se développe, s'élabore avec une logique bien supérieure à celle que l'on aurait pu avoir à l'état de veille, car l'attention n'est pas dérangée par d'autres idées et l'exécution a lieu avec une remarquable précision. Des exemples pris dans les circonstances ordinaires de la vie peuvent, d'ailleurs, convaincre suffisamment ceux qui ne s'arrêtent pas aux théories.

— Un proverbe nous dit que « *la nuit porte conseil* ». Ce proverbe est parfaitement justifié, car on a maintes fois reconnu que, si l'on est embarrassé, le soir, pour prendre une décision importante, on la prendra bien plus sûrement après le repos de la nuit, car les divers éléments de la question apparaîtront plus nets, plus clairs, plus précis. Beaucoup d'écoliers savent qu'il leur suffit, très souvent, le soir, avant de s'endormir, de lire une ou deux fois leurs leçons pour les savoir le lendemain. — Les mêmes écoliers ou étudiants et même beaucoup d'entre nous savent également qu'en se couchant avant d'avoir pu résoudre un problème quelconque auquel on avait travaillé en vain pendant plusieurs heures, la solution se trouve, souvent, résolue le lendemain dans l'esprit, et qu'il ne reste plus qu'à la transcrire.

Un certain nombre d'individus n'ont qu'a se dire en se couchant qu'ils se réveilleront à telle heure dans la nuit, pour qu'ils se réveillent à l'heure indiquée, quoiqu'ils n'en aient pas l'habitude.

Très souvent, en se couchant avec une douleur, une névralgie, par exemple, on pense fortement à dormir ; on s'endort, bientôt, et se réveillant quelques heures après, on est tout étonné de constater que la douleur a disparu, car la concentration de la pensée sur l'idée de dormir a donné lieu à une dérivation dont la conséquence a été soit de faire oublier la douleur, soit de la transformer en un phénomène d'un autre ordre.

Ces faits étant admis, on peut, avec la plus grande facilité, s'imposer au lit, sans perte de temps, telle idée que l'on veut, en se conformant aux règles de l'autosuggestion ordinaire. Ainsi, par exemple, si l'on veut se débarrasser d'une mauvaise habitude, on fixe sa pensée sur la qualité que l'on veut développer à la place. On ferme les yeux et l'on médite pendant cinq à six minutes sur les avantages qui doivent en être la conséquence, avantages que l'on se figure, déjà, posséder ; et, comme pour faire la conquête des autres, on se dit mentalement : je ferai ceci, j'achèverai cela, en s'efforçant de préciser les conditions dans lesquelles on devra le faire. On se répète cela plusieurs fois dans les mêmes conditions ; puis, abandonnant l'autosuggestion on cherche à s'isoler pour ne penser à rien, ce qui conduit rapidement, au sommeil. Pendant la plus grande partie de la nuit, l'inconscient, qui est devenu pour quelques heures l'être actif, ne s'occupera que de l'élaboration de l'idée ainsi que des moyens les plus simples et les plus pratiques pour en assurer l'exécution. Le lendemain, on se rend toujours compte que, si le résultat n'est pas complet, il est, tout au moins, obtenu en partie ; on a une facilité bien plus grande pour faire ce que l'on a voulu, et un sentiment intérieur ne manque jamais de vous indiquer qu'avec de la persévérance, le résultat final ne saurait être éloigné.

Il arrive, parfois, que l'autosuggestion n'est acceptée qu'avec une certaine difficulté, et que l'on a conscience de l'instant où elle est acceptée. Je connais un jeune homme, excellent dormeur, comme le plus grand nombre des jeunes gens, qui, au besoin, se réveille à l'heure qu'il veut. Pour cela, avant, de s'endormir, il s'autosuggestionne de la façon suivante. En fermant les yeux, il se dit : *« Demain, je me réveillerai lorsque telle heure sonnera. »* L'ordre que l'être conscient donne à l'inconscient n'est pas accepté de suite par celui-ci, et une image extérieure se manifeste sous la forme d'un *« non »* bien déterminé. Il se répète à nouveau : *« Je me réveillerai lorsque telle heure sonnera »*, et le même *« non »* se montre encore. Il continue l'autosuggestion jusqu'à six et même huit fois, et un *« oui »* apparaît. Abandonnant alors toute idée de réveil, il s'endort paisiblement, et ne manque jamais de se réveiller à l'instant où la pendule sonne.

Il y a, encore, beaucoup de moyens indirects susceptibles de renforcer l'autosuggestion, et, même, de la provoquer ; je vais en indiquer quelques-uns.

Automagnétisation. — Pour faire disparaître une douleur intense ou favoriser la guérison d'une maladie chronique rebelle, tout en pratiquant convenablement l'autosuggestion selon les règles qui précèdent, il faut faire des applications avec l'une ou l'autre main et même avec les deux en même temps, sur le siège du mal, si cela est possible. De cette façon, étant au lit, on traite facilement la surdité et les bourdonnement, le mal de gorge, les affections des poumons, du cœur, de l'estomac, de l'intestin, des reins et de toute partie que les mains peuvent atteindre. Contre les maux de tête et l'insomnie, se coucher sur le côté droit de préférence, de telle façon que, sans éprouver de gêne, on puisse appliquer la main gauche au front, les doigts en l'air. Contre la mélancolie, les idées noires, et tous les cas où il y a de la tristesse, on se couche sur le côté gauche et l'on applique la main gauche sur la région temporale gauche. En même temps, il est bon de faire revivre dans sa mémoire, aussi souvent que possible, une scène de gaîté telle qu'on l'a vécue jadis. A plusieurs reprises dans la journée, on appliquera un doigt de la main gauche sur le centre de la gaîté des phrénologues, sur le côté gauche du crâne (et non sur le côté droit, ce qui augmenterait encore la tristesse), au points c, fig. 28. Ceux qui voudraient connaître la raison de ce phénomène de mécanique cérébrale, eu trouveront la description complète dans l'étude des Centres nerveux contenue dans mes Théories et procédés du Magnétisme.

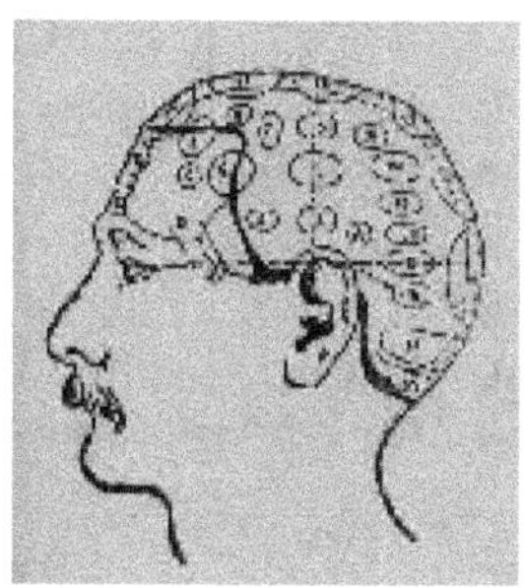

Fig. 28. Centres nerveux
Centres moteurs et sensitifs
1. Centre du bras. — 2. Centre de la jambe. — 3. Centre de la rate. — 4. Centre cérébro-spinal. — 5. Centre de l'ouïe. — 6. Centre moteur de la tête, de la langue, et du cou. Langage articulé. — 7. Cœur. — 8. Seins. — 9. Poumons. — 10. Foie. — 11. Impression, croyance — 12. Nez. — 13. Estomac. — 14. Centre génital. — 15. Coordination des mouvements, tact. — 16. Larynx. — 17. Centre des dents. — 18. Centre, sensitif de l'oreille. — 19. Reins, organes génito-urinaires. — 20. Vue et mouvement des yeux. — 21. Intestin. — 22. Respiration.
Facultés morales et intellectuelles
A. Douceur à gauche, colère à droite. — B. Formes de la mémoire. — B' à gauche, souvenirs gais ; envie de rire et de se moquer, prendre tout en riant : satisfaction. — B, à droite, souvenirs tristes ; rend sombre et rêveur ; mélancolie, mécontentement. — C. Gaîté à gauche. Tristesse à droite. — D. Attention. — E. Volonté.

En vertu d'un principe que certains psychologues contemporains appellent la polarisation psychique, on peut, presque toujours, remplacer une idée triste, par une idée gaie en appliquant simplement un doigt de la main gauche au milieu du front, au centre de la volonté

: E (fig. 28). Cette application fait toujours cesser, en quelques instants, l'émotion pénible laissée par un cauchemar, émotion dont on ne pourrait souvent pas se débarrasser sans se lever, pour se réveiller complètement. Il suffit, à moitié endormi, de changer de côté, c'est-à-dire de se tourner sur le côté droit si l'on est sur le gauche, et réciproquement, et d'appliquer le doigt, de préférence l'index, au point indiqué, en s'efforçant de s'isoler pour ne penser à rien. L'émotion pénible s'atténue rapidement et, au bout d'un temps qui ne dépasse guère une à deux minutes chez les moins sensitifs, on se surprend à penser à des choses gaies qui font naître des impressions agréables, et l'on s'endort, à nouveau, pour ne plus se réveiller qu'avec de bonnes dispositions.

L'attitude, les gestes et les mouvements correspondent, toujours, à une émotion déterminée, et, réciproquement, une attitude, des gestes et des mouvements spéciaux tendent à faire naître, l'émotion correspondante.

On sait que les mélancoliques et tous ceux qui sont tristes, fatigués, mécontents d'eux-mêmes, marchent la tête baissée, tandis que ceux qui sont gais et satisfaits marchent le front haut. Donc, que tous ceux qui sont affectés par la tristesse et le découragement cherchent à marcher le front haut en s'efforçant de se redresser, ils ne tarderont pas à constater une tendance à la gaîté et au courage. Lorsqu'ils sont assis, qu'ils se redressent sur leur siège et qu'ils élèvent légèrement les yeux vers le ciel, non pas dans l'attitude suppliante de celui qui prie pour obtenir une faveur du ciel, mais en ne pensant à rien, si ce n'est à exécuter ces mouvements le plus correctement possible, car c'est un phénomène automatique. Au bout de quelques instants, la satisfaction se fait sentir et la gaîté apparaît.

Le rire est le signe le plus apparent d'une gaîté exubérante. Que celui qui est hanté par la tristesse s'efforce de rire, sans en avoir envie. Il n'y parviendra pas de suite, mais, après quelques efforts, il imitera le rire, puis il rira assez facilement ; et ce rire, quoique factice, aura tendance à orienter la manière d'être vers la gaîté.

L'Attitude, les Gestes et les Mouvements modifient assez rapidement la manière d'être et de penser de tous les individus, sans même en excepter les animaux supérieurs. Dans un jeu quelconque, où l'on fait semblant de se fâcher on ne tarde pas à se fâcher sérieusement. Ainsi, en jouant à la bataille avec un chien, vous lui frappez légèrement le museau avec la main, il vous répond en faisant semblant de vous mordre, sans en avoir l'intention ; mais cela ne dure pas longtemps, car l'émotion réelle se produisant, il vous montre sérieusement les dents, et vous mordrait, bientôt, si vous ne cessiez pas.

Absorption de l'énergie. — Un autre moyen d'auto-suggestion recommandé par Turnbull, est ce qu'il appelle l'absorption de l'Energie.

Nous avons un violent désir que notre raison réprouve et dont nous voulons nous défaire, par exemple celui d'abandonner notre travail pour aller nous amuser. A cet effet, on concentre fortement sa pensée sur ce désir que l'on cherche à considérer comme l'expression d'une force brutale qui s'empare de nous. Cette idée de force étant bien représentée, en observant les trois temps de la respiration profonde, on se l'approprie, on s'en empare, on l'absorbe, pour la placer sous le contrôle de la raison.

L'opération se décompose en trois temps, qui doivent durer chacun de huit à dix secondes.

— Premier temps. Aspirer lentement l'air : et, considérant ce désir comme une force brutale qui maîtrise la raison, on se dit avec conviction, mentalement ou à demi-voix : J'absorbe consciemment celle force et me l'approprie.

— Deuxième temps. Retenir son haleine et se dire, avec la même conviction : Je fixe celte force qui m'appartient désormais.

— Troisième temps. En expirant lentement, on se dit : Je me suis rendu maître de cette force, et je l'utiliserai selon mes besoins.

Ce procédé me paraît très puissant pour combattre les passions et les défauts fortement enracinés qui auraient résisté aux autres formes de l'autosuggestion, tels que ceux de se ronger les ongles, se masturber, fumer, s'enivrer, se morphiner, etc., etc...

On doit répéter cette opération plusieurs fois après quelques instants de repos, en ayant toujours soin de bien fixer dans sa pensée la triple idée d'absorption, de fixation et d'utilisation de la force du désir.

Lorsqu'on aura fait cet exercice pendant huit à dix jours, on pourra supprimer les paroles prononcées à chaque temps de la respiration, en fixant seulement son attention sur l'utilisation de la force fixée. Le sillon étant bien tracé, l'impression de la fixation se fera d'elle-même.

L'absorption de l'énergie peut être employée dans de nombreuses circonstances pour puiser des forces ou des qualités dans le milieu ambiant.

La nature est comme une table très abondamment servie qui est, toujours, à notre disposition. Elle est garnie de tout ; il y en a pour tous les goûts, pour tous les besoins, et on peut dire qu'il n'y a qu'à allonger la main pour prendre ce que l'on veut.

Les conditions à réunir pour y parvenir se déduisent de l'ensemble des moyens indiqués dans cet ouvrage. L'influence personnelle doit, déjà, être en voie de développement pour donner des résultats importants. Le plus grand nombre de ceux qui commenceraient cette étude par l'Autosuggestion n'obtiendraient que des résultats incomplets, car ils seraient insuffisamment préparés. Il est indispensable que la Maîtrise soit en grande partie acquise. Alors, en l'espace de quelques mois, rien qu'en consacrant dix à douze minutes, matin et soir, à des exercices bien compris et intelligemment exécutés, on y parviendra facilement. Après avoir concentré sa pensée sur la qualité ou sur l'avantage que l'on veut obtenir, il faut se persuader que tous les éléments de cette qualité ou de cet avantage sont là, à notre disposition, que nous les méritons, qu'ils nous sont dus, qu'ils ne tarderont pas à nous arriver d'eux-mêmes, et que nous avons le droit de les prendre immédiatement.

Ces idées étant bien présentes à l'esprit, comme pour utiliser la force d'un désir, on les absorbe, on les fixe en soi et on prend l'engagement d'en profiter, en exécutant méthodiquement les trois temps de la respiration profonde.

Au début, on doit employer des formules, on peut même écrire celles-ci sur un carré de papier que l'on place devant ses yeux pour le regarder avec calme et persistance ; mais lorsque la Volonté est suffisamment disciplinée, on peut se dispenser des formules, car elles ne servent qu'à fixer son attention sur le sujet.

On peut demander, d'abord, l'accroissement de qualités que l'on ne possède pas à un degré assez élevé, telles que : Exactitude, Patience, Douceur, Bonté, Jugement ; plus tard, on demandera la Force morale et, même, la Force physique si elles ne sont pas suffisantes, la Guérison d'une maladie, la Réussite de telle ou telle affaire que l'on entreprend ; enfin, obtenant à peu près ce que l'on veut, on pourra demander des choses plus importantes, plus élevées, plus précises. Il n'y a, certainement, pas de limites au développement de ce pouvoir qui peut s'étendre à l'Infini, surtout lorsque les bases de l'Influence personnelle sont bien établies et que celle-ci est méthodiquement cultivée.

cherchez et vous trouverez, demandez et vous recevrez, dit l'Evangile (Math., c. 7, v. 7) ; c'est-à-dire, demandez avec Intelligence, Energie et Persévérance, et cela vous fera découvrir les moyens de trouver ce que vous cherchez.

Dieu laissa-t-il jamais ses enfants au besoin ? Aux petits des oiseaux, il donne la pâture, Et sa bonté s'étend sur toute la nature. Tous les jours je l'invoque et, d'un soin paternel, Il me nourrit des dons offerts sur son autel.

Il ne faut pas prendre à la lettre cette affirmation que Racine met dans la bouche de Joas (Athalie), car Dieu ne donne qu'à ceux qui méritent et qui savent prendre. Il y a beaucoup de gens, moins heureux que Joas, des gens qui ne sont ni bons ni méchants, car ils sont incapables de faire du bien ou du mal, et qui attendent toujours que la roue de la fortune tourne en leur faveur sans que celle-ci vienne, car ils ne font rien pour cela. Aide-toi, dit le proverbe, le ciel l'aidera. Il faut chercher pour trouver, demander pour recevoir ; mais il faut, surtout, savoir diriger ses recherches et employer pour la demande le langage de la Nature.

La demande est la base de la prière. Dans leurs évocations, les spirites prient leurs bons esprits et en obtiennent des fluides qui sont utilisés pour la production de phénomènes aussi étranges que réels. Les dévots tirent de la prière des consolations, des espérances et certains avantages ; ils obtiendraient bien autre chose encore s'ils connaissaient le principe qu'ils mettent en action, et, surtout, s'ils ne demandaient pas des faveurs injustes, des grâces qu'ils ne méritent pas et des avantages qui seraient nuisibles à leur prochain. Il ne faut pas que le marchand de parapluies demande des averses constantes lorsque la terre est suffisamment mouillée, ni que le charbonnier prie pour avoir du froid lorsqu'il fait encore chaud. Demandez ce qui est juste, ce qui vous est utile sans être nuisible à vos semblables, et vous recevrez en raison directe de la sincérité de votre demande et de la somme de Volonté que vous aurez dépensée pour l'obtenir. La faculté de puiser dans le milieu ambiant des forces quelles qu'elles soient constitue, à elle seule, le principal facteur du magnétisme personnel. On doit, donc, l'étudier avec attention et faire tout son possible pour la développer.

La suggestion. — Arrivons, maintenant, à la suggestion proprement dite, c'est-à-dire à l'art d'influencer les autres, de leur communiquer ses idées et d'obtenir d'eux tout ou partie de ce que l'on désire.

Ici encore, je vais diviser la question, car je n'entends en aucune façon traiter la suggestion comme les hypnotiseurs en général et surtout comme ceux qui, au mépris de la dignité humaine, font, avec des personnes sensitives transformées en mannequins, des expériences toujours inutiles au point de vue scientifique, et, souvent, fort dangereuses pour la liberté morale des sujets. Je veux rester presque exclusivement, avec l'incitation, l'influence que l'on peut exercer dans le voisinage de quelqu'un, verbalement quand on parle et mentalement lorsqu'on écoute. Encore, je n'engage personne à vouloir s'imposer ; j'engage, moins encore, à pratiquer l'incitation suggestive pour obtenir une chose déterminée, car lorsqu'on est suffisamment développé, les bonnes choses viennent d'elles mêmes suffisamment, nombreuses, sans que l'on fasse quoi que ce soit pour les obtenir. Malgré cela, ceux qui voudraient cultiver, spécialement, l'art d'influencer les autres par incitation suggestive, verbale ou mentale, pourraient tenir compte des observations suivantes :

— Lorsque la personnalité magnétique est développée à un haut degré, l'incitation suggestive est spontanée, inconsciente même. La manière d'être du penseur se transmet à ceux qui l'environnent, même sans qu'il le veuille, car ses pensées, actives et fortes, vont droit aux personnes à qui elles sont destinées. Là, elles ont tendance à s'imposer, et ceux qui les reçoivent les acceptent toujours comme si elles avaient pris naissance en eux-mêmes, comme si elles étaient l'expression de leur propre désir, de leur véritable intention. Mais si le penseur suffisamment développé fait, pour agir, acte de Volonté, il impose toutes ses idées et dicte ses ordres qui sont, souvent, exécutés avec une précision et une promptitude qui tiennent du prodige.

Je le répète, il faut comprendre, avant tout, que pour diriger les autres, il faut savoir se diriger soi-même et que, pour leur imposer sa Volonté, il est indispensable d'être Maître de la sienne. On doit, ensuite, être essentiellement honnête et ne jamais penser à obtenir quoi que ce soit qui puisse nuire à l'intérêt ou à la considération des autres. Ces deux premiers points étant bien définis, il faut être animé du vif désir d'obtenir la chose que l'on veut, être bien persuadé qu'on a droit à cette chose, qu'on a le pouvoir de l'obtenir et qu'on l'obtiendra d'autant plus vite qu'on le voudra avec plus de Calme, d'Energie et de Persistance. Pour exercer une puissante incitation suggestive, il est bon de puiser des forces dans le milieu ambiant, comme je viens de l'expliquer, en parlant de l'Absorption de l'énergie, et de se mettre, par la volonté, dans un état d'activité pour donner, c'est-à-dire dans un état d'expansion pour faire rayonner ses pensées, ses désirs vers les personnes que l'on veut influencer.

Celui qui veut dominer les autres doit leur inspirer confiance, les intéresser, les égayer par de joyeux propos, car le rire ouvre l'individu et le dispose à recevoir les influences extérieures. Son expression, son maintien, ses gestes, ses manières, le ton de sa voix sont autant d'éléments d'action qui se combinent et s'ajoutent les uns aux autres s'ils sont tous concordants.

Le Regard magnétique et la Conversation jouent, ici, le rôle prépondérant, mais celle-ci doit être appropriée, adaptée, avec beaucoup de tact, au caractère, aux goûts, aux aptitudes et, même, à l'intérêt de celui à qui on l'adresse. Judicieusement employée, elle constitue, à elle seule, un très puissant moyen d'insinuation qui permet, même à celui qui ne possède que fort peu l'Influence personnelle, de vaincre les défiances, les antipathies et les résistances auxquelles il est toujours plus ou moins exposé. Il en est de même pour le malade que l'on veut suggérer.

Le malade, dit Atkinson, rassuré et conquis, s'ouvrira à lui sans arrière-pensée, et son abandon fera plus pour sa guérison que les innombrables médecines dont l'accablent généralement les hommes de l'art.

Mais cette conversation doit être conduite avec soin, avec discernement avec intelligence. Il faut que l'opérateur s'y efface, s'y oublie progressivement et, que le malade s'y abandonne et l'occupe de plus en plus. L'opérateur n'a plus, dès lors, qu'à écouter et qu'à encourager, de son attention et de son intérêt, les confidences qu'on lui fait.

On apprend à écouter comme on apprend à parler, par des efforts successifs par une étude méthodique. Le silence, comme la parole, a sa science. II faut, de toute nécessité, que l'opérateur la possède ; ce n'est qu'à ce prix qu'il fera vraiment la conquête de son malade.

Suggestion mentale. — Après avoir étudié pratiquement les règles qui précèdent, on peut s'exercer à la pratique de la suggestion mentale. Pour cela, on formule, d'abord, dans sa pensée, des idées simples et en harmonie avec la manière d'être des gens que l'on fréquente. On donne à ces idées une forme aussi précise que possible, et, en s'aidant de l'action du regard, on s'efforce de les transmettre. Ainsi, par exemple, on cherche à suggérer à un ami l'idée d'une visite à un ami commun, l'idée d'une étude quelconque qui lui plaise et l'on y parvient d'autant plus facilement que l'on rend plus concrète l'idée à suggérer. On cherchera ensuite à transmettre à ce même ami une idée qu'on sait ne pas lui plaire et l'on sera tout surpris de constater que l'on réussira, sinon toujours, du moins fort souvent.

Les expériences de cette nature peuvent être variées presque à l'infini. On doit les répéter souvent, car elles concourent puissamment au développement de l'influence que l'on est susceptible d'exercer sur les autres. En voici deux que l'on ne manquera pas d'essayer lorsque l'occasion se présentera :

— Dans une conversation, la personne qui vous parle oublie un mot qu'elle cherche en vain à prononcer. Ce mot vous est presque toujours suggéré par l'idée que s'en fait la personne qui parle. Pensez fortement à ce mot et regardez l'interlocuteur à la racine du nez. Très souvent, en moins de temps qu'il en faut pour le dire, celui-ci prononce le mot et vous avez conscience que c'est vous qui en avez rappelé le souvenir.

— Dans une réunion quelconque, vous voulez, par exemple, que tel assistant demande à vous être présenté. Passez plusieurs fois sous son regard, sans paraître indiscret. Lorsqu'il vous regarde, dirigez avec calme votre regard entre ses yeux et dites-vous mentalement : « Vous voulez m'être présenté, je vous attends ». Lorsqu'on est bien familiarisé avec la pratique de la suggestion mentale, les deux expériences ne manquent presque jamais.

Certaines personnes sont particulièrement douées pour obtenir ce qu'elles désirent.

Je connais une dame douce et bonne, qui, malgré cela, vit en assez mauvaise harmonie avec son mari. Elle n'a qu'à penser à une robe, à un manteau, à un bijou qu'elle désire pour que le mari s'empresse de lui offrir l'objet désiré, tandis que lorsqu'elle demande verbalement quoi que ce soit, elle se heurte, à peu près toujours, à un refus catégorique.

Un artiste peintre plein d'avenir, qui a suivi mon cours de Magnétisme personnel et qui a fort bien mis à profit tous les détails de l'enseignement, pense, à un moment donné, à un artiste qu'il a connu il y a une vingtaine d'années et cherche à se remémorer ses œuvres principales. Deux ou trois jours après, il reçoit par la poste, d'une personne qu'il connaissait à peine, une reproduction d'une œuvre de l'artiste auquel il avait pensé.

Quelques jours après, le même artiste ouvre une encyclopédie pour avoir des renseignements sur les monuments de Trieste. La cathédrale est signalée comme un monument remarquable. Trois jours après, il reçoit d'un ami une carte postale illustrée reproduisant cette cathédrale.

L'artiste en question observe, à juste titre, que ce que l'on appelle improprement le hasard ne saurait être invoqué, car si ses amis avaient réellement voulu lui envoyer un souvenir, un objet utile ou véritablement intéressant, ils auraient, mieux choisi la nature de leur envoi. Vraisemblablement, malgré la distance, il y a eu transmission de la pensée de l'artiste à ses, amis, qui ont, ensuite, voulu lui être agréable. Pour s'en assurer, il accusa réception de ces documents et pria les expéditeurs de vouloir lui dire dans quel but ils avaient fait cet envoi. La réponse de chacun d'eux fut à peu près celle-ci : « *J'ai pensé à toi et l'idée m'est venue que je te ferais plaisir en t'envoyant ce document.* »

Lorsque l'on est parvenu à pratiquer habilement la suggestion mentale, il n'est guère nécessaire d'avoir recours à la suggestion verbale. Pourtant, lorsque celle-ci est utilisée avec tous les ménagements qu'elle comporte, elle est plus active que la première. Dans la conversation, on peut la pratiquer de deux façons différentes : 1° à l'insu du sujet ; 2° avec le consentement du sujet.

Je préfère, de beaucoup, la première, car elle est plus active, et réussit généralement mieux que la seconde, le sujet, ne se doutant pas que l'on exerce sur lui une action suggestive, n'opposant aucune résistance à celle-ci.

Lorsque le sujet veut se guérir d'une maladie organique de quelque gravité, il faut avoir recours non pas à la suggestion hypnotique, mais au Magnétisme, qui guérit toujours mieux et plus vite que les moyens ordinaires de la médecine classique les mieux appropriés. Pour une maladie morale, telle que l'obsession ; pour se débarrasser plus vite de certaines passions, comme l'ivrognerie, la morphinomanie, on peut avoir recours à la suggestion verbale, soit à l'insu du sujet, soit avec son consentement ; mais il est indispensable, surtout dans ce dernier cas, que le praticien que l'on choisit soit digne en tous points de votre confiance, car le remède pourrait être pire que le mal. Le praticien qui convient le mieux est, encore, le magnétiseur, surtout s'il possède l'influence personnelle à un certain degré, car tout en magnétisant pour rétablir l'équilibre physique, qui est toujours plus ou moins troublé, il emploie, en même, temps, non pas la suggestion brutale des hypnotiseurs, mais une insinuation suggestive qu'il fait sous la forme d'une sorte d'affirmation conditionnelle (Les différents modes de suggestion verbale sont exposés longuement par Henri Durville, dans son Cours de Magnétisme personnel.).

Pour ne pas risquer de voir diminuer la confiance que l'on a en lui, ce qui amoindrirait son autorité morale, le praticien ne doit pas se tromper comme l'hypnotiseur qui, dans certains cas, fait tous les jours pendant, cinq à six semaines, la même suggestion avec le même insuccès. Il ne doit pas dire : Vous ne souffrirez plus ! Vous dormirez très bien ! Vous ne serez plus obsédé par les idées qui vous tourmentent ! Vous ne penserez plus à la morphine ! car cette forme de la suggestion ne réussit, même imparfaitement, que chez les rares malades sensitifs que l'on peut endormir ; et encore, ce résultat n'est, parfois, obtenu qu'aux dépens de certaines autres fonctions physiques ou morales qui se pervertissent à leur tour. Au contraire, on doit raisonner avec le malade, lui faire comprendre que la maladie dont il souffre a des causes, souvent profondes et tenaces, qui ne peuvent, généralement, pas cesser de suite, qu'il faut chercher à rétablir l'équilibre des fonctions physiques, et qu'alors un mieux, probablement très sensible, ne tardera pas à se faire sentir. La suggestion pourra être faite à peu près en ces termes : Vous allez certainement éprouver du mieux et le sommeil ne tardera pas à se rétablir ! Les idées qui vous tourmentent vont diminuer peu à peu et disparaîtront, bientôt, complètement ! Vous aurez moins besoin de morphine et d'ici cinq à six semaines vous n'en aurez plus du tout besoin !

Au début d'un traitement quel qu'il soit, on observe, presque toujours, une amélioration qui tient certainement un peu à l'espoir que le malade met dans l'efficacité de ce traitement. L'affirmation suggestive se réalise à peu près complètement, la confiance du malade grandit encore et les nouvelles suggestions exerceront dans l'avenir une influence d'autant plus grande que le praticien aura mieux prévu leur réalisation. Le magnétiseur, qui sait établir le diagnostic des maladies par l'examen des centres nerveux et qui connaît le mécanisme des modifications qui surviennent sous l'action du traitement (voir mes Théories et procédés du Magnétisme), sait réellement, non seulement ce qui se passe présentement dans l'organisme du malade, mais ce qui doit s'y passer dans un certain délai. De cette façon, tant par l'action directe du Magnétisme que par l'action indirecte de la suggestion, il favorise, toujours, le travail de la nature sans jamais le contrarier.

Si, par la parole, par le geste, par des manières, l'homme fort peut imposer au faible ses idées et ses manières de voir ; si, d'autre part, toutes les impressions qui viennent du dehors sont des suggestions, il est évident que nous sommes tous plus ou moins exposés à subir les suggestions intéressées et les mauvaises pensées de ceux qui nous environnent. Dans ce cas, il est de toute nécessité que celui qui cherche à développer son Influence magnétique puisse échapper aux mauvaises influences. C'est sur ce point que je termine ce chapitre.

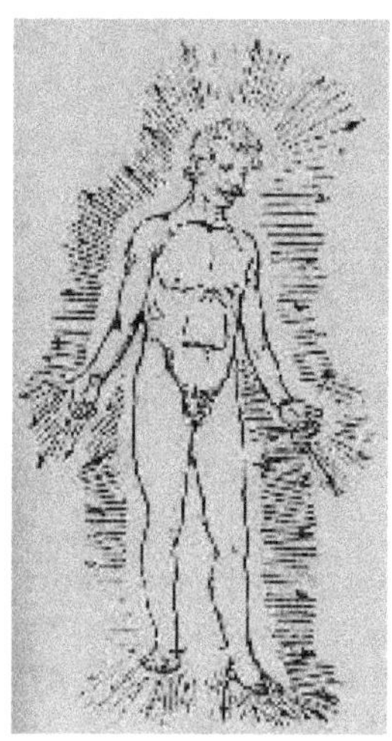

Fig. 29. Rayonnement d'expansion

POUR ÉVITER LES SUGGESTIONS DES AUTRES. — Il est évident que nous faisons partie du milieu dans lequel nous sommes et que si nous agissons sur les autres, les autres peuvent agir sur nous, nous influencer, nous asservir même.

Cela est si vrai, dit Atkinsom, que nos opinions varient avec les circonstances et que, selon que nous vivons avec les uns ou avec les autres, nos idées diffèrent et, parfois même, s'excluent...

Les exemples de ce phénomène sont fréquents, surtout en politique. On voit une idée jaillir, se répandre, tout entraîner, puis s'apaiser, rentrer dans son lit et mourir... Telle foule, par exemple, calme et modérée, s'agite et s'exaspère soudain pour revenir, bientôt, à la modération et à l'équité. Il a suffi, pour déterminer ces alternatives, de quelques hommes d'action, de quelques esprits résolus. Ceux-là ont déchaîné la foule par des discours de violence; ceux-ci l'ont ramenée et retenue par des appels à la tolérance. Mais les uns et les autres, ont usé des mêmes moyens, c'est-à-dire de leur don d'influence, de leur force de pénétration, de toutes les ressources de volonté et d'action qui sont comme l'essence du Magnétisme, le secret des sciences occultes.

Il importe, donc, si l'on veut obéir à sa propre raison, de se garder contre toutes les influences d'alentour et de dresser comme une barrière autour de soi. Mille dangers nous menacent. A chaque instant, nous sommes sollicités par des forces supérieures, par des volontés qui sont impatientes de nous asservir à leurs desseins, à leurs ambitions, à leurs intérêts. Il faut, de toute nécessité, que nous puissions nous protéger nous-mêmes et nous défendre contre elles. Notre dignité la commande et notre intérêt l'exige. Nous serions exposés à de terribles éventualités si nous nous abandonnions sans défense à toutes les influences, à toutes les suggestions, à toutes les forces extérieures qui pèsent sur nous et nous sollicitent (La Force-pensée).

Si le précédent auteur décrit fort bien, tout en les exagérant un peu, les dangers auxquels le plus grand nombre d'entre nous sont exposés, même lorsque notre Influence magnétique est développée à un certain degré, il n'indique pas, d'une façon suffisante, les moyens à employer pour les éviter. Je vais tâcher de le faire en quelques mots, en prenant pour exemple la haine qu'un individu peut avoir contre nous et l'impureté de certains milieux dans lesquels on est obligé de pénétrer.

Le principal moyen de résister aux mauvaises influences, c'est, d'abord, de ne pas les craindre, car elles agissent comme la peste qui frappe ceux qui en ont peur. Ensuite, c'est d'être raisonnable, juste, bon, et de ne jamais avoir aucun tort à se reprocher envers qui que ce soit. Malgré cela, il y a certaines influences, celles de la haine prolongée pendant longtemps, qui pourraient parvenir à nous atteindre. Soyons sur nos gardes et, si nous nous méfions de quelqu'un de malveillant, ayons bien soin de ne lui envoyer que des pensées de bienveillance et de bonté et faisons appel, en même temps, à toute notre volonté, à toutes nos énergies intérieures pour nous mettre dans un état d'expansion qui fasse rayonner notre force autour de nous, comme l'indique la figure 29. Dans cet état, nous sommes en activité pour donner et nous ne recevons rien du dehors. Notre impénétrabilité aux influences extérieures sera, encore, augmentée si nous avons présent à l'esprit l'aura de pensées et d'influences qui nous environne et si, en précisant bien le rôle protecteur de cette aura, nous faisons acte de volonté pour la rendre encore plus impénétrable, en la repliant sur nous-mêmes. On peut revoir à cet effet les fig. 17, 18 et 19. En mettant bien dans son esprit qu'on ne sera jamais dominé par une pensée étrangère si on ne veut pas l'être, l'autosuggestion rendra, encore ici, quelques services.

D'ailleurs, dès que l'on arrive à un degré d'Evolution dépassant une certaine moyenne, on se trouve, naturellement, protégé contre les mauvaises pensées et les mauvaises intentions des autres.

Cette protection est facile à comprendre à l'aide des rapprochements suivants :

La matière mentale et la matière astrale ne sont pas identiquement les mêmes chez tous les individus. Lourdes, grossières, impures, chez la brute, elles sont fines, légères et pures chez celui qui atteint un très haut degré de développement. Elles vibrent constamment et leurs mouvements vibratoires se communiquent, par ondulations, au milieu ambiant ; ces mouvements peuvent être transmis au loin. Mais les vibrations de la matière grossière sont considérablement moins rapides que celles de la matière légère et pure.

Les pensées, qui sont « *des choses* » et qui revêtent des formes particulières, sont formées d'une matière analogue à la matière mentale et astrale de celui qui les émet : leurs vibrations sont les mêmes.

Nul mouvement, autrement dit nulle action, ne peut se communiquer à cette matière en dehors de certaines conditions d'analogie et de vitesse. C'est pour cela que les vibrations lentes du méchant ne peuvent pas modifier les vibrations beaucoup plus rapides de l'homme évolué. Entre ces extrêmes, le mouvement, c'est-à-dire l'action, peut se communiquer, mais la communication est d'autant plus lente et plus difficile que la différence est plus grande entre la rapidité des mouvements de celui qui agit et de celui qui reçoit.

En principe, une pensée de haine ne peut, pas atteindre une âme pure ; elle est repoussée, et, comme rien ne se perd, elle revient frapper celui qui l'a projetée. Comme celui-ci vibre d'une façon identique aux pensées qu'il émet, il reçoit ce mouvement, avec la plus grande facilité et son activité est augmentée d'autant pour en émettre d'autres de même nature. Ainsi, finalement, le créateur d'une pensée mauvaise souffre, toujours, de ce qu'il a voulu faire souffrir à d'autres et, si cette pensée est énergique et se renouvelle constamment, il peut en souffrir beaucoup et même en mourir. C'est, ainsi, que l'envoûteur s'envoûte lui-même, surtout, lorsque l'action qu'il dirige n'est pas reçue par celui à qui elle était destinée. Au temps de la sorcellerie, on disait, avec des apparences de raison, que, tôt ou tard, le sorcier finissait par être étranglé par le diable.

Celui qui est peu évolué reste, donc, exposé, dans une certaine mesure, aux attaque de ceux qui veulent lui nuire, mais lorsqu'il s'est purifié, les jaloux, les envieux, les ennemis qu'il peut encore avoir ne peuvent rien ou à peu près contre lui. Comme j'ai cherché à le faire comprendre, on doit rechercher la société des gens heureux, courageux, gais, forts, pleins d'espoir et éviter le plus possible les craintifs, les mélancoliques, les coléreux, les méchants et les malheureux en général ; comme l'avait déjà observé G. Agrippa :

« Leur âme est pleine de mauvais rayons et elle communique sa contagion à ceux qui l'approchait. »

Nous sommes, pourtant, obligés de pénétrer dans leur milieu, de nous mettre en contact avec eux. Allons-y gaiement, et en nous mettant dans l'état d'expansion dont je viens de parler, pour leur *« donner de nous-mêmes sans rien prendre d'eux »*, soyons sans aucune crainte d'être influencés. Encourageons-les, donnonsleur de bons conseils, faisons, à ceux qui en ont besoin, une aumône en rapport avec nos moyens, mais ne nous apitoyons pas sur leur sort et quittons les avec la satisfaction du devoir accompli, pour ne plus y penser que lorsqu'une nouvelle occasion de leur être utile se présentera.

Il me reste à dire quelques mots qui ne s'adressent qu'aux sensitifs se prêtant aux expériences, et qui peuvent craindre des suggestions post-hypnotiques qu'ils pourraient exécuter au moment convenu. C'est pour leur apprendre à déjouer toute suggestion que je leur indique le procédé suivant :

Il suffit au sujet de savoir que, pour empêcher une suggestion de se réaliser, il n'a qu'à appliquer sa main gauche et, même, un seul doigt de cette main au front pendant quelques instants.

Cette action constitue le procédé tout entier, dont on comprendra le mécanisme par quelques mots de théorie. :

— Chez le plus grand nombre des sujets, le sommeil hypnotique présente quatre états bien distincts : état suggestif, état cataleptique, état somnambulique et état léthargique, quoique l'école hypnotique de la Salpetrière ne classe que les trois derniers.

Toutes les suggestions post-hypnotiques, c'est-à-dire celles que l'hypnotiseur donne pendant le sommeil pour être exécutées lorsque le sujet sera réveillé, ne s'exécutent que dans le premier état, état dans lequel le sujet rentre de lui-même au moment où l'idée lui vient, d'accomplir l'acte suggéré. Donc, si le sujet fait cesser cet état, la suggestion ne s'accomplit pas.

Le sujet, peut, toujours, agir physiquement sur lui-même par auto magnétisation. L'action de sa main droite appliquée au front l'endort, celle de sa main gauche au même point le réveille. Dans le cas qui nous occupe, le sujet, qui est obsédé par l'idée d'exécuter l'acte suggéré, entre automatiquement dans l'état suggestif. A ce moment, s'il applique sa main droite au front, il passe dans l'état cataleptique, puis dans l'état somnambulique, et s'il y applique la main gauche, il se réveille. Dans les deux cas, l'état suggestif ayant cessé, la suggestion ne peut plus avoir de prise.

Comme elle est décrite dans le présent chapitre, l'autosuggestion suffit pour faire disparaître les névralgies et les maux de peu d'importance ; mais lorsqu'il s'agit de guérir une maladie chronique considérée comme incurable, il faut bien comprendre tous les arguments du chapitre suivant et employer, souvent pendant de longs mois, les moyens que j'indique. De l'ensemble de ces deux chapitres, le mélancolique, l'ivrogne et tous les esclaves d'une mauvaise habitude pourront facilement instituer le traitement qui leur convient.

XIII. THÉRAPEUTIQUE PSYCHIQUE

Dans les temples de l'antiquité. — Jésus et les apôtres. — Mécanisme des guérisons. — La Pensée : la Foi, la Prière, l'Imagination ; Suggestion et Autosuggestion. — Théorie psychique. L'Ame construit ses corps. Comment l'Ame agit sur le corps physique. Pour se guérir soi-même. — Un exemple de guérison psychique.

La Thérapeutique psychique est l'Art d'obtenir, sans emploi d'aucune drogue, la guérison de toutes les maladies, depuis les plus simples jusqu'à celles que la médecine classique considère comme les plus incurables.

La Thérapeutique psychique n'est pas un Art nouveau. Elle fut pratiquée chez tous les peuples et à toutes les époques de leur histoire. Sous sa forme la plus simple, surtout dans les campagnes, elle a été et elle est encore l'apanage de nombreux guérisseurs qui la pratiquent sans la connaître. Ils croient, généralement, être en possession d'un don ou d'un secret qui leur donne un Pouvoir ; et, faisant des invocations à une entité qui n'a peut-être jamais existé, ils pratiquent des gestes, des attouchements dont la valeur est très contestable. Le plus souvent, ils exigent des malades une confiance absolue en leur pouvoir. Sous sa forme la plus élevée, elle était pratiquée dans les sanctuaires, avec des cérémonies mystérieuses dont les Initiés connaissaient parfaitement la raison, mais que le peuple ignorait, complètement. C'était la thérapeutique sacrée de l'Assyrie, de la Chaldée, de la Perse, de l'Egypte, de la Grèce et de Rome. Sous une forme plus simple, c'était, encore, la thérapeutique du Christ, des Apôtres, des exorcistes du moyen âge et d'un grand nombre de thaumaturges (gr. thauma, atos, prodige, et ergon, œuvre), qui pratiquaient, généralement, dans les églises. On observe un pouvoir psychique analogue chez les sorciers de tous les pays, car ce pouvoir dépend de ce que l'on peut appeler la Science du Bien et du Mal.

Rien n'est changé, car c'est, encore, la thérapeutique de Lourdes et de tous les pèlerinages où la Confiance et la Foi règnent en souveraines.

Depuis le milieu du siècle dernier, l'Art des guérisons merveilleuses est pratiqué aux Etats-Unis, avec un incontestable succès, par des sectes religieuses, dont la plus célèbre est la Christian science (Science du Christ), qui opère à Boston, dans un temple pouvant contenir cinq mille personnes. Leur doctrine reçut un nouvel appoint et un nouvel élan avec la théorie de Mulford. De nouvelles sectes furent fondées sous les noms de Pensée nouvelle, de Traitement mental, etc.... et partout, avec des théories différentes et, parfois, contradictoires, des guérisons étonnantes sont obtenues. La Belgique a, aussi, son temple à Jemeppe-sur-Meuse, où le guérisseur Antoine a acquis une réputation plus qu'européenne.

Voyons, maintenant, à quelles causes ces guérisons sont attribuées.

Dans les temples de l'antiquité. — Par des cérémonies mystérieuses, dont la forme extérieure variait, d'un temple à l'autre, les prêtres obtenaient la guérison de maladies incurables qu'ils attribuaient à Apollon, à Vulcain, à Isis et, surtout, à la même divinité adorée sous le nom de Sérapis par les Egyptiens, d'Esculape par les Grecs et les Romains.

Renvoyant pour des détails plus étendus à mon Histoire raisonnée du Magnétisme, je limiterai mon exposé à quelques moyens destinés à mettre en jeu l'imagination des malades et exalter les forces curatives de l'Ame.

Par des procédés qui sont à peu près ceux du Magnétisme contemporain, un état qui touche de très près au dédoublement et au somnambulisme lucide se produisait chez beaucoup de malades. Souvent, le Dieu leur apparaissait et les guérissait ; parfois, il leur indiquait dans des songes les moyens de guérison qu'ils devaient employer.

D'odore de Sicile, historien grec du 1er siècle, qui connaissait profondément les mystères d'Isis affirme que ces pratiques étaient employées dans le temple d'Isis à Memphis.

Les prêtres égyptiens, dit-il, prétendent que, du sein de son immortalité, Isis se plaît à indiquer aux hommes, dans leur sommeil, les moyens de guérison. Elle indique à ceux qui souffrent, les remèdes propres à leurs maux ; la fidèle observation de ses prescriptions a guéri, d'une manière surprenante des malades abandonnés des médecins.

Jamblique, écrivain grec du 11e siècle, dit ce qui suit, en parlant du temple d'Esculape :

Le moment venu, nous entendons une voix entrecoupée qui nous enseigne ce que nous devons faire. Souvent, celte voix frappe notre oreille dans un état intermédiaire entre la veille et le sommeil. Quelques malades sont enveloppés d'un esprit immatériel que leurs yeux ne peuvent percevoir, mais qui tombe sous un autre sens. Il n'est pas rare qu'il se répande une clarté douce et, resplendissante qui oblige à tenir les yeux à demi fermés. Ce sont là, positivement, les songes divins...

Prosper Alpini est aussi affirmatif :

Les frictions médicales et les frictions mystérieuses étaient les remèdes secrets dont les prêtres se servaient pour guérir les maladies incurables. Après de nombreuses cérémonies, les malades enveloppés de peaux de bélier étaient portés dans le sanctuaire du temple, où le dieu leur apparaissait en songe et leur révélait les remèdes qui devaient les guérir. Lorsque les malades ne recevaient pas les communications divines, des prêtres nommés oneiropoles s'endormaient pour eux, et le dieu ne leur refusait, jamais, le bienfait demandé.

Les malades n'obtenaient pas, toujours, dans un temple, le résultat demandé. Ils se rendaient, alors, dans un ou plusieurs autres, et trouvaient, enfin, leur guérison. C'est le cas d'Aspasie, femme de Périclès (Ve siècle avant J.-C.), qui souffrait d'une grave maladie. Après avoir invoqué, sans résultat, Isis à Mèmphis, Hygie à Patras, elle fut guérie dans le temple de Podalyre à Lycère. Elle annonça ce résultat à son mari dans une lettre remarquable dont voici un passage :

> *Je tâchai par mes prières de me rendre digne de la réponse du dieu. A l'approche de la nuit, je me couchai sur la peau d'une chèvre, près de la colonne qui portait la statue du dieu, et je fus plongée dans un doux sommeil. Bientôt autour de moi se répandit une clarté suave. Crois-moi. Périclès oui, crois-moi, dans ce calme de*

l'âme, le divin Esculape, enveloppé d'un brillant nuage, m'apparut et me promit la santé. Mon sommeil fut profond jusqu'au point du jour. A mon réveil, je me trouvais sur le même côté où je m'étais mise la veille. Je vis Cyprine... qui vint elle-même et me guérit. ô vous ! Podalyre, Cyprine, Esculape, recevez à jamais, l'encens de La main d'Aspasie et de Périclès.

L'usage d'aller dormir dans les temples pour recouvrer la santé se continua dans les églises jusqu'au commencement du XVIe siècle. Les martyrs Corne et Damien, qui étaient médecins, guérirent probablement plus et mieux après leur mort que pendant leur vie. Ils envoyaient des songes à ceux qui venaient dormir dans l'église qui leur était consacrée ; et, ici, comme ailleurs, des guérisons miraculeuses étaient obtenues lorsque la Foi des malades était suffisante.

On comprend facilement que si les malades guérissaient en invoquant les Dieux qui, sans existence propre, symbolisaient seulement les forces de la Nature, il ne saurait en être autrement avec les Saints.

Chez les uns et chez les autres, on ne peut, donc, raisonnablement admettre qu'une seule et unique Cause : l'Imagination des malades dont la Croyance et la Foi exaltaient les Forcée supérieures de l'Ame ; ce qui démontre que le principe DE LA GUÉRISON EST EN NOUS ET NON PAS HORS DE NOUS.

Jésus et les apôtres. — Jésus modifie les procédés. Guérisseur, le plus puissant d'entre tous, il opère par l'imposition des mains et certains attouchements sur ceux qui désirent ardemment la guérison et qui ont Foi en lui ; et cela, rien que par simple effort de sa Volonté.

« Je le veux, soyez guéri. Et à l'instant sa lèpre fut gué-
rie. » (Mathieu, ch. 8, v. 3). En allant à Naïm, on portait
un mort en terre. S'étant approché, il toucha le cercueil
et dit : *« Jeune homme, levez-vous... En même temps;*
le mort se leva et commença à parler. » (Luc, ch. 7, v.
11 à 15).

Si Jésus guérissait en son propre nom, les Apôtres
guérissaient au nom du Maître. Il y avait à Lydde un
homme paralysé depuis huit ans. Pierre lui dit : *« Jésus*
vous guérit. Levez-vous, faites vous-même votre lit. Et,
aussitôt, il se leva. » (Actes des Apôtres, ch. 9, v. 32 à
34).

Ils agissaient, aussi, par la prière. La résurrection de
Tabithe en est un exemple. *« Pierre ayant fait sortir*
tout le monde se mit à genoux et pria ; puis se tour-
nant vers le corps, il dit. : « Tabithe, levez-vous. » Elle
ouvrit les yeux, et, ayant regardé Pierre, elle se mit sur
son séant. » (Actes des Apôtres, ch. 9, v. 39 39 à 41.)

Fig. 30. — Saint Paul guérissant un malade.

(Fragment d'un tableau de Lesueur)

Sur le chemin de Damas, Saül, qui était le plus terrible ennemi de Jésus, eut une vision et fut frappé de cécité. Ananie alla le trouver, lui imposa les mains et lui dit : « *Saül, mon frère..., Jésus qui vous est apparu, m'a envoyé afin que vous recouvriez la vue et que vous soyez rempli du Saint Esprit. Aussitôt, il tomba de ses yeux comme des écailles et il recouvra la vue.* » (Actes des Apôtres, ch. 9, v. 17 et 18). Saül se convertit ; et prenant le nom de Paul, il guérit un grand nombre de malades au nom de Jésus, en employant les procédés du Maître.

La base principale du traitement reposait sur la Foi du malade et aussi, sur l'action magnétique du guérisseur.

Ici, deux causes concordantes exaltent les forces curatives de l'Ame : la Croyance et la Foi d'une part ; l'action directe du guérisseur de l'autre, ce qui ne démontre pas moins que le principe DE LA GUÉRISON EST EN NOUS.

Les guérisons dites miraculeuses se sont perpétuées dans les pèlerinages, avec cette différence du moins que les prêtres ne magnétisant pas les malades, ceux-ci guérissent absolument seuls.

mécanisme des guérisons psychiques. — Comprendre le mécanisme, ou tout au moins, la cause déterminante des guérisons quelles qu'elles soient, est chose bien difficile, car chaque guérisseur, médecin ou non, comme chaque entrepreneur de miracles a sa théorie ou, tout au moins, sa manière à lui de les expliquer. On

peut, donc, admettre qu'il y a autant de théories différentes et, parfois même, contradictoires entre elles que
de praticiens.

Pour le magnétiseur, la guérison est due au fluide
magnétique, à la force vitale ou a, un mouvement vibratoire qui se communique par ondulations successives
de sa personne à celle du malade. Pour les spirites, c'est
l'action fluidique de l'âme des morts, qui agit sur le malade par l'intermédiaire du médium. Le guérisseur illet-
tré des campagnes opère par la vertu supposée d'une
prière, d'une formule, d'un secret, qui lui a été commu-
niqué. Les médecins, en général, sont fort embarrassés,
car le plus grand nombre d'entre eux, ne comptant plus
les malades qu'ils ont tués ou rendus incurables par
leurs drogues délétères, ne comprennent rien au principe de la guérison lorsque celle-ci se produit sous leurs
yeux. Néanmoins, les plus avisés reconnaissent que
c'est la Nature qui guérit, lorsque la médication n'en-
trave pas sa marche. Certains d'entre eux, les hypnotiseurs, se basant sur la guérison, parfois extrêmement
rapide, de certains cas nerveux ou d'habitudes vicieu-
ses, affirment que l'imagination du malade, mise en
activité par la suggestion, est la seule et unique cause de
la guérison. D'autres, enfin, admettent que certains malades se guérissent directement eux-mêmes par simple
autosuggestion, sous l'empire d'une cause quelconque
qui a vivement mis en jeu leur imagination. Ces deux
dernières catégories de praticiens me paraissent être
plus près de la vérité qu'ils ne le pensent eux-mêmes,
car ce que l'on appelle l'Imagination est une force réelle, assez puissante pour déterminer, fort souvent, la
maladie et même la mort, et qui logiquement, doit pouvoir donner, aussi, la santé et la vie. On sait, d'ailleurs,
que la confiance que le malade met en la personne du
médecin contribue largement à l'efficacité du remède.
On sait également, que certains paralytiques, étendus
depuis de longues années, sautent du lit et s'enfuient à

toutes jambes si le feu se déclare soudainement dans leur chambre. Le matin, en se levant, des amputés d'une jambe, vivement préoccupés de certaines affaires qui les empêchent de penser à leur infirmité, marchent comme s'ils avaient leurs deux jambes.

A Lourdes et dans les pèlerinages religieux, Dieu viole les lois immuables qu'il avait établies pour faire ce que l'Eglise appelle des miracles ; et, partout ailleurs, les médecins ne guérissent qu'en observant les mêmes lois.

Ce qui est, certain c'est qu'il y a, partout, une part de vérité, mais que la vérité complète échappe à tous. Tous les guérisseurs et les entrepreneurs de miracles savent qu'ils guérissent, mais aucun d'eux ne comprend la nature de la force qu'il met en activité pour cela. Je le répète, cette force est en nous et non pas hors de nous. C'est la force de l'âme qui s'exprime par le pouvoir, presque illimité, de la pensée.

La pensée. — Il y a en nous une force d'une énergie formidable qui, lorsqu'elle est brusquement déclenchée, peut nous tuer ou nous guérir presque instantanément. Lorsque la guérison se produit, ainsi, dans un lieu consacré, au milieu de cérémonies imposantes, l'Eglise dit, à tort, que c'est un miracle. En dehors de ce cas fort rare, elle produit, presque toujours, en nous le bonheur ou le malheur, la santé ou la maladie. Celte force n'est autre que la force psychique, car elle vient de notre être réel, l'âme. Elle s'exprime par la pensée et revêt des formes différentes, en apparence, comme la Foi et l'Imagination.

« *La Pensée est un acte qui commence* ». Qu'une Pensée bien déterminée revienne, souvent, avec un violent désir, elle finit par envahir le champ de la conscience et l'acte qui en est la conséquence s'accomplit facilement. C'est un fait de saturation. Lorsque celle-ci est suffisante, la cristallisation en acte se produit. Les cristaux artificiels du laboratoire de nos savants et la cristallisation du sel dans les marais salants lorsque l'évaporation de l'eau est suffisante, en sont des exemples frappants. Il en est de même, dans le domaine de la Pensée. Prenons pour exemple l'idée de vengeance bien arrêtée chez un individu peu évolué. Si l'idée est entretenue par des pensées de meurtre qui se renouvellent souvent, elle s'accentue, grandie et prend corps au point d'obséder le penseur. A un moment donné, lorsque la saturation de son être psychique est suffisante, la pensée se cristallise en acte, la vengeance éclate et le meurtre se produit. Devant, le tribunal qui représente la justice humaine, on entend le meurtrier dire sincèrement ce qui suit : « *Je ne sais pas comment j'ai pu faire cela, je n'y pensais même pas.* » La préméditation étant écartée, l'accusé bénéficie des circonstances atténuantes qu'il ne mérite réellement pas, car celle-ci était fort bien établie dans son intellect par sa pensée.

La Pensée donne à l'homme, comme à la femme, sa beauté ou sa laideur, son charme ou son aspect déplaisant, car elle nous élève ou nous abaisse, toujours, à son niveau. C'est elle qui règle notre maintien, qui assure notre démarche, façonne notre expression, burine nos traits. Elle agit, parfois, rapidement, comme dans un accès de colère qui nous transfigure et nous fait prendre un aspect terrible. Le plus souvent, elle agit lentement, comme la goutte d'eau qui, tombant toujours à la même place, creuse sûrement son trou dans le roc le plus dur. Ainsi, les Pensées de force et de santé produisent en nous la force et la santé, tandis que les pensées de faiblesse et de maladie nous dépriment, et nous conduisent fatalement à la maladie et à la mort.

Les faits de guérison et de maladie dus à l'action créatrice de la Pensée sont extrêmement nombreux.

Voici un double cas inédit des plus intéressants :

L'année dernière, une dame de province, vint solliciter mon avis sur un cas spécial. Elle me dit que depuis qu'elle connaissait mon Magnétisme personnel, elle le pratiquait constamment et en retirait de grands avantages, mais elle ajouta que, longtemps avant de le connaître, elle avait reconnu le pouvoir créateur de la Pensée, surtout en ce qui concerne la santé et la maladie.

Il y a cinq ans, me dit-elle, à la suite de chagrins très violents et de déceptions que je croyais: insurmontables, je pris la résolution de mourir, car la vie m'était insupportable. Mais comment mourir ? Je ne voulais pas me suicider... Ayant vu mourir de pleurésie trois de mes parents ou amis, je désirai mourir de cette maladie. Cette idée me hantait depuis trois mois, quand un beau jour, sans cause extérieure appréciable, j'éprouvai un violent point de côté, avec de la fièvre et beaucoup d'oppression. Je me mis au lit, et, malgré moi, on alla chercher le médecin qui déclara que c'était une pleurésie qui s'annonçait comme devant être très grave. La maladie suivit son cours ; je m'affaiblis vite ; et, chose digne de remarque, au bout d'une dizaine de jours, très calme et très heureuse, j'éprouvai certains phénomènes qui m'indiquaient que la mort était proche. Je réfléchis et pensai à mon enfant qui avait, encore besoin de moi, ainsi qu'à des parents et amis qui m'aimaient. Bientôt, m'apitoyant sur le sort de l'enfant que j'abandonnais, je regrettai la résolution que j'avais prise sans réfléchir et je fis des efforts désespérés pour me rattacher à la vie. Après quelques jours, j'étais mieux et le médecin déclara que j'étais hors de danger. Avec la Pensée constante de revenir à la santé, je me rétablis peu à peu et il ne me reste plus que quelques adhérences qui me font encore souffrir quelque peu à certains moments.

Je suis bien persuadée que c'est ma Pensée, constamment orientée vers le but que je voulais atteindre, qui a causé la maladie et déterminé la guérison.

La Foi. — « *La Foi, dit Victor Morgan, dans la Voie du Chevalier, est une émotion d'une qualité supérieure qui produit, par elle-même, des résultats positifs, des guérisons vraiment merveilleuses, comme à Lourdes. C'est une émotion qui accroît, réveille, exalte véritablement toutes nos énergies, toutes nos forces physiques et mentales. Des expériences peu connues, sincères, minutieuses, ont prouvé que la foi produit dans notre sang des composés chimiques bienfaisants, reconstituants, qui, injectés dans le sang d'un animal exaltent ses forces. Des émotions négatives, comme l'extrême crainte, l'angoisse, la colère, produisent, au contraire, de véritables poisons.* »

« *La Foi soulève les montagnes* », car elle constitue le levier auquel rien ne résiste. Jésus la recommandait à ses disciples. Il affirme, même, que c'est la foi des malades qui les guérit. Voici un exemple entre plusieurs :

Une femme souffrant, depuis douze ans, faisait dans la foule de grands efforts pour arriver jusqu'à lui, en disant : « *Si je puis, seulement, toucher son vêtement, je serai guérie.* » Elle y parvint et fut guérie à l'instant même. Jésus s'en aperçut et dit à cette femme : « *Ma fille, votre foi vous a sauvée, allez en paix et soyez guérie.* » (Marc, ch. 5, v. 25 à 34). Et pour affirmer encore la puissance de la foi, après sa résurrection, il apparut aux apôtres et leur dit : « *Allez par tout le monde ; prêchez l'Evangile à toute créature... Et voici les miracles qui accompagneront ceux qui auront cru : ils chasseront les démons en mon nom..., ils imposeront les mains sur les malades et, les malades seront guéris.* » (Marc., ch. 10, v. 14 à 18).

Quelques maîtres de l'art médical qui ont vu les guérisons extraordinaires qui se font à Lourdes, ont reconnu la puissance thérapeutique de la Foi. « *La foi qui guérit, dit Charcot, me paraît être l'idéal à atteindre, puisqu'elle opère, souvent, quand tous les autres remèdes ont échoué...* ». Puis il ajoute : « *La foi qui guérit et son aboutissant : le miracle, n'échappent pas à l'ordre naturel des choses. Le domaine de la foi qui guérit est limité aux maladies dont la guérison n'exige d'autre intervention que cette puissance de l'esprit sur le corps.* »

Mais, qui est-ce qui a fixé les limites de l'action de l'esprit sur le corps ? — Ces limites n'existent pas ; d'ailleurs, s'il y en a, elles sont très vagues et l'on peut, toujours, les reculer.

Aux Etats-Unis, il y a plusieurs sectes protestantes, dont la Christian Science de Boston est le type, qui guérissent par la foi. Ces sectes, qui comptent ensemble plusieurs millions d'adhérents, expliquent les guérisons par des théories différentes et, parfois même, contradictoires, mais elles sont d'accord sur les points suivants :

Dieu, omnipotent, omniscient, omniprésent, a créé le monde par une manifestation de sa Pensée et de sa Volonté. Non seulement nous avons été créés par Dieu, mais nous sommes Lui-même. Sans être la source dont il émane, nous ne faisons qu'Un avec Lui, car il est en nous. Dieu seul existe. Toute la Création est temporaire, et, conséquemment, illusoire. La matière n'existe pas.

Max Muller, professeur d'orientalisme à l'Université d'Oxford, a résumé, ainsi, cette idée : DIEU EST VÉRITÉ. LE MONDE EST ERREUR. L'AME EST DIEU ET RIEN AUTRE. Malgré les obstacles apparents qui nous séparent de Dieu, il suffit de lui adresser un appel convenable pour que la maladie qui n'est qu'un déséquilibre, une désharmonie, un état instable, disparaisse comme l'ombre d'une chambre dans laquelle on fait entrer la lumière en ouvrant les volets.

Pour obtenir ce résultat, les malades sont réunis dans des cérémonies et étroitement liés ensemble par la prière et par une idée commune : la guérison, qui agit en eux à la façon d'une suggestion extraordinairement puissante. L'officiant, maître de lui autant que son évolution le permet, s'identifie avec Dieu pour en être une source humaine ; il harmonise les fluides des assistants sur lui-même, fait, dans son intellect une image de la guérison, puis, par un effort de sa volonté, il projette cette image, avec un flot d'énergie vivante, sur tous les malades.

Avec la Foi et la Prière, qui sont des forces puissantes, il y a là une action magnétique qui a sa très grande importance. Aussi, les améliorations sont, toujours, très nombreuses, et la guérison s'obtient facilement. On y observe, même, assez souvent, comme à Lourdes, des guérisons presque instantanées de maladies considérées comme incurables.

J'admets tout cela avec les réserves suivantes :

Dieu existe, cela est évident. Mais s'il est en nous, il n'est pas indispensable d'aller le chercher ailleurs. Nous n'avons qu'à penser pour mettre nos Facultés supérieures en activité, et nous obtiendrons un résultat proportionnel à l'étendue de notre Foi et à la solidité de notre Concentration. Si notre Pensée est très active, nous obtiendrons une guérison miraculeuse. Si elle est insuffisante, nous aurons, seulement, une amélioration, mais, par la Persévérance et la Foi en notre Pouvoir, l'amélioration progressera pour arriver, au bout d'un temps quelconque, à la guérison complète, qui sera, peut-être, plus solide et plus durable qu'une guérison trop rapide.

Tout se résume, donc, ici, dans un effort de LA PENSÉE TENDUE VERS L'IDÉE DE LA GUÉRISON, Ce qui est à la portée de tous. J'indiquerai plus loin le manuel opératoire, en l'accompagnant d'une preuve évidente de son efficacité.

La prière. — Tous les croyants ont conscience que la Prière leur est d'un secours, considérable et j'ai la certitude que s'ils ne priaient que pour obtenir des avantages qui ne nuisent à personne, les résultats seraient beaucoup plus importants. La Prière est le moteur des Facultés supérieures de l'Ame. C'est le levier qui agit dans les pèlerinages et partout, où la Foi règne en souveraine. Dans tous les cas, c'est une Force réelle, qui agit en nous et hors de nous.

J'ai observé directement un cas bien évident de son action. — En 1891, un de mes fils âgé de vingt-neuf mois, atteint d'une fièvre typhoïde de la plus extrême gravité, était épuisé malgré mes soins. Pour me donner, ainsi qu'à ma femme, quelques heures de repos, une dame de nos amies que j'avais guérie vint, jusqu'à la guérison, passer la nuit auprès de l'enfant. Elle ne venait, pas toujours à la même heure ; et, très croyante, avant d'entrer, elle allait prier à l'église voisine pendant quinze à vingt minutes pour la guérison de l'enfant.

Une amélioration très appréciable correspondait, toujours, avec son entrée dans l'église, de telle façon que nous étions, ainsi, prévenus de son arrivée.

Au bout de quelques jours, le petit malade mourait en mon absence. A mon arrivée, je l'ai ressuscité sans prier, rien que par mon énergie.

J'ai rendu compte de ce résultat dans le Journal du Magnétisme et, ensuite, dans mes Théories et procédés du Magnétisme.

La Prière, fervente et prolongée, peut produire sur nous-mêmes de véritables miracles. Saint Augustin, pour ne citer qu'un seul cas, parle d'un homme affecté d'une tumeur, qui ne pouvait disparaître que par une opération. Un soir, cette opération est décidée pour le lendemain. A cette époque, les anesthésiques étaient inconnus et le malade devait beaucoup souffrir. Pour éviter la souffrance, il pria toute la nuit avec une si grande ferveur « que Dieu exauça sa prière ». Lorsque le chirurgien arriva, la tumeur avait disparu sans laisser de traces.

Je l'ai déjà dit, ce n'est pas Dieu ou un saint quelconque, qui n'a peut-être jamais existé, qui donne ces résultats prodigieux, mais la Prière. Celle-ci met en activité les forces supérieures de l'âme qui opère seule. Si l'on priait un chardon ou un cailloux, avec la même ferveur et la même Confiance, le résultat serait le même.

L'Imagination est faculté de l'âme qui nous permet de représenter les objets par la Pensée.

C'est la faculté d'imaginer, de concevoir, c'est-à-dire de créer des images, des impressions et, même, des sensations qui n'existent pas, mais qui finissent par devenir réelles. *« Ses effets sont merveilleux et étranges, dit P. Charron ; elle fait devenir fol et insensé..., fait deviner les choses secrètes et à venir, cause les enthousiasmes, les prédictions, les merveilleuses inventions et ravit en extase... Bref, c'est d'elle que vient la plupart des choses que le vulgaire appelle miracles, visions enchantements. »* (De la Sagesse, I. 1, ch. 17).

C'est l'Imagination qui transportait les sorciers au

sabbat et faisait tous les frais des cérémonies fantasti-
ques auxquelles ils croyaient assister. C'est, elle seule,
qui agissait chez les convulsionnaires de Saint Médard,
chez les prophètes des Cévennes, dans la possession
des religieuses de Loudun et d'ailleurs, et qui donnait
aux fausses reliques le pouvoir de guérir aussi bien que
les vraies. C'est l'Imagination de la mère qui produit les
envies ou taches que l'enfant apporte en naissant. C'est
l'Imagination, mise en activité par la suggestion, oui
fait qu'un vésicatoire vrai ne fait aucun effet sur un sujet hypnotisé, et qu'une feuille, de papier à cigarette
exerce une action vésicante réelle. C'est elle qui donne
lieu aux guérisons obtenues par suggestion et à tous les
phénomènes extraordinaires de l'hypnotisme. C'est encore elle qui produit les stigmates de la Passion, comme
le dermographisme l'a récemment démontré. C'est elle,
une fois encore, qui crée de toutes pièces les maladies
imaginaires, qui ne peuvent être guéries que lorsque le
malade s'imagine que l'on a fait, tout ce qu'il faut pour
cela. Enfin, l'envoûtement, terrible affection tant
contestée, qui conduit si souvent à la mort, est réel ;
mais plus de neuf cent quatre-vingt-dix-neuf fois sur
mille, c'est le malade qui s'envoûte lui-même en
concentrant sa pensée sur des sensations imaginaires
qui finissent par devenir réelles.

Si la Foi et la Prière sont, généralement, bienfaisan-
tes, l'Imagination est, presque toujours, malfaisante; et,
dans certains cas, elle fait un mal irréparable. Elle
conduit, même, la victime à une mort qui a toujours
lieu à l'instant même où elle fut prévue. Les cas de ce
genre sont relativement nombreux. Questionnez les
paysans qui se connaissent à plusieurs lieues à la ronde
et chez qui les nouvelles se transportent facilement,
vous apprendrez que, presque partout, à leur connaissance, des faits de mort annoncées d'avance se sont ré-
alisées. Les hypnotiseurs de l'Ecole de Nancy admettent
cela et l'expliquent par l'autosuggestion, ce qui me

paraît très près de la vérité.

Les médecins ont réuni quelques observations bien établies. En voici une que j'ai lue dans un ouvrage dont je ne me rappelle ni le titre ni le nom de l'auteur.

Toujours en quête d'expériences, les médecins avaient obtenu du roi (en Angleterre, je crois) la remise d'un condamné à mort, pour étudier sur lui le pouvoir de l'imagination. Au jour fixé pour l'expérience, le condamné fut remis à un professeur qui, devant un grand nombre de médecins, fit la démonstration. Introduit, dans une salle d'opérations, le professeur dit au sujet : « *Vous êtes condamné à mort, et le jour de l'exécution est arrivé. Nous pourrions vous faire endurer de terribles supplices ; mais, très paternellement, nous allons vous soumettre à une mort très douce. On va vous ouvrir les veines des bras et des jambes, et vous perdrez tout votre sang, presque sans souffrir.* »

Le condamné est alors, fixé sur la table d'opérations et le professeur prépare sa lancette. On bande les yeux du condamné et un élève fait aux quatre membres une simple piqûre de l'épidémie. Pour lui donner l'illusion que le sang coule abondamment, on verse sur chaque piqûre un petit jet d'eau chaude qui coule sous lui. Le condamné s'affaiblit, les médecins tâtent le pouls qui diminue, auscultent, et percutent pour constater l'état du cœur et des poumons, et s'affirment, entre eux, que l'exécution se poursuit très normalement. Le sujet s'affaiblit de plus en plus ; sa face pâlit, des convulsions surviennent et la mort arrive rapidement, sans qu'il ait perdu plus de quatre à cinq gouttelettes de sang.

En tête d'un ouvrage ayant pour titre : Contribution à l'étude de certaines facultés cérébrales méconnues (Paris et Lausanne, 1911), le docteur) de Sermyn, publie trois cas de mort observés dans sa pratique, et qui se réalisèrent au jour et à l'instant fixé d'avance par les mourants. Voici le premier de ces cas, que je reproduis presque textuellement :

Jean Vitalis était un homme robuste, sanguin, marié, sans enfants, jouissant d'une parfaite santé. Il avait trente-neuf ans, lorsqu'il fut subitement pris d'une fièvre violente et de douleurs articulaires. J'étais son médecin et, lorsque, je le vis, les symptômes qu'il présentait étaient ceux du rhumatisme articulaire aigu...

...Je fus surpris, le matin du seizième jour, de le trouver tout habillé, assis sur son lit, souriant, ayant les mains et les pieds entièrement dégagés, et ne présentant pas la moindre fièvre. Je l'avais, pourtant, laissé la veille dans un triste état...

Très calme, il attribuait sa guérison subite à une vision. « Mon père est venu me visiter cette nuit, me dit-il... Il m'a, d'abord, bien regardé de loin, puis il s'est approché, m'a touché un peu partout pour enlever ma fièvre et mes douleurs ; ensuite, il m'a annoncé que j'allais mourir ce soir à neuf heures précises. Au moment de son départ, il a ajouté qu'il espérait, que j'allais me préparer à cette mort comme un bon catholique. J'ai fait appeler mon confesseur qui arrivera bientôt... Je vous remercie beaucoup pour les bons soins que vous m'avez donnés, et ma mort ne sera pas causée par un manque quelconque de votre part. Mon père la désire ; il a, sans doute, besoin de moi, et reviendra me prendre ce soir à neuf heures. »

Tout cela était dit d'une façon très calme, avec un visage souriant, et une réelle expression de contentement et de bonheur rayonnait sur ses traits.

— Vous avez eu un rêve, une hallucination, lui dis-je, et je m'étonne que vous y ajoutiez foi.

— Non, non, me dit-il, j'étais parfaitement éveillé, ce, n'était pas un rêve. Mon père est vraiment venu, je l'ai bien vu, bien entendu ; il avait l'air bien vivant.

— Mais cette prédiction de votre mort, à heure fixe, vous n'y croyez pas puisque vous voilà guéri.

— Mon père ne peut pas m'avoir trompé. J'ai la certitude que je vais mourir à l'heure qu'il m'a indiquée.

Son pouls était plein, calme, régulier ; sa température normale. Une consultation était nécessaire, et le docteur R... fut appelé. Celui-ci fit devant le malade toutes sortes de plaisanteries, au sujet de son hallucination et de sa mort prochaine ; mais, à part, devant la famille réunie, il dit que le pronostic était grave...

Je revins vers midi voir le malade qui m'intéressait beaucoup. Je le trouvai debout, se promenant de long en large, dans sa chambre, et, cela, d'un pas ferme, sans le moindre signe de faiblesse. ou de douleur. — Ah ! me dit-il, je vous attendais. Maintenant que je me suis confessé et que j'ai communié, puis-je manger quelque chose ? J'ai une faim atroce, mais je ne voudrais rien prendre sans votre permission.

Comme il n'avait pas la moindre fièvre et qu'il avait toutes les apparences d'un homme en parfaite santé, je lui permis de manger un bifteck aux pommes.

Je revins vers huit heures pour voir ce qu'il allait faire lorsque les neuf heures seraient venues. Il était toujours très gai, et prenait part à la conversation avec entrain. Tous les membres de la famille se trouvaient réunis dans sa chambre. On causait et on riait. Son confesseur, qui était là, me dit qu'il avait dû céder aux instances réitérées du malade et qu'il venait de lui administrer l'extrême-onction...

Il y avait une pendule dans la chambre et Jean, que je ne perdais pas de vue, y jetait de temps en temps des regards anxieux. Lorsqu'elle vint à marquer neuf heures moins une minute, et pendant que l'on continuait à rire et à causer, il se leva du sofa sur lequel il était assis et dit : « l'heure est venue ! » Il embrassa sa femme, ses frères, ses sœurs, puis il sauta sur son lit avec beaucoup d'agilité. Il s'y assit, arrangea les coussins, puis comme un acteur qui salue le public, il courba plusieurs fois la tête, en disant : adieu ! adieu ! s'étendit sans se hâter et ne bougea plus.

Je m'approchai lentement de lui, persuadé qu'il simulait. A ma grande surprise, il était mort ; mort sans angoisse, sans un râle, sans un soupir, d'une mort que je n'ai jamais vue. On avait, d'abord, espéré que ce n'était qu'une syncope prolongée ; l'enterrement a été longuement différé, mais il fallut se rendre a l'évidence devant la rigidité cadavérique et les signes de décomposition qui s'en suivirent.

Pour ne pas affaiblir l'importance de ces relations, je ne ferai aucun commentaire, me contentant, seulement, de dire au lecteur : Au lieu d'être tournée vers la maladie et la mort, si l'Imagination était dirigée avec une énergie suffisante vers la Vie et la Santé, pensez-vous que l'on n'obtiendrait pas TOUT, ABSOLUMENT TOUT ce que L'ON VOUDRAIT ?

Suggestion et Autosuggestion. — Appliquée à la thérapeutique, la Suggestion est l'art de faire entrer dans l'esprit du malade l'idée de la guérison, idée qui ne manque jamais de se réaliser lorsqu'elle y est réellement entrée. Là, lorsqu'elle règne en souveraine, elle agit comme un levier sur un solide point d'appui et met en activité les forces supérieures de l'âme qui produisent la guérison. Si toutes les forces se déclenchent brusquement, une maladie incurable pour la médecine classique peut être guérie instantanément. Si elles agissent avec peu d'énergie, l'amélioration sera progressive et la guérison, pour être complète, demandera un temps plus ou moins long.

Peu de suggestionneurs savent se servir de la Suggestion, c'est pourquoi elle est presque abandonnée aujourd'hui.

On peut se suggestionner soi-même. Dans ce cas, la suggestion constitue l'Autosuggestion, qui est beaucoup plus puissante que la suggestion étrangère. J'indiquerai plus loin quelques moyens de s'autosuggestionner et, pour plus de détails, je renvoie au chapitre traitant de la Suggestion et Autosuggestion.

Pour terminer ce long paragraphe, je dis que l'Autosuggestion me paraît être la Force la plus terrible que l'homme ait à sa disposition. C'est, elle qui accompagne partout la Foi et la Prière pour faire les miracles, et qui marche avec l'imagination pour produire tous les méfaits de celle-ci, depuis la plus insignifiante maladie imaginaire jusqu'à la mort survenant à l'instant où elle a été fixée par la victime. Dans tous les cas, c'est une force à discipliner pour qu'elle ne serve qu'à nous assurer le Bien-être, la Santé et, la Vie.

Théorie psychique. — Dans un très remarquable ouvrage intitulé Les Secrets de la Magie mentale, Atkinson affirme que toutes les guérisons obtenues dans les traitements psychique, mental, de la Pensée nouvelle, des pèlerinages et autres analogues, ne sont dues qu'à la Foi des malades qui met en activité un seul et unique principe, une seule et unique cause : l'énergie mentale. *« C'est, dit-il, l'Action de l'Esprit Positif Central sur l'Esprit négatif du corps »*, c'est-à-dire l'Action du

Corps mental (+) sur l'Esprit du corps physique (—), où se manifeste la maladie. Autrement dit, c'est purement et simplement l'action de la Pensée du malade sur lui-même ; et les croyances religieuses ou philosophiques, les cérémonies, les dogmes, les rites, les Prières et les divers procédés ne servent qu'à lui donner une vigoureuse impulsion qui agit comme une puissante Suggestion sur celui qui possède la Foi à un degré suffisant.

Cette force, presque illimitée, est plus que la Force mentale ; c'est la force psychique. C'est ce que je vais tâcher de faire comprendre.

— L'Energie mentale se confond, jusqu'à un certain point, avec l'Energie ou Force psychique; mais celle-ci est de beaucoup la plus puissante. Pour bien comprendre cette vérité, il est nécessaire de se rappeler la constitution de l'Etre humain. Comme je l'ai dit dans la première partie, du présent travail, l'Etre humain est formé d'un principe supérieur, l'Ame immortelle, et de plusieurs corps temporaires. Ceux-ci lui servent d'instruments de travail sur les trois plans de la nature où elle passe successivement pendant le cours d'une incarnation s'étendant d'une naissance à l'autre. Ce sont, dans l'ordre de leur formation, les corps mental, astral et physique. Ces corps naissent, se développent, s'usent, meurent et disparaissent l'un après l'autre, lorsque l'énergie vitale qui les anime est épuisée.

Pour rester d'accord avec l'étymologie du mot, la force psychique, c'est la Forme même de l'Ame (gr. psukke, lat. anima) qui se manifeste dans un corps permanent : le corps causal, son instrument sur les sous-plans supérieurs du plan mental, après la mort du corps mental. Donc, venant d'une source supérieure plus puissante, elle est moins limitée dans son action.

Cela étant dit, je vais faire comprendre l'Energie

presque incommensurable de l'âme, ou Force psychique, par des arguments précis, d'une incontestable valeur.

L'Ame construit ses corps. — Avec la matière des plans sur lesquels elle se manifeste, l'Ame édifie ses corps temporaires pour son usage, on pourrait même dire sur mesure, afin que ses qualités, ses défauts et ses passions puissent, pleinement se manifester pour les besoins de son Evolution.

Si l'Ame a le pouvoir de construire ses corps, il est de toute évidence qu'elle exerce sur eux un pouvoir absolu et que si, pour leur accorder une satisfaction momentanée, elle laisse ceux-ci devenir malades par suite de gourmandise, de dérèglements et d'excès de toute sorte, elle peut, sans aucun doute, les guérir par les efforts de son Jugement, de sa Pensée et de sa Volonté qui constituent ses Pouvoirs supérieurs. Personne ne me contredira sur ce point, car tout le monde sait fort bien que, dans presque tous les cas, la cause de la maladie vient de nous, et que nous pouvons, très souvent du moins, la guérir nous-mêmes en faisant certains efforts pour nous soumettre à certaines règles. Je dis plus : si nous pouvions nous souvenir de nos existences précédentes, nous aurions la certitude absolue qu'il n'y a pas une seule maladie qui ne vienne de notre faute ; et, aussi, qu'il n'y en a pas une que nous ne puissions guérir.

En partant, de ce point, on comprend qu'en faisant des efforts plus grands et plus prolongés, on puisse guérir des maladies extrêmement graves ayant résisté à tous les efforts précédents.

Comment l'Ame agit sur le corps physique. — Nous savons maintenant que l'Ame construit ses corps, les entretient et veille dans la mesure du possible à leur conservation. Lorsqu'elle les abandonne, c'est la mort. Chacun d'eux est gouverné par une Ame secondaire qui périt peu de temps après le corps qu'elle gouvernait. Les Grecs nommaient celle du corps physique l'Ame sensitive, par rapport à l'Ame immortelle qu'ils appelaient l'Ame intelligente.

Basile Valentin, puis, après lui, Paracelse et Van Helmont, appelaient l'Ame sensitive l'Archée (du gr. arkhein, commander) ; c'est l'architecte (du gr. arkhos, chef), qui a sous ses ordres des archées subalternes émanant d'elle, comme les rayons lumineux émanent d'une, source de lumière. Celles-ci commandent aux os, aux nerfs, aux vaisseaux, aux muscles, aux organes et aux cellules qui les composent. C'est pour cela, dit Atkinson, que nous disons ma tête, mon cœur, mon estomac, mes reins, mes yeux, etc...

Cette théorie, très rationnelle, est admise par la science officielle. Chaque organe, chaque cellule même à son existence propre et vit après la mort du corps. La vie physique se caractérise aujourd'hui par la cellule détachée du protoplasma, matière primordiale vivante et, ainsi, on peut dire que l'on vit et que l'on meurt par la cellule.

C'est en se basant sur ce principe que les chirurgiens greffent des parties d'un corps mort pour reconstituer des parties organiques qui ont été détruites.

Ces Archées ou Ames secondaires, subordonnées les unes aux autres sont comparables aux armées d'une puissante nation, commandées par un généralissime ayant sous ses ordres des commandants d'armées, de corps d'armées, de divisions, de brigades, de régiments, de bataillons, de compagnies, de sections, d'escouades et de soldats, tous subordonnés les uns aux autres. Les soldats qui forment les armées sont, ici, les cellules.

Lorsqu'un chef militaire se révolte contre l'autorité supérieure, la force de l'armée est diminuée, car c'est, le début de l'anarchie. Dans le corps humain, c'est la maladie, qui prend des noms différents, selon les organes qui sont affectés.

Chaque organe est un centre de puissance physique très limitée par rapport à celle de l'Ame supérieure, mais ils sont intimement liés l'un à l'autre par le Jugement, la Pensée et la Volonté qui représentent la machinerie où l'Energie psychique se transforme en Energie physique.

Pour se guérir soi-même. — Puisque l'Ame, qui constitue notre Etre réel, exerce une action aussi considérable sur le corps, il suffit, pour se guérir Soi-même, de le Vouloir avec Persévérance et de faire agir la Force créatrice de la Pensée d'une façon convenable.

Voilà la théorie, simple et compréhensible, pour tous les malades. Voyons, maintenant, pour la pratique qui est, aussi, à la portée de chacun d'eux, quelle que soit sa croyance philosophique ou religieuse.

— Le croyant qui prie peut et doit même continuer à prier ; et s'il veut exalter le Pouvoir de sa Foi pour obtenir des résultats plus rapides, qu'il prie, s'il le peut, avec la ferveur du malade de saint Augustin, ou qu'il ait recours aux cérémonies suggestives des pèlerinages ; que le spirite continue à évoquer ses bons esprits pour recevoir leurs fluides ; que celui qui admet le pouvoir de la Suggestion se fasse suggestionner pour fixer plus profondément dans son intellect l'idée de la guérison ; que celui qui met sa confiance dans une formule, même si elle vient d'un grimoire, l'emploie résolument ; que celui qui connaît la valeur curative du Magnétisme appelle à son aide un magnétiseur psychiste ou autre ; et enfin, que celui qui ne croit, à rien fasse quelques efforts pour admettre le Pouvoir de sa propre Pensée et qu'il la dirige vers sa guérison. Tous, sans exception, obtiendront, qu'ils en aient la certitude absolue, un résultat directement proportionnel à l'étendue et à la sincérité de leur Confiance et de leur Foi. C'est, surtout, ici où cette merveilleuse maxime de l'Evangile : « Aide-loi, le Ciel t'aidera » donne les résultats les plus certains et les plus immédiats.

Nous savons que la Bonté, la Bienveillance, le Courage, la Gaîté, l'Espérance, la Confiance en soi, la Foi en son Pouvoir sont des Forces constructives d'une Energie incommensurable. Il suffit, donc, de les mettre en activité avec Patience et Persévérance, en chassant toute idée de haine, de malveillance et de méchanceté, de découragement, de tristesse, de désespoir, de doute et de méfiance, qui constituent les Forces destructives les plus terribles, dont on se sert, trop souvent contre soi, consciemment ou inconsciemment.

En pensant, toujours, à la Santé et en chassant soigneusement toute idée de maladie, on éloigne toute cause de déséquilibre, et, je le répète, en un temps proportionnel à sa Constance et à sa Foi, on guérit toute maladie que l'on aurait contractée soit par négligence, excès ou surprise, serait-elle passée à l'état chronique depuis vingt ans. J'en donnerai un exemple des plus frappants.

Le facteur le plus important se trouve dans l'orientation de la Pensée vers l'idée de la Guérison. Pour celui qui se désole sans cesse, c'est un état d'âme opposé à prendre par le raisonnement, en se donnant des arguments susceptibles de l'aider. D'abord, tout le monde sait que la désespérance ne sert qu'à nous abattre davantage et à favoriser le développement du mal, sans jamais être utile un seul instant. Il faut donc; et cela n'est pas difficile pour tous ceux qui possèdent un peu de Jugement et qui sont capables de faire quelques efforts, mettre à la place de l'idée de maladie l'idée de la guérison. Au lieu de se voir sans cesse malade, triste et mélancolique, de passer, sans cesse, en revue ses souffrances physiques ou morales, en les analysant et en les exagérant à plaisir, on doit se voir guéri, robuste, bien équilibré dans un avenir plus ou moins rapproché, et escompter, à l'avance, le bénéfice du travail que l'on pourra accomplir à cette époque, la satisfaction que l'on aura et le bonheur qui en résultera pour soi et pour les siens. Ne jamais se plaindre et, toujours, espérer.

Rappelons ici que c'est la Pensée qui nous a faits ce que nous sommes aujourd'hui et qui nous prépare à être ce que nous serons demain. Divers petits moyens peuvent être employés pour orienter notre Pensée. Voici les principaux :

— Nous savons que toute action psychique prend une forme pour se manifester physiquement. Réciproquement, toute action physique tend à produire un état psychique correspondant. Ainsi, dans la colère, manifestation psychique, le front se plisse, le regard devient fixe et menaçant, les mâchoires se serrent convulsivement et les poings se lèvent pour frapper. On se met en colère physiquement, rien qu'en le voulant, en serrant les mâchoires, en plissant le front, en regardant fixement d'un air menaçant et en levant les poings fermés pour frapper. J'ai cité d'autres exemples en traitant de l'autosuggestion.

Sans chercher à s'en débarrasser directement, une idée obsédante disparaît comme par enchantement sous l'action de la respiration profonde pratiquée, seulement, pendant quelques instants.

— Plusieurs fois par jour, surtout, le soir, au lit, avant

de vous endormir, et pendant la nuit, dans vos moments d'insomnie, isolez-vous pour ne penser à rien, détendez vos muscles et dans cet état de calme apparent, parlez à vos cellules, à vos organes et à l'ensemble de votre organisme, pour le calmer ou l'exciter selon les besoins, vous serez tout étonné de sentir qu'ils vous obéissent et s'excitent ou se calment selon votre désir. Pour cela, parlez-leur comme si vous parliez à une personne familière qui serait placée devant vous. Désirez, veuillez guérir cette personne ou ces organes et, sous l'action de votre Pensée, il se produit une sorte d'induction qui agit immédiatement sur eux et avec beaucoup plus d'efficacité que ne le ferait sur vous le plus habile magnétiseur.

L'usage de parler aux organes et à la cause de la maladie n'est pas nouveau. Atkinson le recommande, Cahagnet y fait allusion et Jésus l'employait constamment. Pour rendre l'ouïe et la parole à un sourd-muet, mettant de sa salive sur la langue et ses doigts dans les oreilles, il prononça un mot. qui signifie : Ouvrez-vous ! « *Aussitôt ses oreilles furent ouvertes, sa langue déliée, et il parlait, distinctement.* » (Marc, ch. 7, v. 3i à 37). Un enfant possédé avait des crises violentes, «... *Jésus ayant parlé avec menaces à l'esprit impur (cause de la maladie) guérit l'enfant et le rendit à son père* » (Luc, oh. 9, v. 38 a 39).

Au temps de la diablerie, les exorcistes procédaient comme Jésus.

Donc, lorsque vous êtes fatigué, mal à votre aise, parlez à votre corps physique avec douceur et persuasion, en le considérant comme un ami qui vous est cher ; affirmez-lui que vous l'estimez beaucoup et que vous appréciez les services qu'il vous rend : « *Allons, mon ami, repose-toi; et demain, bien à ton aise, tu feras ta besogne sans fatigue !* » Au besoin, répétez cette autosuggestion deux ou trois fois et vous obtiendrez un résultat directement proportionnel à la sincérité que vous y mettrez.

L'énervement se calme très vite en s'adressant au système nerveux avec un geste de la main : *« Allons, mon ami, sois calme ! »*

Le cœur et le cerveau écoutent très bien en leur parlant doucement et avec intérêt ; les poumons, l'estomac, le foie, et, surtout, les reins sont parfois plus exigeants. Après leur avoir parlé doucement d'une façon persuasive, s'ils n'obéissent pas, on doit leur parler avec énergie et même avec menace : « Calme-toi, je le veux ! »

Dans les maladies aiguës ou chroniques très graves, il est nécessaire d'agir avec plus d'énergie. Je n'explique pas ce qu'il faut faire, préférant décrire ce que j'ai fait pour me guérir moi-même de l'affection la plus grave et la plus inguérissable dont un être humain puisse être affecté. C'est un modèle de traitement psychique qui servira pour la guérison de toutes les maladies, en y apportant, seulement, quelques modifications insignifiantes que le jugement de chaque malade lui indiquera.

UN EXEMPLE DE GUÉRISON PSYCHIQUE. — Sans m'en douter, j'étais affecté d'une urémie brightique par insuffisance, sans albuminurie, ou néphrite latente, depuis 1885. Admirablement, décrite par Dieulafoy, la maladie présente dix-sept à dix-huit caractères différents, qui ne sont presque jamais réunis chez le même malade. Je les présentais tous, et plusieurs avec des complications que le professeur n'a pas décrites. C'est dire qu'en se déclenchant, la maladie devait être d'une violence exceptionnelle. Eclatant brusquement, elle revêt l'une des trois formes suivantes : gastro-intestinale, avec les symptômes du choléra ; cérébrale, avec maux de tête terribles, vertiges, troubles de la vue et de l'ouïe, crises épileptiformes, délire, coma ; respiratoire ou pulmonaire, avec oppression allant, jusqu'à la suffocation, et, souvent, lésions pleurétiques. La température du corps s'abaisse considérablement. Il y a anurie avec émission de sucre et d'albumine en énorme quantité. Quelle que soit sa forme, celte période aiguë est, toujours, mortelle en un temps qui ne dépasse guère dix à douze jours.

Après quelques jours d'un malaise plus grand que de coutume, la maladie débute brusquement, le 21 septembre 1913, par une oppression extraordinairement violente que rien ne peut modifier et par des douleurs terribles dans les deux côtés de la poitrine. Le deuxième jour, les douleurs se localisent à gauche, avec ardeur dans toute la poitrine et toux spasmodique continuelle. Le troisième jour, le médecin constate une pleurésie. C'est la forme pulmonaire qui vient de se déclarer. Au bout de quinze à dix-huit jours, la période aiguë fait place à un état subaigu qui dure six semaines, pendant lesquelles le cas paraît toujours d'une gravité exceptionnelle ; puis une nouvelle crise aiguë, plus violente que la première, se déclare et la pleurésie, en prenant une marche galopante, devient purulente.

Dieulafoy affirme que, dès le début de la période aiguë, tous les moyens que l'on peut employer pour soulager restent sans aucun effet. J'ai vérifié cette affirmation pendant au moins dix-huit mois, car j'ai souvent appliqué des vésicatoires ou d'épaisses couches de coton iodé couvrant toute la poitrine, qui n'ont pas pris, malgré des applications de vingt-quatre, et, même, trente heures. En l'espace de quelques heures, j'ai absorbé des calmants et stupéfiants, à dose suffisante pour tuer trois hommes, des purgations avec cent vingt grammes d'huile de ricin, ou quinze à vingt grammes d'aloès, qui n'ont pas produit le moindre effet.

Toussant continuellement, je crachais, parfois, un litre de pus, de sang et de matières purulentes en une journée ; et, comme tous ceux qui m'entouraient, j'attendais résolument le moment fatal, quand, dans une nuit sombre, où j'étais parfaitement bien, je crus, enfin, avec une certaine satisfaction, que ce moment était arrivé. Dans un état de conscience considérablement plus grand qu'à l'ordinaire, il me semblait que je n'étais pas malade et, même, que j'étais au-dessus de toute atteinte. Dédoublé, je voyais mon corps physique étendu sur le lit et mon double flottant au-dessus et un peu à gauche, dans la position du premier. Le double, ou corps astral, véhicule de l'âme à ce moment suprême, était en pleine activité. Très brillant, il éclairait ma chambre d'une lumière intense, mais d'une incomparable douceur, qui me permettait de distinguer parfaitement tout ce qui se trouvait autour de moi dans une étendue sensiblement plus grande que le champ de la vision ordinaire. Le cœur et, surtout, le cerveau rayonnaient au loin une lumière plus vive que les autres parties du corps. La quatrième dimension de l'espace, qui n'est visible que pour les individus ayant atteint un certain degré d'évolution, m'apparaissait avec tous ses plus petits détails. A travers le cuir chevelu et les parois du crâne, je distinguais toutes les parties les plus profondes de mon cerveau, et j'observais curieusement le mouvement intime et continuel de ses différents organes. Les circonvolutions frontales et temporales, particulièrement actives, vibraient rapidement sous l'action de ma pensée, qui était, elle-même, très active et dont j'étais entièrement maître. Je fis, même, très patiemment, des essais en évoquant des pensées qui ne m'intéressaient qu'au point de vue purement expérimental. Je vis que chaque catégorie de pensées se manifestait avec un mouvement vibratoire qui lui est propre et qui brillait de nuances délicates variant d'une catégorie à l'autre. Je voyais très distinctement les cellules animées de leur propre mouvement, le sang circuler dans les vaisseaux avec ses globules plus brillants que les parties liquides et les nerfs vibrer sous l'action de la moindre de mes pensées. Ainsi centré en moi-même, je sentais que la vie physique n'avait pas de secret pour moi ; et la vie astrale m'apparaissait dans toute sa beauté. Comme dans un décor d'apothéose, flottant entre ciel et terre, je sentais que ma vie physique ne tenait qu'à un fil, que le poids d'une pensée pouvait rompre ou fortifier. A un moment donné, je me demandai si je devais continuer à vivre ici-bas ou passer dans l'au-delà qui m'attirait singulièrement. Ayant, quelquefois, dans le sommeil, des sortes d'intuitions prophétiques, ou mieux des visions astrales qui m'ont parfois servi très utilement, sans jamais m'avoir trompé une seule fois, je fis appel aux facultés supérieures de mon être pour en obtenir une au sujet de cet état. De la façon la plus nette et la plus précise, j'eus, de suite, une réponse doublée d'une vision symbolique que je peux traduire par ces mots : « *Tu ne meurs pas.* » Etonné, je posai la question une seconde fois sous une autre forme, et obtins, plus vite encore, la même réponse. J'eus, ensuite, une autre intuition qui me semblait venir par une voie différente : « *Ta guérison est possible* ». Mon corps astral fit, alors, demi-tour sur lui-même, et sa face antérieure se tourna vers la face antérieure de mon corps physique, comme pour m'imposer cette idée : « *Tu dois achever ton œuvre* ». Sans songer même à réfléchir sur le parti à prendre, je résolus d'obéir à cette injonction de ma conscience supérieure et pris, immédiatement, la résolution de continuer à vivre ici-bas, quoique ma conscience ordinaire me disait la veille que cela était absolument impossible. En effet, avec une affection des reins que tous les médecins affirment être, toujours, mortelle lorsqu'elle est déclarée ; avec un organisme complètement intoxiqué par les poisons de l'urine qui restaient dans le sang ; avec un affaiblissement du cœur tel que j'avais, six et, même, huit syncopes dans un jour ; avec un poumon fortement attaqué et l'autre aux trois-quarts détruit, sans qu'aucun indicé puisse faire supposer l'arrêt de cette destruction, comment pouvais-je espérer une guérison ?

Il me semblait que j'aurais pu rester beaucoup plus longtemps dans cet état étrange où l'Ame, dégagée des liens du corps, soulève le voile qui cache à nos yeux physiques les secrets de la vie, mais je ne m'arrêtai pas à cette idée. Peu à peu, le dédoublement cessa et, l'obscurité revenant autour de moi, je me rendormis tranquillement.

Ce phénomène se produit, souvent, chez les mourants, mais il est peu connu du grand nombre d'entre nous, car ceux qui l'éprouvent ne reviennent presque jamais pour le décrire aux vivants. On possède, néanmoins, quelques descriptions faites par des noyés ramenés à la vie physique plusieurs heures après que l'asphyxie paraissait, complète et par quelques rares mourants, à la suite de maladies aiguës. Louise Michel, la fameuse anarchiste qui entraînait ses adorateurs au pillage des boulangeries, a fait, il y a vingt-cinq à vingt-huit ans, à la suite d'une maladie considérée comme mortelle, le récit de ce qu'elle éprouva. Etant matérialiste, et admettant que la mort est la fin naturelle de la vie, son attention ne pouvait pas, être portée sur le passage de la vie physique à celle de l'au-delà, aussi, son récit ne porte que sur des impressions physiques.

Le matin, je me réveillai beaucoup mieux, et gardai un souvenir extraordinairement net et précis des impressions que je venais d'éprouver, impressions dues à la vue et à la sensation de faits que je ne connaissais que par les phénomènes du dédoublement, que j'ai étudié expérimentalement pendant plusieurs années, par la théorie que je m'en faisais et que s'en font les théosophes.

Nous sommes au 25 janvier 1914. Ma guérison commença, mais elle se continua avec tant de lenteur que c'est à peine si je pouvais l'apprécier d'un mois à l'autre. A partir de ce moment, je me donnai la certitude absolue que la guérison s'accomplirait, qu'elle se faisait, que chaque semaine m'apportait un mieux appréciable et qu'il était absolument impossible qu'elle ne se fît pas. Je me représentai, constamment, le bonheur que j'éprouverais en reprenant mes travaux abandonnés pour les achever dans d'excellentes conditions. Je me voyais, plein de bonheur, de force et de santé, devenir, sauf accident entraînant une mort violente, plus que nonagénaire, et quitter cette vie de mon plein gré, pour ainsi dire lorsque je le voudrais.

Depuis le début de la seconde crise aiguë jusqu'au 16 mai 1915, où les crachements cessèrent brusquement, j'ai craché, ce qui paraît incroyable — plus d'un hectolitre et demi de sang, de pus et de matières purulentes. La pleurésie se transforma en pleuropneumonie, puis en broncho-pneumonie, laissant dans le poumon gauche une caverne plus grosse que le poing, qui se cicatrisa rapidement.

Au commencement de juin 1915, je m'aperçus que l'organisme pouvait être modifié par les moyens ordinaires de la médecine et de l'hygiène. Je me soumis, alors, à un régime extrêmement, sévère, pour hâter mon rétablissement, qui fut très long, car j'avais, encore, des syncopes, et le sang était empoisonné par l'insuffisance rénale. A l'intérieur, ce furent les sudorifiques et les diurétiques, pour éliminer par la peau et pousser aux urines ; les dépuratifs, désinfectants et antiputrides pour purifier le sang ; les cardiaques pour fortifier le cœur ; les cicatrisants et les pectoraux, pour la poitrine ; et les toniques pour l'ensemble de l'organisme. Pour cela, j'employai en tisanes une quarantaine

de plantes soigneusement choisies, avec une alimentation spéciale, capable d'aider puissamment à cela.
Comme pectoral et cicatrisant, j'employai, parfois à
forte dose, le sucre et l'alcool, qui agirent admirablement bien. A l'extérieur, j'employai les révulsifs.

Ma pensée étant, toujours, exclusivement orientée
vers la guérison, je me soumis à la magnétisation de
plusieurs de mes meilleurs élèves, qui m'aidèrent considérablement. Je fis de l'autosuggestion et de l'auto magnétisation par frictions, vibrations et, surtout, par l'application des mains sur les reins, le cœur et les poumons, application qui se prolongeait, même pendant le
sommeil.

Pour les lecteurs, l'autosuggestion et, l'auto magnétisation méritent une description.

— Avec la plus grande confiance dans le résultat que
j'attendais, je pratiquais la respiration profonde dans la
mesure du possible. En appliquant, les mains sur le
poumon gauche, pendant l'inspiration, je me disais
mentalement ou même à mi-voix : J'appelle à mon secours les Forces de la Nature nécessaires à la guérison ;
en gardant l'haleine : J'absorbe les forces curatives de
la Nature pour les ajouter aux miennes ; et pendant.
l'expiration : J'expulse les produits de la dénutrition.
Cette triple opération, souvent répétée, parfois pendant
une heure, soit le jour, soit la nuit, m'apportait des forces physiques et morales très appréciables, qui étaient
utilisées par l'organisme. Un mieux sensible on était,
toujours, la conséquence.

Je variai cette absorption auto suggestive de plusieurs manières. Parfois, les deux mains appliquées sur
te poumon malade, je me disais : J'absorbe les Forces
de la Nature pour, guérir le poumon ; — Je fixe ces Forces dans l'organe, qui va les utiliser ; — J'expulse les

produits de la dénutrition.

Par des moyens analogues, je cherchai à établir une compensation entre les poumons, pour que le poumon sain donnât à la respiration ce que l'organe malade ne pouvait donner.

D'une manière analogue, j'agis sur les reins, le cœur, l'estomac ou sur tout autre organe qui en avait un pressant besoin; je cherchai aussi à équilibrer les organes l'un sur l'autre.

Plus tard, j'ai employé pour les reins, qui obéissent moins bien, le moyen suivant qui exige certaines connaissances anatomo-physiologiques pour donner son maximum d'action thérapeutique. Les figures ci-dessus font comprendre le chemin que la Pensée doit suivre pour cela.

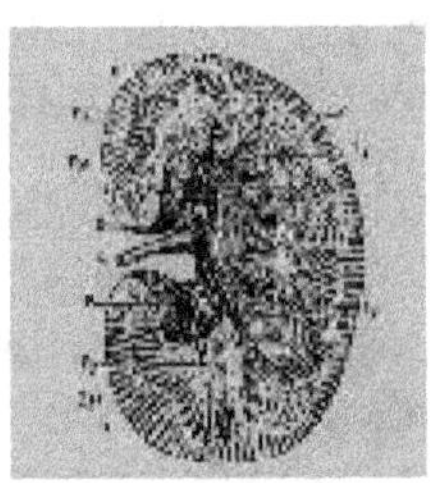

Fig. 33. Coupe longitunale du rein.
c, c, c, c, substance corticale. —Py, py, py, py, pyrami-des de Malpighi séparées par les colonnes de Berlin. — PyF, PyF, pyramides de Ferrein. — B, bassinet.. — u, uretère. — a, artère rénale.

En appliquant la paume de la main gauche sur la face postérieure du rein gauche, qui était le plus affecté, et la droite sur la face antérieure, me représentant l'organe le mieux possible, je dirigeais, d'abord, ma pensée de l'extérieur à l'intérieur, pour le pénétrer et le saturer complètement, en pensant que, par sympathie, l'autre serait également saturé. Au bout de quelques instants, toujours avec la Pensée nettement définie et en me disant mentalement ou à mi-voix :

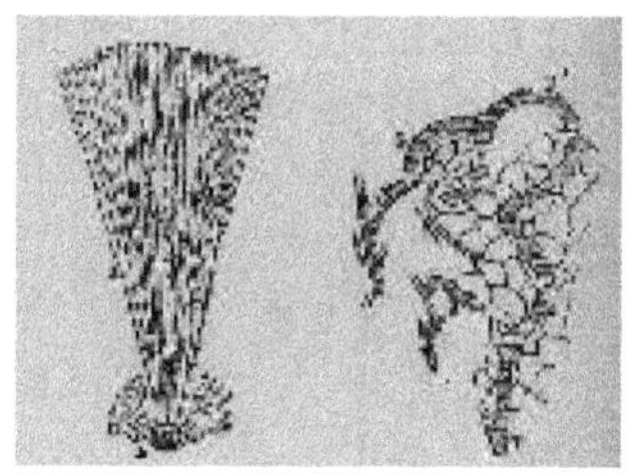

Fig. 32 et 33. Tubes urinaires
a, tubes. — b, calice,
G, glomérule du rein avec son réseau vasculaire. — T, tube urinifère droit, ou de Bellini. — T', tube contourné ou de Ferrein. — A, artère afférente. — A', artériole formant les capillaires du glomérule. — V, veine efférente avec ses capillaires qui se rendent à la veine (V).

Du hile (partie concave), je pénètre à l'intérieur par l'artère, en suivant ses divisions et ses subdivisions jusqu'aux artérioles et je reviens par les veinules, les subdivisions et les divisions de la veine rénale. Ce parcours accompli, je rentrais dans le nerf, qui suit l'artère, jusqu'aux artérioles, en me disant :

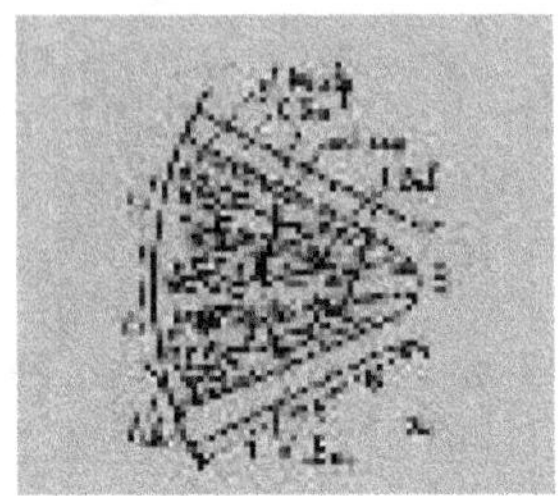

Fig. 36. Fragment plus détaillé.
C. Ber., colonnes de Berlin comprenant entre elles une pyramide Malpighi. — I, base des lobules rénaux. — F, tubes de Perrein,; t. Bel., tubes de Bellini. — B, bassinet. — lab., labyrinthe. — gl. Malp., glomérules de Malpighi recevant les branches des artérioles rénales (art. rén.). — I, zone corticale. — II, limitante. — III. médullaire.

Je pénètre par la partie sensitive du nerf et suis ses divisions et subdivisions jusqu'à leur extrémité et je reviens par la partie motrice du nerf... Du hile, je pénètre dans le bassinet, que je remplis. Je me concentre en haut, pour aller en bas, et, aussi, plusieurs fois de bas en haut et de haut en bas, comme pour frictionner les calices. De là, par les tubes urinifères, je pénètre dans une pyramide de Malpighy, en me figurant bien que l'action que je vais y exercer se transmettra à toutes les autres, je me dis : Je parcours les tubes droits et les tubes contournés jusqu'aux glomérules de Malpighi, qui sont les véritables filtres du rein, et j'agis par pression sur ces derniers, comme pour élargir les mailles des filtres, pour permettre aux poisons de l'urine de passer au lieu de rester dans le sang... J'exécute des allées venues, des glomérules au calice et de celui-ci aux glomérules pour bien ouvrir tous les tubes urinifères et favoriser la circulation.

Cette action de la Pensée pénétrant toutes les parties les plus profondes du rein, agit d'une façon très active ; on s'en rend parfaitement compte par la chaleur et un mouvement vibratoire spécial qui se fait sentir dans les mains. On peut l'employer pour n'importe quel organe, à la condition, bien entendu, de suivre les artères, les veines, les nerfs et toutes les parties où s'accomplissent les fonctions spéciales de l'organe : le pneumogastrique, les muscles et les nerfs intercostaux, pour la respiration ; les lobules pulmonaires, pour la revivification du sang ; la partie inférieure du pneumogastrique, les muscles de la tunique de l'estomac et les glandes gastriques, pour exciter les fonctions de l'estomac, ou, même, pour les modérer lorsqu'elles sont trop actives.

Le fonctionnement des reins s'améliora peu à peu, pour devenir parfait dans le courant de 1919. Je m'en rendis compte à la disparition successive de certains malaises et des différents caractères que la maladie présentait. J'éprouvais certains de ces caractères depuis mon enfance, la kriestésie (sensibilité exagérée au froid, de kries, froid), par exemple. C'est, ainsi, que fut guérie l'affection la plus grave de toutes celles qui peuvent nous affecter, et que les princes de la médecine ont placée en tête des plus incurables.

J'ai dit que la cicatrisation des parois de la caverne du poumon se fit rapidement. J'ajoute qu'elle fut si complète et si solide que, pendant trois ans, je ne fus pas affecté du plus petit rhume. Malgré cela, cette lésion me laisse une certaine incapacité respiratoire qui m'empêche de reprendre les forces que je devrais avoir.

En août 1919, pour achever de me démontrer que la force curative est en nous et non pas hors de nous, je résolus d'entreprendre la reconstitution du poumon détruit.

Je sais bien qu'on me traitera de fou si j'affirme une telle impossibilité, car prétendre reconstituer un poumon plus qu'aux trois-quarts détruit, équivaut à songer à reconstituer une jambe coupée dont le moignon fixe, à jamais, l'étendue de l'infirmité.

Pourtant, si on voulait y réfléchir, cette reconstitution ne paraîtrait peut-être pas aussi impossible, car on sait que, de lui-même, l'organisme refait certaines parties détruites, telles que des parties de muscles et d'os, à la condition que ceux-ci conservent encore une certaine partie de périoste intact ; et cela, sans que la Pensée créatrice et la Volonté soient en jeu.

Où s'arrête ce pouvoir de reconstitution ? — Personne ne saurait raisonnablement répondre à cette question. On sait pourtant, depuis longtemps déjà, que certains animaux reconstituent les membres qu'ils ont perdus. L'écrevisse, le crabe et d'autres crustacés décapodes sont dans ce cas, et reconstituent une pince qu'ils ont perdue en se défendant devant l'ennemi qui les attaquait. On dira peut-être que la pince leur est indispensable, que la nature a prévu le cas, et organisé ces animaux en conséquence. La raison n'est pas là, car il y a d'autres animaux qui reconstituent un organe perdu qui ne leur est pas du tout indispensable. Ainsi, pour ne citer qu'un exemple parmi plusieurs autres, je prendrai le gracieux lézard qui verdoyé le long des fossés ou au pied de nos murs. La queue de ce petit saurien est très fragile, et un léger coup de baguette peut la casser. Eh bien ! dans ce cas, c'est un fait bien connu, la queue se reconstitue, quoiqu'elle ne soit qu'un ornement sans utilité pratique. Un fait plus important encore. Nos biologistes ont fait, sur des oiseaux de basse-cour des essais très hardis. Ils ont enlevé à un oiseau un hémisphère du cerveau, et l'oiseau a continué à vivre, dans de mauvaises conditions bien entendu ; et la partie enlevée s'est reconstituée d'elle-même. L'autre hémisphère fut, alors, enlevé ; l'oiseau continua à vivre et la partie se reconstitua. Lorsque le sujet, eut repris toute sa vigueur, il fut sacrifié et l'expérimentateur constata que le cerveau tout entier s'était, reconstitué.

En présence de ces faits, la reconstitution de mon poumon ne paraîtra pas aussi impossible qu'on peut le supposer. Pour moi, elle est, certainement difficile, très difficile peut-être, mais non pas absolument impossible.

A partir de septembre, mon idée était bien arrêtée et je la travaillai avec persévérance. Je commençai par me figurer qu'un état aigu, pneumonie ou bronchite, était indispensable pour détruire les parois de la caverne et qu'après cette destruction, il n'y aurait plus qu'à commencer la reconstitution. A la fin de novembre, je songeai à employer une autre méthode moins violente ; mais il était trop tard, car ma Pensée créatrice avait tracé des sillons par où toutes les modifications futures devaient passer pour arriver au but final. Aussi, dans le courant de décembre, sans être enrhumé, je fus pris d'une toux sèche, irritante, puis je crachais des mucosités plus ou moins épaisses. Dans le courant de janvier 1920, un certain malaise se déclara, et, comme la première fois, les crachats devinrent purulents. C'était, ainsi que je l'avais voulu, le début de la période aiguë, qui devait détruire les solides parois de la caverne.

Pour ramener l'état aigu, je savais que c'était facile et comprenais que la concentration simple suffirait. Quant à la reconstitution, c'était autre chose, surtout avec la suppuration. La tâche était ardue et pleine de périls.

La destruction des parois de la caverne était à peine achevée que, plein d'ardeur, je me figurai que la reconstitution allait commencer par le fond qu'elle comblerait en avançant vers les bords. De suite, j'employai les moyens mis en pratique la première fois et d'autres encore que je vais indiquer pour servir de modèle complémentaire à ceux qui voudraient tenter une cure analogue.

J'ai employé la respiration profonde dans la mesure du possible et l'automagnétisation par friction, vibration et, surtout, par application des mains sur le poumon. Et pendant cette opération, je me disais : Mes mains apportent là de la matière éihérique et de la force vitale (agent magnétique) ; ma respiration profonde y apporte des gaz, de la force physique et de la force morale que l'archée des poumons et plus particulièrement l'archée du poumon gauche emploient au mieux, pour achever la reconstitution du poumon qui est déjà très avancée. La reconstitution a commencé par le fond de la caverne et s'avance progressivement vers les bords. Lorsque ceux-ci seront atteints, la reconstitution sera achevée et la guérison sera parfaite. — J'ajoutai : Il ne me faudra plus que quelques jours, quelques semaines tout au plus pour reprendre les forces que j'ai perdues ; dans tous les cas, je ne tarderai pas à devenir aussi fort et aussi bien équilibré qu'un homme ordinaire ayant vingt ans moins que moi. Jouissant de la, santé la plus parfaite, je deviendrai nonagénaire. et quitterai la vie physique à peu près quand je voudrai, comme peut le faire tout être humain qui sait réellement penser et vouloir.

Après quelques instants d'isolement pour rassembler mes forces, toutes ces affirmations auto suggestives, ainsi que les applications, étaient répétées deux à trois fois matin et soir ; et la nuit pendant une heure, deux heures, trois heures même et parfois davantage pour être reprises plus tard en cas d'insomnie. Elles étaient faites mentalement ou à mi-voix, avec l'accent de la plus profonde conviction, en prononçant lentement et le plus clairement possible toutes les parties de la formule afin de bien les comprendre. J'arrivais à ne penser qu'à cela, à ne vivre que cela et à me donner la certitude absolue non seulement qu'il en serait ainsi, mais qu'il était absolument impossible qu'il en soit autrement. Ma pensée, qui prenait une forme, me représentait le poumon entièrement reconstitué. Elle était constamment dirigée par une volonté douce, mais aussi ferme qu'inébranlable, sans que le moindre doute puisse trouver place un seul instant.

Au mois de février, les parois de la caverne étaient certainement détruites complètement, et la crise aiguë fit place à un état subaigu. J'estime que la reconstitution commença dans le courant de mars. La température était douce ; mars et avril furent très beaux. J'eus un tort. Ce fut, en comptant sur la continuation du beau temps, de fixer la reconstitution complète du poumon en mai. Malheureusement, mai et juin furent pluvieux et froids, et je fus, très souvent, privé des bains de soleil qui augmentaient sensiblement ma force vitale. Pourtant, quoique lentement, la reconstitution se faisait. Dans la seconde quinzaine de juin, elle était si avancée que l'un de mes fils, le docteur Gaston Durville, qui m'ausculta longuement et avec la plus grande attention, s'écria avec un étonnement plein de surprise : « *Mais, le trou est bouché ! Il n'y a plus qu'une très petite place ou la respiration n'est pas parfaite* ». Mon fils, André, élève en médecine, qui m'auscultait souvent, constatait la même reconstitution.

Malgré le résultat très important que j'avais obtenu, je fus, en quelque sorte, frappé de m'être trompé sur la date de la reconstitution complète, et mis moins d'ardeur à Penser et à Vouloir. Sans douter, pourtant, dû résultat final, la Confiance que j'avais dans le pouvoir de ma Pensée fut probablement diminuée. Dans tous les cas, pendant trois mois, je perdis du terrain au lieu

d'en gagner. C'est une réaction dont j'aurais dû me méfier. Ce n'est qu'à force de raisonnement et de Volonté
que la confiance revint dans toute son intégrité. Cependant, l'hiver approchait et jusqu'au printemps, où la
nature reprend une vie nouvelle, la reconstitution ne
peut se faire que très lentement. C'est du moins, à tort
ou à raison, ce que j'imagine et, par conséquent, ce qui
sera.

J'avais, pourtant, écrit ce qui suit dans l'édition précédente : Toutes les maladies chroniques s'installent
lentement en nous, avec des périodes de mieux et de
moins bien. Ces périodes se reproduisent fatalement
pendant la guérison qui se fait, généralement, avec lenteur. Il est indispensable de ne pas être gagné par l'enthousiasme dans les périodes de mieux, afin de ne pas
avoir de déception lorsque les crises surviennent, car le
désespoir est, toujours, proportionnel à l'étendue de
l'espoir. Il faut garder un état d'âme toujours le même,
espérer sans cesse modérément, et, surtout, ne jamais
désespérer. On devrait même être satisfait des périodes
de moins bien, car elles constituent autant d'échelons
qui montent sûrement vers la guérison.

Maintenant, plus expérimenté, plus fort, plus sûr de
moi qu'avant cette épreuve, je continue ma tâche sans
enthousiasme, mais avec la certitude la plus absolue
d'obtenir ce que je veux, tout ce que je veux, en un
temps que je ne fixe pas. En continuant mes affirmations auto suggestives pour fixer ma Pensée, je me dis,
seulement, que la reconstitution s'achèvera de l'une des
deux façons suivantes : 1° — progressivement, suivant
en cela une marche analogue à celui de l'effort quotidien ; ou 2° — presque tout d'un coup, comme si les efforts de chaque jour s'accumulaient pour saturer le
poumon et que cette saturation étant suffisante, ce qui
resterait, a reconstituer se ferait très rapidement,
comme dans le soi-disant miracle. Ce serait, alors,

d'une façon bien évidente, la cristallisation de la Pensée en acte. Peu importe comment cela se produira ; je sais qu'il en sera ainsi et qu'il est absolument impossible qu'il en soit autrement.

Quoique très simplement exprimée, la méthode semblera peut-être insuffisante pour le traitement de toutes les maladies par la Pensée. Que le lecteur se rassure. Il ne s'en trouvera probablement pas un seul dont la maladie soit aussi difficile à guérir que la mienne et alors, un traitement beaucoup plus simple suffira pour produire rapidement la guérison.

XIV. CONCLUSION

II y aurait, encore, beaucoup à dire, mais les grands programmes ne sont pas, toujours, les meilleurs et celui qui précède suffit certainement à la très grande majorité de ceux qui veulent développer sérieusement leur individualité magnétique. C'est avec cette conviction que je termine ce traité.

Si je me rapporte aux nombreux témoignages de satisfaction qui m'ont été donnés par les lecteurs des éditions précédentes, j'ai la certitude absolue qu'il ne sera entièrement nul pour aucun de ceux qui étudieront patiemment la présente édition, même s'ils se croient incapables de faire le moindre effort. Cet ouvrage aura une portée considérable pour tous ceux qui sont, déjà, susceptibles de faire intelligemment acte de volonté, et il sera une véritable révélation pour ceux qui se sont quelque peu élevés d'eux-mêmes au-dessus du commun des autres, car il leur indique des moyens simples et pratiques qu'ils ne soupçonnaient pas. Il leur ouvre des voies droites et sûres qu'ils ne suivaient pas, voies qui les conduiront au Bonheur plus rapidement que celles qu'ils avaient suivies jusqu'alors.

Le magnétisme personnel n'est pas un ouvrage à parcourir comme on parcourt un roman ; c'est un livre de chevet à lire attentivement, à étudier et à méditer, car les grandes vérités qu'il contient ne peuvent pas être immédiatement comprises de tous dans toute leur simplicité. En le relisant, on comprendra certaines démonstrations qui avaient échappé ; les parties obscures s'éclaireront et en le relisant encore, on parviendra à lire entre les lignes les pensées que je n'ai pas exprimées faute de place.

La vie est éternelle. Rien de ce que nous pouvons faire ne s'accomplit en un jour. Je ne saurais trop le répéter : faites tous vos efforts pour acquérir la Maîtrise de vous sous tous les rapports, ainsi que des connaissances théoriques et des qualités pratiques. Ayez une Patience opiniâtre, un Raisonnement juste et sain, une Volonté indomptable, pour achever dans les meilleures conditions possibles la tâche que vous entreprendrez et marchez résolument vers le but que vous voulez atteindre, avec la Confiance la plus absolue.

Un athlète, un gymnaste, un ingénieur, un médecin, un artiste, un philosophe, un sage ont consacré beaucoup de temps à leur développement... Ils ont fait et font encore comme l'ouvrier qui apprend son métier.

Un dernier conseil aux lecteurs avant de les quitter.

Deux méthodes se dégagent de l'enseignement qui précède ; une méthode passive, qui consiste à développer, en même temps, toutes ses facultés pour devenir magnétique dans l'acception propre du mot, c'est-à-dire susceptible d'attirer naturellement les bonnes choses de la vie et, repousser les mauvaises, sans rien faire de spécial pour cela ; une méthode active consistant à cultiver, seulement, une ou plusieurs facultés, dans le but d'obtenir des avantages déterminés, par exemple la fortune, les meilleures situations, la domination, les satisfactions diverses, le pouvoir de produire tel ou tel phénomène étrange, etc...

La première méthode est de beaucoup préférable à la seconde, car, ne laissant pas de lacunes dans notre développement, elle nous permet d'être mieux armé pour la lutte que nous avons constamment à soutenir. Avec la méthode passive, un jeune homme de seize à dix-huit ans, ayant de bonnes dispositions physiques et morales, qui consacrerait d'une façon constante et ininterrompue, de une à deux heures chaque jour à des exercices bien choisis et intelligemment exécutés, obtiendrait des résultats prodigieux. Il serait, bientôt, maître de son corps et de son esprit. Son activité redoublerait et son énergie grandirait assez pour le rendre presque infatigable. Etant parfaitement heureux, s'il ne parvenait pas à la fortune, il pourrait être certain de posséder, toujours, une honnête aisance. Devenant riche, il resterait Maître de sa fortune, et n'en serait jamais l'esclave. Il réussirait tout ce qu'il entreprendrait et, cela, d'autant mieux et d'autant plus vite que ses projets seraient moins entachés d'égoïsme. Il parviendrait à la connaissance intuitive de toutes choses sans les avoir apprises, à savoir, à première vue, ce qui se passe de plus intime dans l'Ame de toutes les personnes avec lesquelles il serait en rapport et il pourrait prévoir le plus grand nombre des événements futurs. Toujours respecté partout et n'ayant jamais d'ennemis nulle part, il serait au-dessus de tous les ennuis et de toutes les afflictions. La maladie n'aurait aucune prise sur lui et son existence terrestre se prolongerait au-delà d'un siècle. Arrivé à quatre-vingts ans, il serait plus qu'un homme tel que nous pouvons le concevoir, car il aurait acquis le maximum de bonheur, le maximum de puissance et le maximum de perfection que nous puissions désirer.

En ne cultivant qu'une seule faculté, on deviendrait, bientôt, extraordinairement fort au point de vue de cette faculté, mais on resterait fatalement médiocre et, même, inférieur au plus grand nombre de ses semblables, sous le rapport des autres facultés. C'est, ainsi, que les fakirs de l'Inde, qui accomplissent des prodiges, sont presque toujours des êtres souffreteux, mal équilibrés au physique et très peu développés au point de vue de l'intelligence. D'autre part, le plus grand nombre des savants dont la Science s'honore, sont évidemment des individus incomplets, possédant leur science à fond, mais ignorant, souvent, presque toutes les autres. Dans tous les cas, le savant, en dehors de son milieu, est presque toujours considéré comme un original. Il est, souvent, peu sociable et son esprit est fermé à toutes les choses qui ne sont pas du domaine étroit et limité de ses connaissances. Au point de vue de l'ensemble des facultés humaines, c'est une sorte de déséquilibré, d'autant plus fort sur un sujet qu'il est plus faible sur le plus grand nombre des autres. J'ai essayé de faire comprendre par le dessin (fig. 37), comment il se montre à l'œil des hauts sensitifs

Fig. 37. Rayonnement de celui qui ne développe qu'une faculté.

Ce déséquilibré, qui sert considérablement à l'avancement de la Science, m'amène naturellement à dire quelques mots au sujet de ce que l'on appelle *« l'homme de génie »*.

Lombroso, et avec lui le plus grand nombre des anthropologistes, considèrent l'homme de génie, non pas comme un être parfait sous tous les rapports, mais comme un individu incomplet, une manifestation anormale de l'espèce humaine, un lunatique, même comme une sorte de fou.

Le véritable homme de génie est parfaitement équilibré, car il ne reste pas de lacune dans le développement de ses facultés. On peut dire qu'il constitue l'homme parfait, l'Homme qui est presque parvenu au dernier degré de développement auquel nous puissions parvenir dans la condition actuelle de notre Evolution. Mais les hommes de cette nature sont extraordinairement rares, et presque tous ceux que l'on considère comme des génies ne sont, souvent, des hommes supérieurs qu'à un ou deux points de vue ; ce sont des savants distingués et, tout au plus, des demi-génies. Ils ont cultivé avec soin une faculté, une aptitude, qui s'est considérablement développée, tandis que les autres sont restées stationnaires ; et, peut-être, quelques-unes se sont-elles atrophiées ! Quoique étant très heureux, ils sont moins avancés sur le chemin de l'Evolution que certains autres qui ne se signalent pas autant à l'attention général.

La voie qui conduit au Bonheur est tracée. Que le lecteur se mette, donc, courageusement à l'œuvre et qu'il travaille ardemment au développement de sa puissance personnelle. Il sait, maintenant, que pour Réussir, il faut être fort, et que le paresseux, l'inactif se déshérite lui-même en ne sachant pas utiliser les Forces que la Nature met, partout, à sa disposition. Avec le savoir que donne l'enseignement qui précède, au lieu de rester aveuglément soumis au destin, si implacable pour beaucoup d'entre nous, **L'HOMME FORT, L'HOMME QUI SAIT ET QUI VEUT, PREND CES FORCES ET LES UTILISE POUR SA SATISFACTION, POUR SON BONHEUR ET POUR SON DÉVELOPPEMENT PHYSIQUE,**

INTELLECTUEL ET MORAL.